환단의 후예(天)

1

曉岩 金永泰 著

머리말

1990년 말에 〈정보화시대의 경영전략〉이라는 책을 낸 적이 있습니다. 그 책의 첫 번째 장이 '정보화의 중요성'이었습니다. 은사이신 금아 피천득 교수께서 그 글을 읽고 말씀하셨습니다.

"김 선생, 당신은 꼭 소설을 하나 써야 해요. 한 권만이라도 좋으니 반드시 쓰도록 해요."

엉겁결에 '예'하고 답한 지 십여 년이 되었습니다만 아직도 그 약속을 지키지 못하고 있습니다. 그동안 찾아 뵐 때마다 교수님은 말씀하셨습니다.

"김 선생, 언제 쓸 것이오. 내가 죽기 전에 꼭 읽을 수 있도록 해야지."

전공분야가 아닌 소설을 쓰자니 엄두가 나지 않았습니다. 하지만 은사님과의 약속을 지키겠다는 마음으로 어떻게 해야 좋을지 곰곰이 생각해 보았습니다.

'만일 내가 소설을 쓴다면 많은 사람들이 소재로 하는 일반적인 내용보다는 조금 생소한 것이라도 나만이 할 수 있는 것을 찾아서 쓰는 것이 좋겠다. 나는 영어, 일어, 한문을 잘 하고 컴퓨터를 마음대로 쓸 수 있다. 게다가 인터넷을 이용한 정보검색은 자신이 있다. 그렇다면 이 점을 잘 활용해서 소설을 쓰도록 해 보자.'

드디어 스스로 각오를 단단히 하면서 어떤 내용의 소설을 쓸 것인지에 대한 자료를 찾게 되었습니다. 그리고 찾아낸 것이 동북아의 선사 시대와 고대의 신화와 역사를 배경으로 해서 소설을 써 보자는 것이었습니다. 서양에서는 신화를 소재로 한 소설이 많은데 우리에게는 그런 내용의 소설이 많이 부족하다는 것을 알게 되었기 때문입니다. 저는 역사와 신화에 대한 호기심도 만족시키고, 삶에 도움이 될 유익한 에피소드도 얻을 수 있는 그런 소설을 쓰고 싶었습니다.

십여 년을 자료 수집과 줄거리 구상을 해 왔습니다. 그리고는 아내와 함께 시간 나는 대로 우리나라와 일본의 역사 탐방을 다녔습니다. 그동안 많은 분들이 필자의 구상에 도움을 주셨습니다. 특히 ㈜프리씨이오의 김원국 파트너와 김택호 회장, 조선형 창업 파트너의 격려와 조언이 힘이 되었습니다.

이 소설은 선사 시대부터 7세기의 신라통일까지를 다룰 생각으로 집필에 들어갔습니다. 그런데 3세기의 신라, 고구려, 백제, 가야 등 4개국 정립과 일본 초대 천황의 등극에 대한 내용을 엮어내는 동안 벌써 상당한 분량이 되었습니다. 그리고 마침 오랜 지병으로 수술을 받게 되어 우선 완료된 부분을 다듬어 출판하기로 했습니다. 퇴원 후에 한반도와 일본 열도 사이에 일어났던 일을 중심으로 역사의 뒤안길을 좀 더 더듬어 볼 생각입니다.

그동안 제가 쓴 소설을 가족과 가까운 친지들에게 인터넷으로 보냈습니다. 미국에 있는 둘째가 꼼꼼히 교정을 해 주었고, 한국에 있는 첫째와 큰 며느리 그리고 손녀가 참고 자료와 문헌의 이름을 정리했습니다. 무엇보다도 도움이 된 것은 아내의 거침없는 지적이었습니다.

"너무 어렵다."

"이런 말은 쓰지 않는다."

많은 지적을 받으면서 소설을 다시 쓰고 또 다시 다듬었습니다.

신화와 고대사를 배경으로 하다 보니 아는 것이 부족하다는 것을 느끼면서 많은 곳을 직접 찾아다니고, 더 많은 책과 자료를 살펴보았으나 아직도 모자람이 많다고 항상 자책하고 있습니다. 그러나 이 책을 읽는 독자들께서 '이런 생각을 하고 있는 사람도 있구나'하고 받아 주실 것으로 믿으며 용기를 내어 계속 글을 써 나갔습니다.

필자를 제자로 아껴 주고 대학 졸업 후 첫 직장을 소개하며, 약혼과 결혼식에서 축사를 해주신 금아 피천득 교수님의 격려가 없었다면 이 소설은 결코 햇빛을 보지 못했을 것입니다. 96세의 고령으로 손수 책을 읽기 어려우셨기에 낭독을 해 줄 조수까지 채용해서 '나 다 읽었어' 하시며 환하게 웃으시던 교수님과의 인연으로 이 소설이 탄생하게 된 것을 무한한 기쁨으로 생각하며 영원히 기리고 싶습니다.

끝으로 이 소설에 삽화를 제공해 주신 김진수 선생님, 교정교열을 담당했던 유승달 선생님 그리고 정성을 다하여 출판을 맡아 주신 도서출판 어문학사의 윤석전 사장님에게 감사드립니다.

2006년 9월
지은이 씀

차 례

제 1 장

격동

1 바다를 건너온 도전자

낙동강 하구에서 바라보는 바다의 모습은 아침 해돋이 때와 저녁 해거름 때가 전혀 다르다. 동으로부터 바다를 건너오는 금빛 햇살로 온 바다가 보석처럼 반짝인다. 장엄한 해돋이는 모든 것이 새롭고 희망으로 가득하다. 그런가 하면 붉은 노을로 가득한 해거름 즈음의 핏빛으로 물든 바다는 모든 것을 감싸 안듯이 세상을 한 가지 색으로 만들곤 했다.

모든 것이 평화롭기만 한 이른 봄이었다. 낙동강 하구 작은 동산에 두 아이가 활짝 핀 진달래 꽃잎을 따 먹으며, 이리 뛰고 저리 뛰어 놀고 있는 모습은 하늘과 바다와 산을 풍경으로 한 폭의 그림이 되고 있었다. 아이들을 비추던 따사한 햇살도 부드러운 바람과 한통속으로 게으른 오후를 보내고 있었다.

"성아, 저게 머고?"

예닐곱 살 정도의 어린아이 목소리가 바닷바람을 타고 가볍게 울렸다. 한참을 제멋대로 뛰어 놀던 아이가 바다 멀리 한 곳을 가리키며 다른 아이를 올려다보았다.

"어데, 배 아이가."

형인 듯 보이는 소년이 낙동강 하구를 지나 수평선이 가물가물한 바다를 뚫어지게 지켜보다 퉁명스럽게 대답했다. 그러면서도 열 살은 넘은 듯한 그 소년은 동생이 가리키는 바다에서 시선을 떼지 못했다. 주변에서 늘 봐오던 어선이 아닌 어딘가 조금 색다른 모양의 배들이 바람을 타고 반짝이는 바다를 건너 미끄러지듯 다가오고 있던 것이었다. 활짝 편 하얀 돛은 속도를 더해주고 있어 순식간에 눈앞으로 다가올 듯 가까워지고 있었다. 낙동강 하구가 빤히 바라보이는 동산에서 둘 만의 놀이를 하던 아이들은 이제 움직임도 없이 바다만 주시하고 있었다. 저 멀리 조그마하게 보이던 배들이 단번에 세 척이 되어 낙동강 하구로 향하고 있었다.

그때 아이들 뒤로부터 갑자기 '까악까악' 하는 소리가 들렸다. 언덕위로 높게 솟은 느티나무로부터 하얗고 까만 날개를 치올리며 까치가 날아올랐다. 전부터 둥지가 있음직한 모양이지만, 까치 울음소리에 새삼 놀란 아이들은 그 사실을 까맣게 몰랐다는 듯 갑자기 온 몸으로 소름이 타고 흘렀다. 그 불길한 울음은 무엇인가 큰일이 일어날 것이라는 예감을 불러들이고 있었다.

배가 낙동강 하구를 향해 가까이 오자 노를 젓는 속도가 차츰 빨라졌다. 강물이 바다에 흘러드는 곳이라 물살이 거칠어 거슬러 오른다는 것이 쉽지 않을 텐데, 이들은 어렵지 않게 물길을 건너 왔다. 가까이 다가올수록 그 배가 고기 잡는 어선이 아니라는 사실을 확인 할 수 있었다. 어선보다 날렵하고, 튼튼해 보이는 것이 전투를 하기위한 함선 같기도 하고, 바다를 건너다니는 무역선으로 보이기도 했다. 점점 또렷하게 보이기 시작하자 고물[1]에서 활을 메고 칼을 찬 사나이가 노 젓는 군사들을 채근하는 모습이 보였다. 그들이 타고 온 배 세 척은 나무판자를 짜서 만든 배인데 한 가운데에 돛대가 있고, 흰 돛을 달았으며, 뱃머리가 약간 높게 만들어졌다. 그리고 각각 양쪽 뱃전에 여섯 명씩 도합 열두 명이 노를 젓고 있었다. 이제는 노 저을 때 붙이는 '어이차, 어이차' 하는 구령 소리와 배가 물살을 가르며 나아가는 '좌아악, 좌아악' 하는 소리가 노랫가락처럼 어렴풋하게 들려오기 시작했다. 배가 기슭 가까이 다가오는 기척에 놀란 기러기 떼들이 '후드득' 소리를 내며 일제히 갈대밭 위로 날아올랐다.

그제서야 정신이 번뜩 든 소년이 동생의 손을 잡아채며, 내달리기 시작했다.

"앗! 왜놈들이다. 어서 유천 어른께 알리자."

두 아이는 좁은 산길을 따라 가야 군사들이 주둔하고 있는 매봉산 쪽으로 부리나케 뛰기 시작했다. 매봉산에서 보초를 서고 있던 가야 군사는 아이가 전해주는 말을 듣자마자, 수비 대장 유천에게 사실을 알렸다. 유천은 곧바로 봉화를 올려, 왕궁에 군호軍號[2]를 보내도록 명령을 내리고는 부하들에게 무장하라고 지시했다.

왕궁에서는 매봉산에 오른 봉화를 보고 곧바로 군사를 보내왔다. 기마병과 보병을 인솔하여 출동한 사람은 가야의 아홉 간干3중 한 사람인 여도였다. 매봉산에서 왕궁까지는 사십 리 남짓한 거리밖에 안 되기 때문에 그리 많은 시간이 걸리지는 않았다. 그리고 평소에 훈련이 되어 있기에 그다지 혼란스런 상황도 아니었다. 낙동강 하구 일대는 종종 해적들의 침략이 있었기 때문에 이처럼 급작스런 병력 출동은 낯설지 않은 일이었다.

한편 낙동강 하구로 상륙한 왜인들은 을숙도를 거쳐 노적봉 아래까지 진출했다. 그들은 긴 창으로 무장한 병사, 활을 멘 병사, 칼을 찬 병사들로 각각 다른 병장기로 무장했으며, 대부분 등짐을 진 약 마흔 명 정도의 왜군들이었다. 두 줄로 서서히 행군하고 있는 이들 중에서 유독 눈에 띄는 다섯 명의 왜군이 있었다. 그들은 다른 사람들보다 목 하나가 더 크고 우람한 체격을 하였으며, 단갑短 甲4을 입고 초승달 모양이나 사슴 뿔 같은 앞 장식을 단 투구까지 썼다.

또한 다른 병사들이 한 가지 무기만 들고, 등짐을 지고 있는 것과는 달리 그들은 화살 통을 메고 두 손에는 활과 검을 각각 들고 있었으며, 등짐을 지지는 않았다. 이들이 행군대열을 앞에서 다른 병사들을 지휘하고 있는 모습으로 보아 아마도 장수들 인 것 같았다. 그 다섯 명의 장수 중앙에는 남색 저고리와 바지를 입고, 금동관을 쓴 사내아이가 있었다. 키가 다섯 자 정도 되었고, 굳게 다문 입과 단아한 자세 그리고 단검을 찬 모양이 제법 의젓했다. 그는 다섯 명의 장수들에게 호위를 받으며 당당하게 걸음을 옮기고 있었다. 그가 쓰고 있는 금동관은 네 개의 불꽃 모양 장식에 금빛 달개와 푸른 곡옥이 주렁주렁 달려 햇살을 받아 그 화려한 모양이 반짝이고 있었다. 금동관 하나만 가지고도 이 무리의 우두머리를 나타내는 상징으로 손색이 없어 보였다.

이윽고 그들은 여도와 유천이 진을 치고 있는 곳까지 행군해 왔다. 이쪽의 군사들과 대면한 그들은 행군을 멈추고, 한 장수가 나서 큰 소리로 외쳤다.

"들으시오. 나는 해 돋는 나라 야마도大和5, 이즈모出雲6, 용성국 사람 이까즈찌요. 이번에 스쿠나비고나를 모시고 이 땅의 사람들과 친교를 맺으러 왔소. 왕을 만나 서로 재주를 겨루어 이기는 사람이 나라를 다스리도록 했으면 하오. 우리는 이곳에서 기다리고 있을 테니 어서 당신들 왕에게 알리시오."

이렇게 말한 뒤 그들은 더 이상 행군을 하지 않고, 그 자리에 머물러 숙영 준비를 하기 시작했다. 다섯 명의 장수는 병사들을 지휘하여 대 여섯 명으로 경비를 세우고, 나머지 병사들에게 등짐을 한 곳으로 모아 장비와 자재를 꺼내 이리저리 나누는 모습이 일사분란 했다. 그들은 곧 삼삼오오 나뉘어서 움막을 짓기 시작했고, 이쪽의 가야 군사들에게는 신경을 쓰지 않는 듯했다.

이들이 더 이상 행군을 하지 않고, 자신들을 공격하려고 하는 의

도도 보이지 않자, 여도는 유천에게 왜군들을 잘 감시하도록 이르고는 왕궁으로 급히 돌아갔다.

이때는 서기 44년으로 김수로왕이 금관가야를 다스리기 시작한 지 2년여 세월이 흐른 뒤였다. 김수로왕이 금관가야를 다스리게 된 계기는 하늘의 뜻이라고 밖에 할 수 없었다. 그는 왕의 운명을 타고난 사람으로 하늘의 뜻을 받들어 땅을 다스리고 사람들을 이롭게 하라는 본분을 잘 알고 있었다. 마침 때가 되어 김해지역 촌장들의 추대를 받아 왕위에 오른 것이었다.

2 가야의 지도자

"걱정이다, 이러다가는. 사람은 자꾸 몰려오지, 지마다 하고 싶은 대로 하몬 곡식도 모자랄 기고 또 계기[7]라도 동이 나몬 우찌 사노?"

김해지역 아홉 마을의 촌장으로 한기[邯岐]8의 직책을 갖고 있는 아도는 큰 시름에 잠겨 혼잣말로 중얼거렸다. 아직 이른 저녁으로 추수를 끝낸 마을에서는 한가위 보름달 아래 징 치고, 꽹과리 울리며, 북 두드리는 소리가 멀리까지 울려 퍼지고 있었다. 사람들은 저마다 무리를 지어 덩실덩실 춤추고, 흥겨운 노랫가락으로 장단 맞추는 놀이에 흠뻑 빠져 있었다. 올해 농사는 이만저만하여 넉넉하지는 않지만 한해 농사를 마치고, 이제 한 겨울 날 양식을 장만했으니 오늘 하루는 여흥을 즐길 만도 했다. 그런데도 촌장인 아도는 좀처럼 마음이 편안하지 않았다.

그가 처음 한기를 맡았을 때만 해도 그를 따르는 식솔이래야 오천 명을 겨우 넘을 정도였다. 하지만 이제는 자신을 도와 마을을 이끌고 있는 한기를 맡고 있는 사람도 자신을 포함해서 아홉 명이나 되었고, 인구는 칠만 오천 명이 넘고 있었다. 그것은 북부여北夫餘9가 위만衛滿10의 침공과 한사군漢四郡11의 설치로 북동쪽으로 밀려난 뒤, 사람들이 계속 한반도 남쪽으로 몰려 내려왔기 때문이었다. 그들은 평화롭게 살 수 있는 곳을 찾아 남하하다가 이곳 낙동강 하구 해안 평야지대까지 몰려오고 있었다. 그리고 앞으로도 이 같은 일은 계속될 것이고 그때마다 인구는 급속도로 늘어날 것이었다.

인구가 늘어나면서 자신의 능력으로는 전체 마을을 이끌기 어려운 지경에 이르고 있었다. 아도는 촌장으로서 자신의 한계를 알고 있었고, 현실적으로 자신이 해결할 수 없는 많은 문제들이 산적해 있다는 사실을 잘 알고 있었다. 새로 유입되는 사람들과 자신의 고장을 지키려는 사람들은 서로의 욕심을 채우기 위해 다투는 일도 빈번하게 늘어났다. 게다가 남쪽 바다로부터 침범하는 해적들의 노략질이 점점 심해졌다. 해적은 주로 동남쪽 바다를 건너오는 왜구였다. 이제는 사람들 사이의 분쟁을 조정하고, 해적으로부터 자신들을 지켜 주면서 나라 살림을 넉넉히 만들도록 이끌어 줄 사람이 필요했다. 이런 연유로 그는 자신을 대신하여 무리를 다스려 줄 인물을 찾고 있었다.

"후유."

자기도 모르게 긴 한 숨을 쉬는데 문 밖에 사람의 기척이 있었다.

"누고?"

아도가 문도 열지 않은 채 물었다.

"한기님 접니다."

굵직한 목소리를 내며, 들어오라는 소리도 안 했는데도 선뜻 들어서는 사내는 쇠돌이었다. 그는 동해안의 사로국斯盧國[12]이 한창 세력을 확장하고, 나라 기틀이 잡혀간다는 소문이 들려, 조금 더 자세한 정세를 살펴보고 오라고 자신이 보냈던 사람이었다. 그것이 벌써 두 달 전의 일이었다.

"언제 돌아 왔나? 잘 알아 봤나?"

"예, 한기님."

쇠돌이는 자신이 보고 들은 이야기를 늘어놓기 시작했다. 그는 먼저 실제 일어난 일인지는 모르지만 그곳 사로국 사람들이 믿고 있다는 신비한 이야기를 들려주었다. 사실과는 다를 지라도 그 나라에서는 널리 알려진 이야기로 모르는 사람이 없다며 신이 나서 말을 이어갔는데, 그의 말을 요약하면 다음과 같았다.

환국桓國[13]의 뒤를 이은 단군 조선이 멸망한 지 오래 되지 않아 매우 혼란한 시기로 아직까지 안정을 찾지 못하고 있었다. 나라를 잃은 단군 조선의 배달국 후예들은 세 무리로 나뉘어 한반도를 남하했다. 한 무리는 두만강을 건너 동쪽 해안을 따라 태백산맥을 타고 내려와, 서라벌徐羅伐[14]에 자리 잡았는데, 말을 잘 타고 쇠를 잘 다루었다. 또 한 무리는 서쪽으로 내려와 마한馬韓[15] 땅에 이르렀다. 다른 한 무리는 산동반도山東半島[16]로 건너가 한漢[17]나라의 일을 거들다가 한사군이 설치되면서 바다를 건너 낙랑樂浪[18]을 거쳐 남하하여 가야산 근처의 고령 일대에 정착하였다.

그 중에서 서라벌에 정착한 무리는 사로국이라 칭하고 여섯 마을로 나뉘어 살았다. 하루는 여섯 마을의 족장들이 서라벌에 흐르던 알천閼川[19]상류에 모여 정사를 의논하고 있을 때, 멀리 남쪽의 양산 기슭의 나정羅井[20]이라는 우물가에 서기瑞氣[21]가 있다는 보고가 들어왔다. 족장들이 그곳으로 가보니 박 만큼 큰 자주 빛 알을 놓고 흰 말이 절을 하다가 사람들이 다가서자 말은 사라졌다. 사람들이 그 알을 깨뜨리자 사내아이가 나왔는데, 동천東泉[22]에 목욕을 시켰더니 온 몸에서 밝은 빛이 났다. 족장들은 그 알에서 태어난 아이에게 박씨 성과 혁거세赫居世라는 이름을 붙였다. 이 의미는 불꽃 나라에 살아 밝다는 뜻이었다. 여섯 마을의 족장들은 이 아이가 열세 살이 되자 지도자인 것간居西干[23]으로 모셨다. 이들의 사로국에서는 화백和白[24]이라 하여 각 마을의 족장들이 중요한 국사를 의논해서 결정하는 제도가 있었는데, 화백회의에서 박혁거세는 것간이라는 칭호를 갖게 된 것이다. 여기에서 '것'은 '거서居西'로 쇠를 부리는 거수를 뜻하고, '간干'은 '한'이라고도 했는데 우두머리를 뜻했다.

혁거세가 태어나던 날, 알영閼英우물가에 계룡鷄龍이 나타나 왼쪽

겨드랑이로 예쁜 딸을 낳았는데 입술이 닭 부리와 같이 튀어 나왔다. 이 딸을 월성의 북천北泉에 데려가 목욕을 시키자 입부리가 떨어져 제 모습을 찾았기에 혁거세의 아내를 삼았다. 나정과 알영은 이웃한 마을이었다. 두 마을 사람들이 혁거세의 혼인을 통해 힘을 합하고 나아가 여섯 마을의 지지를 받아 사로국의 기틀을 잡았다.

삼한 시대는 쇠를 잘 부릴 줄 아는 사람이 권력을 가질 수 있었다. 쇠를 부린다는 것은 우선 쇠를 많이 품은 모래나 광석을 숯과 함께 가마에 넣어 녹이는 일부터 시작된다. 광석을 녹이려면 엄청난 숯이 필요했고, 숯을 만들기 위해 또 많은 나무가 필요했다. 따라서 쇠를 부리기 위해 많은 나무가 필요했던 사로국의 다음 왕으로 나무를 잘 키우는 남해차차웅25을 화백에서 임금으로 선출했다. 그리고 뒤를 이어 남해차차웅의 아들인 유리니사금이 임금이 되었고, 이를 남해의 사위인 석탈해가 좌보左輔26로 정사를 돕고 있었다.

한편 산동반도로 건너갔다가 한반도로 건너와 가야산 근처의 고령 일대에 정착한 이들은 당시 제관이었던 고황산령신高皇産靈神27과 천조대신天照大神28을 정신적인 지도자로 삼고 있었다. 당시는 제관祭官29이 정치와 종교 양쪽을 모두 관할하는 지배자로 섬김을 받는 것이 일반화되어 있었다. 고황산령신을 모시는 무리는 한반도의 남동 쪽 변진弁辰30에서 수렵과 채집으로 그들의 터전을 일궜다. 그들은 벼, 보리, 밀, 수수, 기장 등 곡식으로 농사를 짓고, 돼지, 개, 소 등의 가축을 기르기 시작했다. 그리고 이들은 낙동강 물줄기를 따라 남북으로 퍼져 그 세력을 넓혀 갔다.

그리고 천조대신을 모시던 또 한 무리들은 바다를 건너 왜倭로 들어갔다. 먼저 대마도로 건너갔다가 이끼섬壹岐島31을 거쳐 규슈九州32 북부에 자리를 잡았다. 왜인들은 천조대신을 아마데라스오오미가미라 불렀다. 이는 하늘을 밝히는 큰 신이라는 뜻이었다.

고황산령신이나 천조대신은 모두 태양을 신으로 모시는 제관들이었고, 사람들은 이들을 천군天君33이라 불렀다. 두 사람 모두 키가 일곱 자가 넘고 가슴과 엉덩이가 풍만했다. 천군이란 다산과 풍년을 기원하는 의미를 뜻하기 때문에 이러한 체격을 갖춘 사람만이 천군의 자격으로 선발되었기 때문이었다. 천군은 해마다 5월에는 새로운 밭을 일구며 한 해 농사가 풍년이 되기를 기원하는 제례를, 또 10월에는 추수를 끝낸 뒤에 하늘에 감사하는 축제를 주관했다. 고황산령신의 뒤를 이어 정견모주正見母主가 고령을 중심으로 한 미오야마국彌烏耶馬國34의 정신적 지주가 되었고, 미오야마국은 후에 대가야로 발전하였다.

정견모주가 산동반도에 있을 때 이비가夷毗訶와 혼인하여 여러 명의 아들을 두었는데, 그 가운데 뇌질주일惱窒朱日과 뇌질청예惱窒青裔가 뛰어난 재주를 지녔다. 뇌질주일은 이진아시라고도 했으며, 뒤에 대가야의 왕이 되었다.

뇌질청예는 쇠를 잘 다루었다. 그는 직접 야로冶爐35를 짓고, 숯을 구어 불을 지피며, 풀무로 바람을 넣고, 강가의 사철이나 철광석을 녹여, 판장쇠를 만들고 이것을 단조해서 무기와 농기구를 만드는 재주가 있었다. 뇌질청예는 정견모주와 함께 중국 샨둥반도에 있었는데 인도의 샤카족 출신인 명견대사冥見大師를 만나 한반도로 건너오게 되었다. 명견대사는 힌두교와 불교에 도통한데다가 강태공의 육도六韜36와 손자병법까지 익힌 사람으로 뇌질청예의 스승이 되어 가르침을 주다가 새로운 나라를 세울 목적으로 한반도에 정착하게 되었다.

이야기를 모두 들은 아도는 쇠돌이에게 수고했다며 은자 두 냥을 주어 보냈다. 혼자 남은 아도는 혁거세가 태어날 때의 이야기와 아내를 맞이하는 신비스런 이야기를 모두 믿을 수는 없었지만 사로국이 형성되는 전반적인 줄거리를 알게 되었다. 그리고 자신이 이끄는 무리에게도 그와 같은 지도자를 모셔야 되겠다는 결심을 새삼 하게 되었다.

다음날 아도는 다른 마을의 한기들을 불러 모았다. 그는 쇠돌이에게 들은 내용을 알려주고, 현재 자신들이 이끄는 마을의 실정과 자신들을 이끌어 줄 지도자가 필요하다는 것을 이야기했다. 그리고 쇠를 잘 다룬다는 뇌질청예를 왕으로 추대하자는 제의를 했다. 그가 쇠를 잘 다루고, 무기와 농기구를 만드는 재주가 있다는 것을 강조했음은 물론이었다. 다른 여덟 명의 한기들도 아도의 제의에 동감하고 그리 하겠다고 의견을 모았다. 당시는 쇠를 잘 다루는 것이 무엇보다도 중요한 일이었기 때문이었다. 이제는 그를 왕으로 추대하는 일만 남았다.

다음날 아도는 쇠돌이를 고령으로 보내어 명견대사에게 자신의 생각을 은밀하게 전했다. 그리고 일주일이 지난 다음 명견대사를 만나고 돌아온 쇠돌이는 아도의 뜻을 따르겠다는 대사의 전갈을 가지고 돌아왔다. 그러면서도 대사는 고을 백성들이 아도와 같은 마음으로 진정 자신들을 지도자로 삼을 수 있는 지 의문이라며, 한 가지 계책을 전해왔다. 아도는 명견대사의 계책에 탄복하며 그렇게 따르겠노라고 답신을 보냈다.

날이 바뀌어 동짓날이 돌아오자 아도는 다른 여덟 명의 한기들과 마을 사람 수백 명을 거느리고 구지봉龜旨峰37으로 갔다. 그곳에는 그들이 매년 제를 지내던 신목이 있었다. 수백 년 지나도록 늠름한 자태를 잃지 않는 그들의 신목, 소나무 아래 제단을 차리고 모두 엎드려 절을 하며 제를 막 시작했을 때였다. 구지봉 높은 곳에서 굵은 목소리가 쩌렁쩌렁 들려 왔다.

"나는 이 곳을 다스리기 위해 하늘나라에서 내려 온 사람이다. 너희가 정녕 내 뜻을 받겠다면 그 징표로 나를 따라 노래를 불러야 한다."

깜짝 놀란 백성들이 우왕좌왕하며 소란스러울 때, 아도가 나서 큰 소리로 답했다.

"예, 저는 이곳 백성들을 이끌고 있는 아도라고 합니다. 하늘나라에서 오시는 분을 저희들 지도자로 삼겠나이다. 분부 내려주시옵소서.”

“그렇다면 너희 모든 백성은 오늘부터 내가 전하는 노래를 널리 퍼트려 온 마을이 나를 따르도록 하여라.”

영문을 몰라 아도의 눈치만 살피던 백성들은 구지봉에서 들려오는 굵은 목소리에 머리만 조아리고 있었다. 이때 그 목소리가 노래를 들려주기 시작했다.

“거북아, 거북아, 머리를 내어 놓아라. 머리를 내 놓지 않으면 구워서 먹으리라.”

아도가 그 노래를 따라 부르자, 나머지 백성들도 아도를 따라 부르기 시작했다. 그들이 그 노래를 세 번 반복해서 부르자, 신목 아래로 자주 빛 천으로 감싼 상자가 내려왔다. 아도가 백성들과 함께 두 번 절하고는 그 천을 풀어보니, 금빛으로 빛나는 상자 안에 여섯 개의 금알이 햇빛을 받아 눈부시게 번쩍이고 있었다. 아도는 다시 금궤를 고사상에 올려놓고, 사람들과 함께 네 번 절한 뒤 금궤를 집으로 갖고 돌아갔다.

그런 뒤 온 마을에서는 경사스런 일이 일어났다는 소문이 퍼졌고, 어른 아이 할 것 없이 모든 사람들이 구지봉에서 불렀던 노래를 따라 불렀다. 그렇게 온 마을이 술렁거리기를 여러 날이 지나고, 드디어 아도의 집 앞에 여섯 명의 귀공자와 한 도인이 나타났는데, 모두 키가 여덟 자가 넘어 우람하게 생긴 것이 지켜보는 사람들을 압도하고 있었다. 특히 그 가운데 한 사내는 키가 아홉 자는 되는 듯 했고, 어깨에 활을 메고 손에는 철퇴를 들었다. 그는 흰

색 저고리의 섶과 단에 자줏빛 천을 둘렀고, 머리에 쓴 고깔에는 꿩의 깃을 꽂았다. 여섯 명의 귀공자를 인솔했던 도인이 그 사내가 바로 뇌질청예라고 아도에게 소개했다.

아도는 즉시 사람들을 불러 모아, 이들을 극진히 대접하라 이르고는 여덟 명의 한기들과 상의했다. 그들은 회의 끝에 지난 동짓날 제를 지낼 때 하늘나라에서 자신들의 지도자로 보낸다는 분이 왔다는 것을 확신하고, 이 사내를 왕으로 추대하여 수로왕이라 부르기로 했다. 수로라는 뜻은 먼저 왔다는 뜻도 있지만 쇠를 잘 다루는 사람이라는 뜻도 포함하고 있었다. 아도와 여덟 명의 한기들은 뇌질청예와 그들 일행에게 네 번 절하고 만세를 불렀다. 그제서야 아도와 명견대사의 계책대로 구사국狗邪國[38]은 왕을 모실 수 있게 된 것이었다. 이때가 서기 42년의 일이었다.

3 무엇으로 힘을 겨룰 것인가

뇌질청예가 구지봉에서 구사국왕으로 추대되어 수로왕이 되었고, 나라 이름도 금관가야金官伽倻로 고친 지 벌써 2년이 되었다. 하지만 아직도 모든 백성들이 왕을 진정으로 섬기지는 않았다. 수로왕과 명견대사의 고민은 바로 여기에 있었다. 나라를 하나로 통합하여 튼튼한 국력을 지니는 것과 백성들에게 진정한 믿음을 주어 민심을 확보해야 하는 일이 최우선 과제였다. 게다가 이웃 나라인 사로국斯盧國39이 서라벌로 불리고 점점 강성해지면서 세력범위를 넓히고 있는데도, 자신의 통치력이 금관가야 전 지역에 미치지 못하고 있었다. 금관가야 아홉 명의 한기가 뇌질청예를 왕으로 추대했음에도 불구하고 아직 그를 왕으로 따르지 않는 백성들이 있었기 때문이었다. 사람들은 그가 자신들을 보호해 줄 수 있다는 확신을 갖지 못했다. 아직 그의 능력을 본 적이 없었기 때문이었다. 이렇듯 그가 왕으로서 백성들에게 능력과 믿음을 보여주어 국론을 하나로 통일하고 이끌어야 할 중요한 시기에 스쿠나의 일행이 온 것이었다.

명견대사는 이 기회를 이용해서 백성들을 한 마음으로 묶을 수 있는 계기를 만들고자 하였다. 왜인들이 낙동강 하구에 상륙한 그날 밤 왕궁에서는 왕과 명견대사가 머리를 맞대고 대책을 의논하였다. 명견대사는 왕이 금관가야에 오기 전부터 모든 일을 상의해 온 스승처럼 모시는 사람이었다. 나라를 다스리는 데 필요한 모든 지혜와 계략은 거의 그의 머리에서 나온 것이었다. 두 사람은 섣부른 결론을 내릴 수 없다는 것에 합의하고, 사태의 중요성을 감안하여 내일 여러 신하들과 함께 다시 의논하고자 하였다.

다음날 아침 왕궁에서는 김수로왕과 명견대사를 위시하여, 아도를 포함한 아홉 명의 간이 일찍 회의에 참석했다.

전날 매봉산에 다녀 온 여도가 간략하게 지금까지의 상황을 보고했다.

"마마, 해마다 이맘때가 되면 왜놈들이 나타나 노략질을 하거나, 거래하기를 청하였는데, 어제는 40명 가량의 왜군이 세 척의 배로 낙동강 하구에 상륙하여 매봉산 아래 진을 쳤습니다. 해 돋는 나라 야마도, 이즈모의 용성국 사람이라는 스쿠나 일행이라 합니다. 그들은 친교를 원한다며 마마를 뵙기 청하고 있습니다."

"그들은 어떤 모습을 하고, 군사는 어떤 무장을 했는가?"

왕이 물었다.

"그 왜군 중 다섯 명은 키가 다른 사람 보다 목 하나가 더 크고, 갑옷을 입었으며, 투구를 썼습니다. 활은 우리의 단궁 보다는 약간 길고, 화살통을 찬 것이 훈련이 제법 잘 된 듯 보입니다. 그리고 각기 장검을 손에 쥐고 있었습니다. 나머지는 병사들로 보이는데 모두 창을 든 놈, 활을 가진 놈, 칼을 찬 놈, 병장기는 각각 다르지만 역시 훈련이 잘 된 듯 보였습니다. 그 가운데 키가 다섯 자 남짓한 아이가 금동관을 쓰고 있는 모습이 그들의 우두머리로 보였습니다. 그가 스쿠나 인 듯 합니다."

"그래, 그들이 원하는 것이 무엇인고?"

"그들은 친교를 원한다고 하지만, 서로 힘겨루기를 하여 이기는 나라에 대하여 진 나라는 신하의 나라로서 도리를 하자고 했습니다. 즉 이긴 나라가 두 나라를 함께 다스리자고 합니다."

여도가 조심스럽게 답했다.

"우하하하! 우리와 힘을 겨루자고?"

왕이 가소롭다는 듯이 껄껄 웃는다. 그러자 자리를 함께 했던 사람들 모두가 한 바탕 크게 웃었다. 그도 그럴 것이 왕은 키가 아홉 자로 쇠를 다루는데 단련되어 힘이 장사였다. 뿐만 아니라 활을 쏘면 백오십 보 떨어진 곳에서 나는 새나 도망치는 짐승을 맞추는 명궁이었다. 신하 중에서도 신천과 신귀는 왕에 못지않은 명궁이었고, 여도, 피도, 오도는 칼을 귀신 같이 쓰는 장수로 솜씨가 좋았으며, 힘으로는 유수, 유천, 신천, 오천 등을 당할 사람이 없었다. 특히 유수는 한 주먹으로 호랑이를 때려잡은 적이 있었다. 그렇게 한바탕 통쾌한 웃음소리가 왕궁을 울리고 지난 다음은 한결 가벼운 분위기로 회의가 진행되었다. 왕을 비롯하여 모든 신하들이 이제는 회의 자체를 즐기는 듯한 분위기로 바뀐 것이었다.

"이들이 어떤 사람들인가?"

왕이 명견대사를 돌아보며 물었다.

"이즈모라면 이곳에서 동쪽으로 천리 떨어진 곳에 있는 아끼쓰 섬에 있는 고을이지요. 대가야 사람들이 왜국으로 건너갔다가 다시 동북쪽으로 가서 바닷가에 무리를 짓고 산다고 했습니다. 그곳 사람들은 쇠를 잘 다루고, 농사를 지으며, 바다에서 고기도 잡는다고 합니다. 야마도의 여신인 아마데라스와 다투어 이즈모로 건너간 스사노오라는 장사가 있다고 들었는데, 그의 손자 스쿠나의 재주가 보통이 넘는다고 합니다. 키가 다섯 자라니 아마도 그 사람이 온 것 같습니다."

"그럼 어떻게 하는 것이 좋겠습니까?"

아홉 간의 우두머리인 아도가 조금 큰 소리로 물었다.

"우리나라에 올 일행이 아니고 대가야나 사로국으로 갔어야 할 일행이 이리로 온 것 같으니, 잘 타일러 보내는 것이 좋겠지요. 하지만 그들이 우리가 말하는 대로 따라줄 것 같지는 않습니다. 만일 그들이 고집을 부린다면 우리에게 유리한 방식으로 힘겨루기를 해서 이기는 것도 좋겠지요."

명견대사가 천천히 말을 이었다.

"그렇다면 어떤 방식으로 힘겨루기를 하면 좋겠습니까?"

아도가 다시 물었다.

"글쎄요. 우리에게 유리한 종목을 선택해서 자신 있게 밀고 나가야 좋겠지요. 제일 먼저 씨름으로 힘겨루기를 하는 것이 좋겠습니다. 씨름이야 우리에게 가장 유리한 종목이니까요. 양쪽에서 세 사람씩 대표를 선발해서 두 사람이 이기는 것으로 승부를 겨루면 됩니다."

"그럼, 두 번째는 어떤 방식으로 하면 좋겠습니까?"

"두 번째는 활쏘기가 좋지요. 우리 민족은 그 오래전부터 활쏘기를 잘하는 민족으로 이름을 널리 떨쳤고, 지금도 그 전통을 이어 오고 있으니 충분히 승산이 있지요. 첫 번째 방식처럼 양쪽에서 세 사람씩 대표를 뽑아 승부를 가르게 하는 것이 좋겠습니다."

"왜군들도 활을 메고 온 것을 보면 활쏘기에 대해서는 어느 정도 훈련이 되어 있을 텐데, 괜찮겠습니까?"

"그렇다면, 세 사람 중에서 한 명은 말을 타고 활을 쏘도록 하는 것이 좋겠습니다. 아무래도 그들보다는 우리가 말을 타고 활쏘는 훈련에 익숙할 테니까 충분히 승산이 있습니다. 그들은 말을 가져 오지도 않은 것을 보면, 제 생각에는 우리보다 승마에 익숙하지는 않으리라 생각됩니다. 그들에게 우리 왕궁에서 기르는 말을 주고 승부를 겨루자고 하면 문제는 없을 것이라고 생각됩니다."

"그럼, 마지막은 어떤 방식으로 하면 좋겠는가?"

왕이 고개를 끄덕이며 진지하게 듣고 있다가, 대사에게 물었다.

"힘겨루기라고 해서 씨름이나 활쏘기로만 승부를 겨룬다면 그들이 진심으로 승복할 지 의문입니다. 그래서 우리의 국력을 보여줄 수 있는 쇠를 다루는 방법으로 마지막 승부를 정하는 것이 좋겠습니다."

"그들이 우리가 제안하는 방식을 수락하겠는가?"

왕이 재차 물었다.

"우리가 충분한 설명을 한다면 그들도 굳이 반대하지는 않을 겁니다. 그리고 그들에게는 선택의 여지가 많지 않을 것이라 생각됩니다. 또한 그들로서는 손해 볼 것이 없다고 생각할 것입니다."

"그래도 그들이 쇠를 다루는 것에 찬성하겠소?"

왕이 의심스러운 듯 고개를 갸웃하며 다시 대사를 돌아보았다.

"그들도 창이나 칼을 병장기로 사용하는 것을 보면 쇠를 다룰 수 있다는 것을 알 수 있습니다. 그리고 아마 그들은 우리의 쇠 다루는 기술을 배우러 온 것인지도 모르지요. 쇠를 다루는 기술로 나라의 힘을 평가하는 것이 일반적이니까요. 그리고 우리 금관가야는 특히 쇠를 잘 다루지 않습니까. 왕께서도 직접 쇠를 다루실 줄 아시고, 그 누구보다 더 훌륭한 기술을 보유하고 있지 않습니까?"

"하하하, 그것 재미있겠군. 알았소, 세 가지 방식으로 겨루기를 하자고 그들에게 전하시오. 그리고 겨루기에서 진 편은 이기는 편에게 모든 것을 일임한다는 약속을 잘 지키라고 하시오. 그에 대한 확답을 받아오는 것이 무엇보다 중요하오. 나머지 자세한 내용은 대사와 여러분들이 상의해서 그들에게 전하시오.”

왕은 대사에게 나머지 일을 마무리하도록 지시했다.

그런데 아도가 이의를 제기하며 왕의 말을 가로막고 나섰다.

“마마, 안됩니다. 아무리 우리에게 승산이 있다지만 만에 하나라도 우리가 지는 날이면 마마께서 자리를 내 놓아야 하고, 저희들은 나라를 잃을 수도 있는데, 더욱 신중하게 결정해야 되지 않겠습니까? 다시 한 번 심각하게 고민하고 의논해야 하는 것이 어떻겠습니까? 너무 쉽게 일처리를 하는 것은 제고해 봐야 합니다.”

“맞습니다. 아도의 말에 따라 다시 한 번 신중하게 생각해야 합니다. 마마. 다시 생각해주소서.”

이번에는 신하가 줄줄이 아도의 말에 동감을 표하며 외쳤다.

“하하하, 걱정하지 마시오. 여러 신하들이 걱정하는 바를 내가 모르는 바는 아니나, 나에게도 좋은 생각이 있소. 반드시 이번 힘겨루기는 우리의 승리가 될 것으로 믿고 있으니, 걱정하지 마시오. 우리는 반드시 이길 것이오.”

왕이 단호하게 신하들 말을 물리치며 서둘러 전략회의를 마쳤다.

이튿날 아침, 여도가 다시 매봉산으로 말을 몰았다. 왜인들은 어제 진을 친 강가에서 별다른 움직임 없이 하루를 보낸 듯했다. 산기슭 좁은 평지를 따라 10여 채의 움막이 여기 저기 무질서하게 평평한 곳마다 세워져 있었고, 십여 명의 왜군이 느릿느릿 오가고 있었다. 특별히 바쁠 것 없다는 듯, 여도 일행이 들이닥치는 데도 그들은 자신들이 하던 대로 움직일 뿐 별다른 관심을 보이지 않고 있었다. 다만 경계심도 없다는 듯 무관심하게 경비를 서던 한 왜군이 가운데 다른 움막보다는 조금 더 크고, 입구에 깃발이 나부끼는 움막으로 다가서는 것이 보였다.

그들은 아직 아침을 먹지 못한 것 같았다. 움막 여기저기에 모닥불이 피어있고, 그 곳마다 삼각대로 지탱한 작은 솥들이 걸려있었다. 그리고 솥마다 김이 솔솔 올라오는 것이 이제 막 밥을 짓고 있었던 모양이었다. 여도 일행이 너무 일찍 온 듯했다. 그들에게는 아직 하루 일과가 시작되지 않은 것이었다. 앞으로 벌어질 모든 일들도 그들에게는 그다지 중요하지 않은 듯 여유를 보이고 있었다.

마침내 그들이 머무르는 진지 중앙의 제법 큰 움막에서 어제 이들을 인솔하고 온 다섯 명의 장수들이 몰려나오는 것이 보였다. 그들은 한 곳에 모여 앞으로 벌어질 일에 대해 의논하고 있었던 것처럼 복장을 갖춘 상태로 다소 긴장한 모습을 보여주고 있었다. 그 뒤로 스쿠나가 역시 금동관을 쓴 채 서서히 걸어오고 있었다. 그들이 움막에서 나오는 모습을 본 주변 왜군들이 그에게 깍듯이 절을 하는 것을 보면 그의 위세에 대해 짐작할 수 있었다. 그와 다섯 장수는 여도 일행을 보자, 긴장된 얼굴을 감추지는 않은 채 밝은 미소로 다가왔다.

그들이 여도를 알아보고 맞으러 나오자, 여도는 그때서야 말에서 내려왔다. 여도는 쇠로 된 고깔 모양의 투구를 쓰고 단갑을 입었는데, 고깔의 뒷머리에는 새 깃을 달았고, 그가 타고 온 말에도 쇠 탈과 쇠 갑옷을 씌웠다. 투박한 모양의 왜군들 투구와 갑옷보다는 더 매끈하고 자연스러운 모양이 금관가야의 쇠 다루는 기술을 은근히 과시하는 꼴이 되었다. 또 백 근의 언월도를 겨드랑에 끼고 당당하게 서 있는 여도는 다섯 명의 왜군 장수 모두를 압도하듯 늠름한 자태를 보였다. 여도는 그들에게 가볍게 목례를 보내니, 그들도 일제히 답례를 하였다.

그들이 여도를 움막 안으로 안내하려 했으나, 여도는 그 자리에 서서 자신이 온 이유를 설명하기 시작했다. 그들은 여도의 말을 다 듣고 나서, 여도가 제안한 세 가지 방법에 대해서도 긍정적인 대답을 하였다. 단지 세부적인 방법에 대해서만 몇 가지 질문을 하기 시작했다.

"힘겨루기는 세 가지 방법으로 하고, 첫 번째는 씨름을, 두 번째는 활쏘기를, 세 번째는 쇠 다루는 기술을 가지고 서로 승부를 나누는 것으로 하는 게 어떻소?"

"좋습니다. 그럼 씨름이나 활쏘기는 어떤 방식으로 승부를 정합니까?"

"우선 내일은 씨름을 할 수 있도록 자리를 만들고, 모레 승부를 겨루도록 합시다. 세 사람씩 나와 각각 세 번을 싸워 두 번을 이기면 승리하는 거요. 그리고 세 사람 중 두 명이 이기는 나라가 종합으로 승리하는 거요. 시합장 안에서 승부를 겨루고, 시합장 밖으로 사람이 나가면 무승부로 하지요.”

“예, 그리고 또 무슨 시합을 합니까?”

”그 다음날은 활쏘기 시합을 하는 겁니다. 이번에도 세 사람씩 나와 과녁을 백오십 보 거리를 두고, 다섯 번씩 쏘게 해서 맞추면 한 점 씩 주어, 점수를 많이 얻은 쪽을 이기는 것으로 하지요. 세 명중 마지막 한 사람은 말을 타고 달리며 쏘는 것이 더욱 재미있을 것입니다. 활과 화살은 각자 가지고 온 것을 쓰기로 하고, 그대들 이 필요한 말은 우리 왕궁에서 기르는 말을 그대들 마음대로 골라 타면 되지요.”

“예, 다음은 또 무슨 시합으로 겨루지요?”

“그리고 마지막으로 쇠 다루는 기술을 겨루는 것은 이곳에 각자 대장간을 만들고 사흘 안에 칼을 만드는 거요. 그리고 두 나라에 서 만든 칼의 성능을 시험하는 것이오. 베는 힘을 알아보기 위해 서는 대나무에 볏단을 감은 기둥 열 개를 세워 칼로 수평 자르기, 비스듬하게 자르기를 하면 어느 쪽 칼이 잘 드는지를 알아볼 수 있 을 것이오. 이에 대한 자세한 내용은 더 상의해야 하니, 당신들 중 에서 한 사람이 우리와 함께 왕궁으로 갑시다.”

“예, 알겠습니다. 그런데 잠깐만 기다려주시오. 우리끼리 잠시 의논을 해야겠습니다.”

여도의 말이 끝나자, 스쿠나와 다섯 장수가 잠시 의논을 하더니, 다섯 장수 중 한 명이 나서며 말했다.

“나는 다께즈찌라고 하오. 내가 가리다.”

청명한 하늘에서 밝게 빛나는 태양은 그들의 머리 위로 떠오르며, 천지를 밝게 비추고, 조용하던 숲에서는 새들이 지저귀는 소리가 들려오기 시작했다. 주변 나뭇잎 사이사이 맺힌 이슬에서 반짝이는 햇살은 모든 것이 다시 살아나고 있다는 오늘을 이야기하고 있는 듯했다.

4 씨름

그로부터 이틀이 지난 다음날 낙동강 서쪽 나루에 사람들이 모여 들었다. 나루에서 가까운 들판에는 정강이 높이만큼 모래와 진흙을 섞어 쌓아 평평하게 다진 씨름판이 만들어져 있었다. 지름이 이십 보정도 되는 둥근 마당이었다. 씨름은 옛날부터 전해오는 인기 있는 놀이였다. 환국의 뒤를 이은 배달국에서도 치우희蚩尤戱[40]라는 이름으로 나라에 경사가 있을 때마다 장사들을 뽑아 씨름을 시켰다. 이와 같은 씨름의 유래는 치우천왕蚩尤天王[41]으로부터 시작되었다고 했다. 치우천왕은 쇠를 잘 다루어 많은 병장기를 생산했을 뿐만 아니라, 어떠한 종류의 무기라도 자유자재로 사용했고, 힘도 천하장사로 당시 중국과의 전투에서 패한 적이 없었다. 동북아시아의 모든 사람들은 그를 가리켜 군신軍神[42]으로 불렀고, 그를 기리기 위한 놀이가 바로 씨름이었다.

이와 같은 유래를 갖은 씨름은 한반도뿐만 아니라 동북아시아의 각 나라에 전해져, 그 나라에 큰일이 있을 때는 빠지지 않는 행사가 되었다. 특히 다른 나라의 사신이나 귀인이 방문 했을 때는 친선을 도모하는 의미에서 씨름으로 우의를 다지곤 했다. 씨름은 무기 없이 맨손으로 승부를 겨루기 때문에 나라마다 병사들의 정규 훈련과목이 되기도 했다. 이번 가야국과 용성국의 대결에서 씨름이 첫 시합으로 채택 된 것도 따지고 보면 서로에게 낯설지 않은 종목이라는 연유가 있었다.

아침 일찍부터 모여든 사람들로 벌판이 가득 차고, 모든 준비가 끝나갈 무렵 멀지 않은 곳에서 북소리와 함께 나팔소리가 요란하게 울렸다. 수로왕의 행차를 알리는 소리였다. 순식간에 왁자지껄하던 벌판이 조용해졌다. 박자에 맞춰 울리는 북소리와 그에 어울리는 긴 나팔소리를 따라 수로왕이 흰 말을 타고 군사들의 호위를 받으며 나타났다. 왕은 금으로 만든 고깔 위에 금관을 썼는데, 금관은 나뭇가지 모양의 세운 장식이 셋, 앞과 양 귀에 있고 그 가지마다 금빛 찬란한 나뭇잎 모양의 달개와 둥근 판과 곡옥曲玉[43]이 수없이 달려 있었다. 뒤쪽에는 두 개의 사슴뿔 모양의 장식이 있었는데, 먼 서쪽 흑해 근방에서 스스로 샤카족이라고 부르던 스키타이 기마족의 영향을 받은 모양새였다. 그리고 금실로 화초와 담쟁이덩굴 무늬를 수놓은 비단 상의와 바지를 입었는데 허리에는 금띠를 둘렀다. 이 금띠에는 곡옥, 물고기, 칼, 유리병, 오각형 투각,

숫돌 모양의 장식을 주렁주렁 달았다. 또한 천으로 만든 신을 금동제 덧신으로 보호했고, 자줏빛 두루마기를 걸치고 말을 탄 우람한 체구는 쉽게 범접할 수 없는 위엄을 떨치고 있었다.

왕은 함께 온 신하들과 북쪽에 한 길쯤 높이 올려 세운 단 위에 자리를 잡았다. 주변에는 청동 부월斧鉞[44]과 철제 창과 방패를 들고 칼을 찬 병사와 활을 멘 사수들이 지켜 섰고, 청룡靑龍, 백호白虎, 주작朱雀, 현무玄武를 각각 그린 큰 기를 비롯한 크고 작은 기치들이 바람에 휘날리고 있었다. 치우천왕의 동두철액銅頭鐵額[45]을 그린 큰 기를 왕의 오른 편에, 거북을 둘러 싼 여섯 개의 알을 그린 기를 왼편에 세웠다. 그 반대편 남쪽에는 용성국 사람들이 구름 위에서 용이 해를 안고 있는 모습을 수놓은 기를 세우고, 그 곁에 스쿠나의 일행이 활과 장검을 손마다 들고 모여 섰다. 동쪽과 서쪽의 공간에는 가야 백성들이 빼곡하게 들어섰다.

두 나라의 대결에 앞서 먼저 천군天君[46] 한울이 씨름판이 있는 중앙으로 걸어 나왔다. 그녀는 먼저 수로왕에게 절을 하고는 북과 피리 소리에 맞춰 너울너울 춤을 추며 씨름판을 돌기 시작했다. 그녀는 하늘을 향해 절을 여러 번 했고, 그 춤사위에 맞춰 씨름판 동쪽 끝에 장대를 높이 세웠다. 장대 끝은 세 가닥으로 갈라져 있었고, 그 가지마다 조각한 오리를 한 마리씩 세워 올렸다. 오리는 하느님과 인간을 연결해주는 매개체로 일종의 통신사 역할을 하는 존재로 상징되고 있었다. 천군이 세운 이 장대는 솟대라 하여 죄를 지은 사람도 이 장대가 선 곳으로 도망쳐 오면 벌을 주지 못했으며, 모든 마귀와 액운을 막아 주는 상징물로 알려졌다.

천군 한울은 키가 늘씬한 여인이었다. 얼굴은 갸름했는데, 뒤통수가 튀어나온 꼴이 평범하게 보이지는 않았다. 눈 꼬리가 약간 위로 올라갔으며, 흑요석처럼 새까만 눈동자는 시선을 똑바로 맞출 수 없을 정도의 강한 빛을 내뿜고 있었다. 천군 곁에는 흰 저고리와 치마를 입고 고깔을 쓴 계집아이들이 둘러 서 있었다. 열 서너 살로 보이는 아이들은 한결같이 무표정한 얼굴로 천군을 주시하고 있었으며, 그 중 하나는 손에 꽃바구니를 들었고, 다른 아이는 청동 방울을 들고 있었다. 그 아이들 뒤로 비쭈기나무[47]에 명주실 타래를 매어서 들고 있는 아이와 그 옆에는 북과 피리를 들고 있는 아이들이 천군의 동작에 맞추어 장단을 맞추고 있었다. 그 여러 아이 중에서 한 눈에 알아볼 정도로 훤하게 생긴 아이가 있었다. 다섯 자 정도의 키에 앞가슴이 부끄러운 듯 솟았고, 눈처럼 흰 피부에 연지를 찍은 듯 두 볼이 불그레했으며, 그 용모에 어울리는 꽃바구니를 들고 있었다. 그 아이는 천군이 가장 아끼는 용녀였다.

어느덧 춤사위를 끝내고, 씨름판 중앙으로 나온 천군이 카랑카랑한 목소리를 높여 외쳤다.

"다들 들으시오. 이제부터 김해 금관가야와 이즈모 용성국의 대결이 시작되겠소. 먼저 씨름으로 양국의 힘을 겨루겠으니 두 나라 선수들은 가운데로 나오시오. 내가 천지신명의 뜻을 받들어 공정한 심판을 보겠소."

금관가야 쪽에서는 여도, 유수, 신천 등이 나왔고, 용성국 쪽에서는 가라, 소호리, 사라히 등이 선수로 나왔다.

"양쪽 씨름꾼들은 내가 부르는 대로 한 명씩 나와 인사를 하고, 씨름판 가운데 서로 마주 앉으시오. 그 다음 서로 상대를 붙잡고 일어서서, 내가 신호를 보내면 시작하는 거요. 상대를 넘겨 무릎 위가 땅에 닿게 하면 이기고, 씨름하면서 목을 조르거나 비틀기, 팔 꺾거나 비틀기, 박치기, 발로 차기, 주먹질, 상투 잡기, 불두덩 잡기 등은 반칙으로 칩니다. 세 번 싸워서 두 번 이긴 사람이 그 판을 이기는 걸로 하겠소."

양쪽에서 첫 번째 선수로 신천과 사라히가 나왔다. 두 사람 모두 당당한 체격을 가지고 있었고, 우람한 가슴 근육과 팔 다리는 불거진 힘살로 팽팽했다. 두 사람이 숨을 들이쉬고 내쉴 때마다 씩씩거리는 소리가 들리는 듯 했고, 배가 들썩들썩 했다. 두 사람은 씨름판 가운데 무릎을 꿇고 마주 앉아 서로 노려보고 있었고, 천군이 두 사람에게 다시 한 번 주의사항을 이야기했다. 그들은 천군의 신호에 따라 서로 한 손은 웃옷 자락을 붙들었고 다른 한 손으로는 칭칭 걷어붙인 바지자락을 잡아 거머쥐고 서서히 일어났다. 팽팽한 긴장감이 도는 가운데, 두 사람 등위로 벌써 땀이 번져 나오기 시작했다. 천군은 두 사람에게 준비 됐냐고 물어보고는 바로 씨름을 시작하라는 신호를 보냈다.

천군이 '하기요'[48]하는 소리를 지름과 동시에 두 사람은 힘을 겨루기 시작했고, 씨름판 주변에서 구경을 하기 위해 모인 사람들이 일제히 함성을 올리며 이들을 응원하기 시작했다. 분위기가 확 달아올랐다.

"다갔다. 다갔다.⁴⁹"

흥분해서 고함을 질러대는 주변 사람들과는 달리 정작 씨름판에 있는 두 사람은 씩씩거리는 숨소리만 들릴 뿐 미동도 하지 않고 있었다. 마치 황소 두 마리가 머리를 맞대고 힘으로 버티기를 하는 모양으로 꿈쩍도 하지 않았다. 두 사람이 디디고 있는 모래밭에 발바닥이 조금씩 패어 들었다. 순간 신천이 앞무릎치기를 시도하며 오른쪽으로 휘두르자 사라히가 슬쩍 피하며 되치기 기술이 들어왔다. 조금 비틀거리는 듯 하던 신천이 다시 몸을 바로 잡으며 다시 밭다리걸기 공격을 시도했다. 사라히는 이번에도 슬쩍 다리를 들어 빠져 나갔다. 이런 공방전이 서너 번 되풀이 되자 두 사람의 웃옷은 온통 땀에 절었다. 한숨을 크게 몰아쉬며 기회를 엿보던 신천이 몸을 양쪽으로 천천히 흔들었다. 그리고 순식간에 사라히를 모래판에 메다꽂았다. 지켜보던 사람들도 눈 깜빡할 사이에 지나간 기술을 알지 못하고, 다만 신천이 '어랏차' 하는 소리만 들었을 뿐이다. 신천은 그렇게 왼배지기 기술로 사라히에게 한 판을 이겼다. 씨름판 주변으로 탄성이 올라오며, 사람들의 환호성으로 가득 찼다. 북소리에 꽹과리 소리가 어우러져 온통 북새통을 이루고 있었다. 기뻐서 경중경중 뛰는 사람, 두 손을 번쩍 들고 이리저리 왔다갔다 하는 사람, 서로 손을 마주 잡고 덩실덩실 춤을 추는 사람들로 북적거렸다. 반면에 용성국 사람들은 아무 말 없이 춤을 추고 떠드는 가야 사람들을 보면서 사라히 주변으로 몰려나와 격려를 하기도 하고, 작전을 지시하기도 했다.

그런 와중에도 두 사람은 씨름판에서 내려와 휴식을 취하면서 다음 판을 어떻게 싸울 것인지에 대해 위해 연신 주변 사람들과 이야기를 나누었다. 두 선수는 땀을 닦아 주면서 마실 물도 떠다 주고, 작전을 지시하는 사람들로 둘러 싸여 있었다. 그때 다음 판을 준비하라는 천군의 카랑카랑한 목소리가 다시 들렸다.

두 사람은 다시 씨름판 중앙으로 올라섰다. 첫 번째 판과 마찬가지로 두 사람이 서로 잡고 일어서자, 곧바로 시합이 시작됐고 씨름판은 모래를 튕기며 두 사람의 열기로 달아올랐다. 그런데 이번에는 승부가 쉽게 났다. 한 판을 진 사라히가 기습적으로 호미걸이로 발을 걸면서 밀어 붙이는 것을 신천이 뒤집기로 넘겼다. 씨름의 요령을 완전히 터득한 신천의 기술이 승리를 가져다 준 것이었다. 자기의 힘보다 상대방의 힘을 이용하는 뒤집기 기술은 보는 사람에게도 호쾌한 승리를 맛보게 하였다. 신천이 두 번째 판까지 이기자 가야 사람들의 진영에서는 환호성과 함께 온갖 만세를 부르는 사람들로 북적거렸다. 게다가 '둥 둥 둥 둥' 북소리와 '깨깽 깽 깨깽 깽' 꽹과리 소리에다 '삐리리 삐리리' 피리소리까지 어우러져 더욱 흥을 돋구고 있었다.

"지화자, 지화자. 얼씨구 좋구나. 절씨구 좋아."

사람들은 절로 노랫가락에 맞춰 춤을 추며 신천을 가운데 두고 씨름판을 빙글빙글 돌았다. 신천이 첫 번째 시합을 이기자, 가야 사람들은 아직 남아있는 시합과 관계없이 오늘 승부는 끝났다는 듯 모든 사람이 승리의 기쁨에 들떠 있었다.

이후 나머지 두 시합이 모두 끝나는 데는 반나절이 더 걸렸다. 두 번째 시합에서는 가야의 유수가 용성국의 소호리에게 먼저 한 판을 이겼으나, 나머지 두 판을 내리 짐으로써 승부가 원점으로 돌아갔다. 유수는 호랑이도 한 주먹에 때려잡는 괴력을 가졌으나, 소호리가 지닌 씨름 기술이 워낙 훌륭해서 아깝게 지고 말았다. 힘으로 첫 판을 이긴 유수는 기술로 승부를 걸어오는 소호리에게 힘으로 밀어붙이다가 역공에 걸려 실수를 한 것이었다. 하지만 마지막 시합에서 가야의 여도가 용성국의 가라에게 한 판을 지고, 두 판을 내리 이김으로써 짜릿한 역전승을 일궈냈다. 힘에서도 당할 자가 없었지만 가지고 있는 씨름 기술도 다양한 여도는 마지막 판에서 가라를 번쩍 안아 올려 들배지기로 넘겼다. 이 마지막 판을 이김으로써 첫 날 씨름으로 힘겨루기를 한 것은 금관가야 쪽의 승리로 넘어갔다.

모든 승부가 끝나고, 천군이 가야의 승리를 선포하자, 가야 사람들은 우르르 몰려나와 씨름판을 돌면서 환호성을 질렀다. 그들은 씨름 선수로 출전한 여도와 유수 그리고 신천을 에워싸고 함성을 지르며 만세를 불렀다. 그리고 그 세 사람을 목말 태워 수로왕 앞으로 나갔다. 왕은 여도에게 자신이 차고 있던 큰 칼을 하사하면서 승리를 치하하자. 세 사람은 큰 절을 올렸다. 그리고 일어서면서 '금관가야 만세, 수로왕 만세'를 목이 터져라 외쳤다. 그러자 씨름판 주변에서 있던 모든 가야 사람들이 그들을 따라 '금관가야 만세, 수로왕 만세'하고 따라 외쳤다.

가야 사람들의 들떠있는 분위기와는 달리 침통한 표정의 용성국 진용에서는 자리를 정돈하자마자 슬그머니 빠져나갔다. 그들은 아무 말 없이 스쿠나를 호위하며 자신들의 움막 쪽으로 발걸음을 옮겼다. 씨름 선수로 나왔던 세 사람은 제일 뒤에 처져 그들 일행을 묵묵히 따라가고 있었고, 서쪽으로 저물어가는 붉은 햇살이 그들의 뒷모습을 비춰주고 있었다.

자신들의 움막으로 돌아온 스쿠나는 호위장수들을 불러 모아놓고, '오늘은 졌지만, 내일의 활쏘기 시합에서는 반드시 설욕하자'며 격려하고 승리를 다짐했다. 그들은 밤늦도록 내일의 시합을 위해 활시위를 다듬고 화살과 깍지를 살폈다.

한편 금관가야의 왕궁에서는 밤이 이슥하도록 술잔치가 벌어졌다. 가운데 앉은 수로왕은 한 해 동안 익혀 만든 머루주를 손수 뿔잔에 따라 오늘 씨름 시합에 참가한 세 사람에게 권했다. 그리고 왕은 축배를 권한 뿔잔을 세 사람에게 하사했다. 그것은 은으로 만든 잔으로 손잡이 부분에 말머리 모양의 조각이 붙어 있는 것으로 왕궁에서만 사용하는 특별한 잔이었다. 세 사람은 왕에게 큰 절을 올리며 왕의 덕을 칭송했다.

술자리가 끝나자 아도는 자신의 거처로 가기 위해 왕궁을 나왔다. 찬바람이 얼굴을 스치며 지나도, 거나해진 술기운에 그 시원한 느낌을 알아채지 못했다. 그는 하늘을 올려다보았다. 구름 한 점 없는 하늘에는 별이 총총했고, 북두칠성이 바로 머리 위에서 그를 내려다보고 있었다. 그때 별똥별 하나가 은하수 쪽으로 길게 흘렀다. 아도는 혼잣말로 중얼거리며 밤길을 계속 걸어갔다.

"하늘이 맑고 별이 총총한 것을 보니 내일 날씨는 좋겠구나. 바람이 안 불었으면 좋으련만······."

아도의 뒤로 길게 늘어진 그림자가 휘적휘적 그와 함께 걸어가고 있었다.

5 용녀와 석이

"용녀야, 나 좀 보제이."

커다란 해자垓子50로 둘러싸인 마을은 어느덧 어둠으로 물들어 가고 있었다. 그 마을을 한 눈에 내려다 볼 수 있는 마을 가장자리 언덕에 마루를 높여 지은 집 근처에서 들려오는 나지막한 소리였다. 늦은 밤이지만 달도 있고 별이 총총하여 어둠 속에서도 사람 형체를 알아볼 수 있었는데, 건장한 체격을 갖춘 남자가 벽에 붙어 있는 모습이 어렴풋하게 보였다. 굵직하지만 낮은 목소리로 조근 조근 부르는 모양이 또 한번 눈에 잡혔다. 조심스러워 하는 그의 태도로 보아 한참을 그렇게 있었던 것 같았다. 대여섯 번 똑 같은 소리를 한 끝에 그 집 쪽문 안에서 인기척이 났다.

"이 밤중에 누고, 석이가?"

잠을 자다 급하게 나왔는지, 옷매무시를 만지며 한 처자가 급하게 대답을 하며 밖으로 나오는 모습이 보였다. 자세히 보니 오늘 낮에 천군을 보좌하며 꽃바구니를 들었던 용녀였다. 그녀는 낮에 행사를 끝내고 일찍 잠들었다가 자신을 부르는 소리를 어렴풋이 듣고 잠에서 깨어 밖으로 나와 본 것이었다.

"니 석이 맞나?"

다시 한 번 주위를 돌아보는 그녀의 모습은 낮에 본 그대로 청초하고 고운 모습이었다. 마치 그녀의 모습은 어둠 속에서도 주변을 환하게 비추는 듯했다. 반달로 변하려는 초승달이 수줍은 듯 내려다보고 있었고, 멀리서 개 짖는 소리가 잠깐 들렸다가 다시 조용해졌다. 그때 어둠 속에 숨어있던 사내가 불쑥 뛰어나오며, 용녀의 손을 덥석 잡았다.

"그래, 내 석이다. 니 아부지는 아직 안 돌아오셨나?"

"그런가 보네. 아직 잔치가 안 끝난 모양이다."

두 사람은 손을 잡은 채 서로 은근한 웃음을 교환했다. 잠깐 사이에 두 사람의 눈빛이 반짝 빛났다.

"느그 아부지 오늘 씨름판에서 왜놈한테 졌제. 안 분하나?"

"뭐, 질 수도 있지, 안 그러나. 그래도 여도 아제와 신천 오빠가 이겨서 참 다행이다. 울 아부지는 호랑이도 때려잡았는데, 그 왜놈한테 왜 졌는지 몰라. 그 왜놈 씨름 기술은 참 좋데이."

용녀는 이제 열세 살이 되었다. 막 여자 티가 나기 시작했지만 아직은 덜 여문 꽃봉오리였다. 낮에 천군을 따라 꽃바구니를 들고 나갔다가 아버지가 왜놈한테 지는 것을 보고 분을 참지 못해 엉엉 울었으나, 집에 돌아와 한 숨 자고 나니 그 분함이 많이 가라앉았다. 그런데 석이를 만나 다시 그 생각을 하니 눈물이 절로 흘렀다. 사실 석이는 용녀가 낮의 일로 인해 상처를 받은 줄 알고 달래 주기 위해 왔는데 오히려 아물던 상처를 건드린 꼴이 되었다. 하지만 용녀는 석이의 그런 마음을 알고 있다는 듯이 곧 눈물을 거두고 방긋 웃는 낯으로 석이를 바라보았다.

용녀는 석이와 어렸을 때부터 함께 자란 소꿉동무였다. 나이는 석이가 한 살 많지만 용녀는 어렸을 때부터 오빠라고 부르지 않고, 친구처럼 허물없이 지내왔다. 그러나 지금은 천군이 되기 위한 공부를 하는 단계로 제사에 관한 모든 것을 배우는 중이었다. 축제가 열리는 계절과 진행절차뿐만 아니라 그에 해당하는 기도문과 노래와 춤 등을 외워야 했다. 게다가 부녀자로서 기본적으로 갖추어야 할 길쌈, 바느질, 요리 등을 배우고 있는 중이었다.

석이는 예전에 용녀와 어울려 놀던 추억에 잠시 빠졌다. 해마다 추운 겨울이 지나고 봄이 찾아오면서 얼음이 녹으면 동네 아이들과 함께 어울려 실개천에서 돌을 젖히며 가재를 잡았다. 또한 민물에 사는 작은 새우나 피라미를 잡아 대나무 소쿠리에 채우고는 그 안에서 톡톡 튀어 오르는 새우와 피라미를 보면서 모두들 좋아라 손뼉을 치곤했었다.

특히 용녀와 재미있게 놀았던 것은 공깃돌 놀이였다. 이곳에서는 공깃돌 놀이를 살구라고도 불렀는데, 도토리 크기의 조약돌 다섯 개를 바닥에 던져 놓고, 그 가운데 한 알을 집어 위로 던져 올리면서 나머지 네 돌 중 한 알을 얼른 집은 다음에 내려오는 돌을 받아 내는 놀이였다. 공깃돌 놀이는 한 번에 한 알 잡기에서 두 알 잡기, 세 알 잡기, 네 알 잡기, 꺾기를 하면서 놀았다. 아득한 환국 시대부터 전해내려 온 이 놀이는 주로 계집아이들이 하는 놀이로, 순발력과 손가락 재주를 높여 주는 효과가 있었다. 용녀는 특히 박수 꺾기를 잘했다. 다섯 개의 공깃돌을 모두 손등에 얹고서 위로 띄운 다음 박수를 치고 모두 잡아채는 방법인데 박수를 두 번 치면 10점, 세 번 치면 15점을 얻었다. 용녀가 세 번 박수 꺾기를 해 내면, 같이 놀던 모든 친구들이 박수를 하며 감탄을 했다. 용녀는 공깃돌 놀이에서 단연 두각을 나타냈고, 다른 친구들의 부러움을 사곤 했다.

가끔 그들이 공깃돌 놀이를 하고 있는 것을 본 어른들이 '공깃돌 놀이가 성하면 흉년이 든다'며 못마땅해 한 사람도 있었지만, 아이들은 옛날부터 전해 내려 온 이 놀이에 빠져 그런 소리를 들은 체만 체했다. 그리고 예쁜 공깃돌을 모으는 재미도 쏠쏠했다. 누가 예쁜 돌을 모아오면 시샘도 하고, 그 보다 더 예쁜 돌을 찾기 위해 강가를 헤매기도 했다. 이런 연유로 공깃돌 놀이를 할 때 가장 예쁜 조약돌을 가져온 친구는 인기를 독차지하곤 했다. 석이는 용녀를 위해 틈만 나면 예쁜 조약돌을 찾아 다녔고, 선물로 준 형형색색의 조약돌만 해도 수십 개가 되었다. 용녀는 그 중에서 가장 예쁜 조약돌을 다섯 개 골라 유독 아꼈다. 그 때문에 공깃돌 놀이를 할 때는 예쁜 조약돌을 가져온 용녀의 인기가 대단했다.

그렇게 허물없이 친하게 지내던 용녀가 천군이 되겠다고 공부를 하기 시작하자, 석이도 무사가 되기로 결심했다. 그는 아도에게 검술을 배우고 신귀에게 활쏘기를 배웠으며, 여도에게는 말타기를 배우기 시작했다.

잠시 추억에 빠져있던 석이는 용녀의 두 손을 감싸 쥐고, 얼굴을 빤히 쳐다보았다. 그 모습에 쑥스러운 듯 고개를 숙이는 용녀의 뺨은 발갛게 달아올랐다. 밤공기가 쌀쌀했지만 두 사람 사이에는 이상한 열기가 피어올랐다.

"와 그리 쳐다 보노?"

"춥지 않나?"

"괜찮다 아이가."

"응, 그래."

"근데, 와 자꾸 그런 눈으로 보나, 쑥스럽게."

"응. 난 니가 제일 좋다. 나중에 니 한데 장가 갈 기다."

"웃기고 있네, 그런 말 할라고 왔나. 니 자꾸 그런 말 하려면 오지 마라."

용녀가 새침한 표정을 톡 쏘아 붙였다.

"화났나? 알았다. 내 잘못했다. 다시 그런 말 안 하면 될 거 아이가."

"그래, 다시는 그런 말 하지 마라."

"왜? 내가 니를 좋아하면 안 되나?"

"그건 아이고, 우린 아직 어리잖아. 그라고 내가 천군이 되면, 니는 나한테 장가 못 온데이."

"그건 그래도……."

"우리 그런 얘기는 나중에 다시 하자. 지금은 말고."

"알았다."

용녀와 석이는 말을 마치고 느티나무 아래 앉아 멀리 왕궁을 내려다보았다. 그때 잔치가 마침내 끝났는지 사람들이 왕궁 밖으로 와자지껄하며 쏟아져 나오는 풍경이 보였다.

"잔치가 끝난 모양이다. 퍼뜩 집으로 돌아가제이."

"그래, 아부지 오기 전에 빨리 들어가야 한데이."

"그래. 퍼뜩 가자."

그 둘은 서로 손을 맞잡고 올라왔던 언덕을 부리나케 뛰어 내려가기 시작했다. 하늘에는 초승달과 북두칠성이 높이 걸쳐 있었고, 어둠은 점점 짙어만 가고 있었다.

6 활쏘기 시합

또 하루가 지나고 날이 밝았다. 어제 씨름판이 있던 벌판에는 아침 일찍부터 사람들이 몰려들고 있었다. 하룻밤이 지난 사이에 벌써 씨름판이 있던 자리는 활쏘기 시합장으로 변해 있었다. 어제처럼 수로왕과 가야국의 관료들이 앉았던 북쪽과 용성국 사람들이 자리를 잡았던 남쪽은 그대로지만, 동쪽과 서쪽으로 길게 줄이 쳐져 있었다. 수로왕과 용성국 사람들이 있는 자리를 가운데로 두고 동쪽으로 오십 보 떨어진 자리에 활을 쏠 자리가 마련되었다. 그로부터 서쪽으로 백오십 보쯤 떨어진 곳에 도랑을 파고, 그 뒤에 가로 일곱 자, 세로 아홉 자의 소나무 틀을 세웠다. 소나무 틀에는 삼베로 짠 솔포를 깔고, 솔대를 받침대로 달아 동쪽을 향해 비스듬히 세웠다. 솔포 한 가운데에 커다란 동그라미를 붉게 칠했는데 이를 홍심紅心51이라 했다. 이 홍심에 화살이 꽂히면 점수를 따는 것이었다.

모든 준비가 끝나고, 가야와 용성국 사람들이 자리를 잡고 앉자, 천군 한울이 시녀들을 거느리고 시합장 가운데로 나왔다. 천군은 어제와 마찬가지로 하늘에 제사를 지내더니 카랑카랑한 목소리로 외쳤다.

"오늘은 두 번째 날로 활쏘기 시합을 합니다. 그리고 어제와 마찬가지로 제가 심판을 보도록 하겠소. 오늘 벌어지는 시합의 규칙은 백오십 보 떨어진 과녁의 홍심을 맞추면 한 점을 땁니다. 먼저 양국에서 한 사람씩 나와서 다섯 번 쏘도록 하겠소. 점수를 많이 딴 사람이 이기는 걸로 하겠습니다. 오늘은 두 사람이 대결을 하고, 내일은 마지막 선수가 말을 타며 활쏘기를 하는 시합을 할 것이오. 과녁은 둘인데 가야국 선수는 붉은 기가 달려 있는 과녁을 쏘아야 하고, 용성국 선수는 흰 기가 달려 있는 과녁을 쏘아야 하오. 서로 십 보 간격이니 실수하지 않도록 잘 맞추시오. 양쪽에서 한 사람씩 나와 울림 살을 쏘아, 멀리 날린 편에서 먼저 하는 것으로 정하기로 하겠소. 먼저 양국의 선수는 앞으로 나오시오."

가야에서는 신천이 나왔고, 용성국에서는 이까즈찌가 앞으로 나섰다. 이까즈찌의 활은 활의 길이가 아홉 자가 넘는 장궁長弓이었고, 신천의 활은 이보다 짧은 넉자 정도의 단궁短弓이었다. 신천의 활은 예穢52와 고구려의 맥궁貊弓53을 본 받은 각궁角弓54으로 뽕나무, 뿔소 힘줄, 민어부레풀, 참나무, 대나무, 화피, 옷칠 등을 써서 만든 복합궁이었다.

먼저 이까즈찌가 자기 키보다 큰 활을 왼손으로 잡고 울림살을 깎지 낀 오른 손 엄지에 걸고, 둘째손가락과 가운데 손가락으로 덮어 머리 위로 두 팔을 만세 부르듯 위로 뻗쳤다. 눈을 반쯤 감는 듯하더니, 두 팔을 어깨 쪽으로 서서히 내리며 시위를 당겼다. 그리고 다섯을 세는 동안 숨을 고르더니 과녁을 향해 쏘았다. 마침 오늬바람[55]이 불어 화살이 '낑'하는 소리를 내며 날아갔다. 다음에 나온 신천은 이까즈찌보다 훨씬 짧은 활을 과녁 위 석 자쯤을 겨냥해서 쏘았다. 이까즈찌 때에 불던 오늬바람이 잠시 숨을 고르는지 조용해졌다. 그래서인지 '낑'하고 소리를 지르며 날아 간 화살은 이까즈찌의 화살보다 못 미치는 곳에 떨어졌다. 이까즈찌가 기쁨을 숨기지 않고 의기양양해서 말했다.

"우리가 먼저 쏘겠소."

"그렇게 하시지요."

용성국 선수로 먼저 히지리가 나왔다. 긴 웃옷을 입었으나 왼쪽 어깨가 나오도록 한쪽 소매를 벗고서 자기 키보다 큰 활을 들고 나왔다. 석자 반 길이의 화살을 시위에 걸었다. 머리 위로 두 팔을 뻗더니 시위를 당기면서 천천히 어깨 높이로 두 팔을 내렸다. 두 발은 과녁을 향한 방향으로 화살 길이만큼 벌려 균형을 잡았다. 그리고 어깨까지 힘껏 시위를 당기고, 숨을 고르더니 단숨에 화살을 쏘았다. 동작이 물 흐르듯 막힘이 없고 몸통은 앞뒤로 기울어짐이 없이 반듯했다. 히지리의 손을 떠난 화살은 '쉬익' 포물선을 그리고 날아가더니 곧바로 홍심을 맞추었다. 도랑에 숨어 있던 군사가 흰 깃발을 크게 저었다.

"관중貫中[56]이오."

천군을 모시고 있던 시녀들이 일제히 소리쳤다. 용성국 진영에서 북소리가 '둥둥둥둥'하고 울리며 함성이 크게 울렸다. 가야 백성들에게서 '휴' 하는 한숨이 동시에 터져 나왔다.

히지리는 이후 네 번을 더 쏘았고, 두 번은 홍심을 맞췄으나, 세 번째 화살은 과녁 쪽에서 바람이 부는 바람에 과녁 바로 앞에서 땅을 맞추었다. 용성국 진영에서 아쉬운 한숨이 터져 나왔으나, 그와는 반대로 마지막에 쏜 화살은 운 좋게 점심살[57]이 되어버렸다. 이번에는 가야 진영에서 한숨 소리가 크게 들렸고, 바로 이어 용성국 진영에서 땅을 뒤흔들 정도의 함성이 들렸다.

히지리가 활쏘기를 끝내고 들어가자 금관가야 진영에서 신귀가 나왔다. 그는 뽕나무와 참대, 참나무, 뿔, 벚나무 껍질을 아교로 붙여서 고래 힘줄을 친친 감은 다섯 자 정도의 큰 활을 가지고 나왔다. 화살도 시누대[58]와 싸리를 합친 것에 쇠촉을 달고 꿩깃 세 개를 오늬[59] 앞에 단 화살을 여러 개 넣은 전통을 허리에 차고, 시위를 넓적다리에 붙여 쥐며 천천히 걸어 나왔다.

신귀는 과녁을 향해 발을 정丁자 모양의 직각으로 서지도 않고, 팔八자 모양으로 벌려 서지도 않은 중간 자세로 발가락 끝이 과녁의 모서리를 향하게 딛고 아랫배에 힘을 주며 섰다. 활을 잡은 어깨 가까이에 목덜미를 늘이면서 턱 끝을 묻었다. 왼손으로 활의

줌둥[60]을 잡고, 화살을 절피[61]에 걸었다. 각지를 낀 엄지손가락을 나머지 손가락으로 덮어서 오늬를 잡고 어깨까지 힘껏 당겼다. 팔꿈치를 수평으로 올리며 귓전까지 당겼다가 다섯을 센 다음에 시위를 탁 하고 풀었다. 화살은 '쉬익' 소리를 내며 뱀이 기는 모양으로 날아가 과녁의 한 가운데에 꽂혔다. 도랑에 숨어 있던 군사가 붉은 깃발을 크게 저었다.

"관중이요." 천군을 모시던 여인들이 일제히 외쳤다.

"지화자, 지화자, 얼씨구, 절씨구."

가야 진영에서 징과 꽹과리, 나발과 피리, 북 소리가 한꺼번에 울렸다. 동시에 용성국 진영에서는 조용해졌다. 신귀는 이렇게 해서 다섯 번을 쏘아 다섯 번을 모두 홍심을 정확하게 맞췄다. 그 중에는 홍심 한 가운데 겹쳐 맞춘 화살이 먼저 과녁을 맞춘 화살을 부러뜨려 사람들의 탄성을 불러일으키기도 했다. 이로써 첫 번째 활쏘기 시합은 가야 진영의 승리로 앞서가기 시작했다.

첫 번째 선수의 활쏘기가 끝나고, 각 국에서 두 번째 선수가 사선으로 올라와 두 번째 시합을 준비했다. 용성국의 두 번째 선수로 올라온 이까즈찌는 두 번 모두 질 수 없다는 듯 먼저 사선에 올라와 과녁을 뚫어지게 쳐다보다, 한 발 한 발 신중하게 쏘아 다섯 번을 모두 홍심에 맞추었다. 이까즈찌에 이어 가야국의 두 번째 선수로 사선에 올라온 신천도 한 발 한 발 신중하게 홍심을 맞춰갔다. 그런데 마지막 다섯 번째 화살을 시위에 걸고, 당기는 순간 갑자기 오늬바람이 크게 불어 화살이 살짝 날아올랐다. 결국 마지막 화살은 홍심을 조금 비켜 맞았다. 신천은 아쉬운 지 사선에서 한참동안 내려오지 않았다. 가야 진영에서는 탄식 소리가 굵게 울려 나왔고, 용성국 진영은 함성소리가 높게 울려 퍼졌다. 이로써 승부는 원점으로 돌아갔다. 이제 남은 것은 말을 타고 활을 쏘는 시합만 남아있었다.

시합은 다음날 다시 열리게 되었고, 원활한 진행을 위해 천군은 사람들을 시켜 활쏘기 시합장을 정리하기 시작했다. 가야 사람들과 용성국 사람들이 빠져나간 자리에 말을 타고 달리며 활을 쏠 수 있는 길을 넓게 만들어 표시를 하였다. 한편 여도는 부하들에게 지시하여 용성국 진영에게 조련한 말을 내어주도록 조치했다.

"준비한 말을 서너 필 몰고 용성국 진영으로 가라. 그리고 그들에게 한 마리 고르도록 하고, 그들이 고른 말을 타고 연습할 수 있는 시간을 주도록 해라. 그들에게 말을 길들이는 시간을 주는 것이 도리다."

여도의 명령이 떨어지자, 말을 관리하던 철이는 마구간에서 네 필의 말을 몰아 용성국 진영으로 가서 여도의 말을 그대로 전했다. 용성국 진영에서는 스쿠나와 이까즈찌가 나와서 말을 자세히 살피기 시작했다. 네 필의 말 중에서 먼저 마음에 들지 않는 두 마리를 제켜놓고, 나머지 두 마리를 꼼꼼하게 살펴보고 있었다. 두 마리 중에서 다갈색 말은 검은 갈기가 길게 났고, 입에 거품을 문 것이 성깔이 사나워 보였다. 사람들이 다가서니 앞발을 모아들면서 '부르렁' 하고 크게 소리치며, 콧바람을 세게 내쉬었다. 다른 하나는 회백색 말이었는데, 스쿠나가 옆으로 가서 목덜미를 쓸어 주니 기분 좋은 듯이 머리를 아래위로 흔들었다.

"이 놈이 좋겠어."

스쿠나가 회백색 말을 가리키며 이까즈찌에게 말했다.

"예, 저도 그렇게 생각합니다. 그래도 한 번 타 보셔야 될 것 같습니다."

"그렇지, 내가 한 번 타봐야겠네."

그는 회백색 말고삐를 휘어감아 쥔 상태에서 등자에 발을 걸어 가볍게 말 등에 올랐다. 오 척 단신임에도 경쾌하게 말에 오르는 것을 보니 경험이 풍부한 것 같았다.

"도, 도, 도, 도."

스쿠나가 말을 몰아 왜군 진영을 떠나 강가의 백사장을 한 바퀴 돌았다. 일직선으로 달려도 보고, 말의 잔등에 매달려 윗몸을 말의 배에 붙이고 달려도 보았다. 돌아오는 길에는 안장을 딛고 물구나무서기까지 해 보았다. 회백색 말은 마치 말을 탄 사람과 한 몸이 된 듯 아무런 저항 없이 따라주었고, 스쿠나는 그 말을 타고 자유자재로 묘기를 부릴 수 있었다. 스쿠나는 말과 자유스럽게 의사소통을 하는 것처럼 보였다. 한참을 말과 함께 달리던 그는 큰 소나무가 서 있는 쪽으로 말을 몰아왔다. 그리고 등에 멘 화살 통에서 대우전大羽箭62을 하나 꺼내어 활시위에 걸었다. 말을 타고 활까지 쏠 수 있다는 것은 대단한 능력이었다. 활을 당기려면 자연히 두 손으로 잡았던 말고삐를 놓아야 하는데, 그 상태에서 달리는 말을 다스리고, 균형을 잡는다는 것이 쉽지 않기 때문이었다.

스쿠나는 말의 뛰는 율동에 맞추어 등자에 얹은 발과 말허리를 낀 허벅지에 힘을 주며 윗몸을 꼿꼿이 일으켰다. 엉덩이를 약간 든 채로 몸을 뒤로 틀어 어깨너머까지 힘껏 시위를 당겨서 놓았다. 화살은 '쉬익' 하고 날카로운 소리를 내며 날다가 소나무에 '퍽' 소리를 내며 정확하게 박혔다. 스쿠나를 따라갔던 용성국 사람들은 그 장면을 보며 감탄을 했고, 손뼉을 치면서 함성을 질렀다. 대단한 묘기였다.

시간은 흘러 날이 밝았고 활쏘기 시합의 마지막 단계인 말을 타며 활쏘기를 진행해야 하는 시간이 되었다. 천군 한울은 가야국과 용성국의 선수를 출전하라고 말했다. 마지막 시합에는 가야국 선수로 수로왕이 직접 나왔고, 용성국 쪽에서도 스쿠나가 직접 출전했다.

수로왕은 장끼63깃을 단 절풍折風64을 썼다. 고깔과 비슷한 얇은 섬유로 만든 자줏빛 두건인데 좌우에 끈을 달아 턱 밑에 묶었다. 그리고 짧은 소매에 허리까지 내려오는 긴 상의와 통이 큰 바지를 입었는데, 옷자락에는 자줏빛 단과 동령銅鈴65을 달았다. 허리 부분에는 띠를 둘렀는데, 곰을 조각한 금 걸쇠에 비둘기를 새긴 옥을 매달아 허리를 조일 수 있었다. 비둘기는 금관가야를 돕는 성스러운 새였다.

수로왕의 먼 조상으로 서방 세계를 다스리던 제왕인 소호少昊 김천씨金天氏[66]가 있었다. 그는 어머니 황아皇娥가 은하계에서 뗏목을 타고 놀다가 큰 뽕나무 밑에서 백제白帝[67]의 아들을 만나 낳은 아이였다. 이때 황아가 타고 다니던 뗏목의 돛대 꼭대기에 비둘기를 새긴 옥을 달고 다녔는데, 그 이후부터 비둘기는 길을 안내하는 신조神鳥가 되었다. 이 유래가 금관가야까지 전해져 비둘기는 길조를 상징하는 새가 되었다.

그리고 수로왕은 허리에 한자 남짓한 상감보검象嵌寶劍[68]을 찼다. 이는 쇠로 된 칼집에 금, 은, 옥을 박은 스키타이[69] 양식의 보검이었다. 팔에는 활쏘기에 편하게 토시를 끼었고 가죽으로 만든 장화를 신었다. 왕이 타고 나온 말은 새까만 오추마烏騅馬[70]였다. 말의 이마와 네 발굽 위에 흰털이 나 있을 뿐 온통 검은 털에 덮인 키가 약간 작은 이 말은 지구력이 뛰어났고, 험한 지형을 잘 달렸으며 특히 산과 계곡을 잘 탔다. 왕의 말안장은 앞뒤의 안교鞍橋[71]가 똑바로 세워져 있어, 앉기에는 좁아 보이나 말의 움직임이 몸에 바로 전달되지 않고, 상하의 진동을 적게 하는데 도움을 주었다. 이런 안장은 말 등으로부터 허리를 띄운 상태에서 균형을 잡을 수 있기 때문에 활을 당겨 표적을 쉽게 맞출 수 있는 이점이 있었다.

왕은 이번 활쏘기를 위해 특별히 아끼는 짧은 각궁을 오른손에 들고, 활과 화살을 넣은 가죽 동개[72]를 등에 메었다. 왕이 들고 있는 각궁은 뽕나무로 만들었는데 안쪽에는 얇게 깎은 물소 뿔을 대었고, 또 바깥쪽에는 소의 힘줄로 덧대어 팽팽하게 버티고 튀는 힘을 최대로 키웠다. 손으로 쥐는 가운데 부분은 대나무를 대었고

줌등 부분을 참나무로 다시 보강했다. 또한 활의 바깥을 벚나무 껍질로 싸서 어떤 습기도 막도록 만들었다. 이렇게 많은 재료를 붙이는 데 사용한 풀은 민어부레로 만든 접착제였다. 왕이 가지고 나온 활이 석자 반 길이였고, 화살은 한 자 반 길이의 화살을 여러 대 동개 속에 담았다. 스쿠나는 어제 자신이 손수 골라 길들였던 회백색 말을 타고, 동개활과 대우전을 들고 나왔다.

천군이 나와서 하늘에 제사를 지내고 선언했다.

"이제부터 말을 타고 활을 쏘는 시합을 시작하겠습니다. 가야국 수로마마와 용성국의 스쿠나가 한 번씩 번갈아 가면서 말을 달려 과녁을 맞추셔야 합니다. 북소리가 나면 시작하겠습니다."

곧이어 '둥, 둥, 둥.' 세 번의 북소리가 났고, 수로왕이 먼저 말을 달려 나왔다. 금관가야의 승마법은 스키타이, 살마트, 흉노匈奴73의 승마법과 기사법을 많이 닮았다. 이러한 승마법은 멀고 먼 서쪽 흑해 근방에서부터 전해 온 유목기마민족의 생존법에서 시작된 것이었다. 그들은 오랜 세월 동안 초원을 찾아 동쪽으로 이동해야만 했다. 파미르 고원을 넘고 바이칼 호수 남부 지역을 지나 고비 사막과 요수를 건넜고, 만주 벌판을 거쳐 한반도 남쪽 끝에 이르기까지 사람들은 선조들로부터 전수받은 승마법과 기사법을 생활 속에서 갈고 닦아 왔었다. 수로왕은 등자를 밟은 발에 힘을 주면서 몸을 꼿꼿이 세운 상태에서 상체만을 틀어 뒤를 돌아보며 활을 쏘는 방식을 택했다. 이런 방식은 오래 전에 이란 사람들이 고대 로마제국과 대전하여 크게 이긴 뒤 유행한 파르티아 사법74이었다. 그는 말고삐를 놓고 두 손으로 활을 다루며, 말이 뛰는 박자에 맞추어 활시위를 귓전을 넘겨 어깨 끝까지 힘껏 당겼다가 천천히 조절하면서 쏘았다. 화살은 '쉬익' 하고 울면서 날아가 붉은 기가 나부끼는 솔판에 정확하게 꽂혔다.

"관중이오."

붉은 기를 든 군사가 소리치며 깃발을 크게 흔들었다.

"지화자. 지화자. 지화자. 지화자."

천군과 시녀들이 네 번씩 외쳤고, 동시에 징, 꽹과리, 북, 피리와 나발 소리가 울렸다. 곧이어 가야 사람들의 함성과 함께 만세소리가 천지를 울리듯 터져 나왔다.

이날의 시합은 수로왕이 다섯 대의 화살을 모두 솔판에 꽂았고, 스쿠나는 네 대를 맞추는데 그쳐 수로왕의 승리로 끝났다. 수로왕은 자신에게는 졌지만 스쿠나의 활쏘는 재주에 탄복을 했다. 그것도 자신과 비등한 경기를 펼치다가 단 한 번의 실수로 아깝게 진 것이기에 더욱 그랬다.

"아직 나이도 어린 것이 나와 비등하게 겨루다니, 대단한지고."

수로왕은 스쿠나를 아끼고 싶은 마음이 들었다.

7 보릿고개

수로왕은 활쏘기 시합이 끝나고 왕궁으로 돌아온 뒤 시합에 참가했던 신천과 신귀에게 수고했다고 치하를 했다. 그리고 이번 씨름과 활쏘기 시합에서 가야국이 용성국보다 한 수 위라는 것을 알게 된 것이 자랑스럽다고 말하면서, 비록 시합에서는 졌지만 자신들과 당당히 겨루었던 용성국 사람들에게 호감을 갖게 되었다고 말했다. 이어 부복俯伏[75]하고 있는 신하들을 내려다보며 말을 이었다.

"짐이 이번 시합을 하면서 그대들과 더불어 모든 백성이 한 마음으로 뭉칠 수 있는 기회가 된 것을 기쁘게 생각하오. 모두 그대들이 잘 따라 준 덕분이오."

"황공하옵나이다. 이 모든 것은 마마께서 친히 보여주신 용기와 지혜에서 비롯된 것입니다."

"하하하. 그렇게 생각해주니 고맙소. 그것 또한 그대들이 짐을 잘 보필해 준 덕분이오. 그리고 우리와 겨루고 있는 스쿠나 일행에게 쌀과 보리를 다섯 섬씩 보내 주도록 하시오. 소금도 한 광주리 보내어 주면 좋겠소."

"예, 분부대로 거행하겠나이다."

"그들이 이곳에 온 지 여러 날이 되었는데, 밥이라도 제대로 먹고 있는 지 걱정스럽소. 우리와 힘겨루기를 한다고 그들을 소홀히 한다면 승부에서 이긴들 무슨 큰 의미가 있겠소. 정정당당하게 이겨야 그들이 진정으로 우리를 인정할 게 아니겠소."

"예, 맞는 말씀입니다."

"자, 그럼 다 같이 자리를 옮겨 자축을 하도록 합시다."

수로왕은 신하들에게 이와 같은 지시를 내리고 난 다음에 두 가지 시합에서 모두 승리한 자축연에 참석하기 위해 신하들과 함께 자리를 옮겼다. 왕궁은 연일 계속되는 축제 분위기로 사람들이 들끓고 있었으며, 가득 찬 밝은 웃음소리는 가야국의 앞날을 축복하는 것 같았다.

금관가야의 왕으로 추대된 수로왕은 즉위한 다음부터 많은 공사를 벌였다. 우선 그들의 젖줄인 낙동강의 물을 끌어들여 김해의 넓은 들에 물줄기를 대는 작업을 진행하였다. 그리고 강가의 사철 砂鐵[76]을 모아 풀무로 쇠를 녹이는 야로를 수십 기를 지었고, 대장간을 세워 괭이, 삽, 호미, 가래 등 농기구를 만들어 백성들에게 나눠주었다. 이처럼 농사에 많은 힘을 쏟아 백성들이 풍족해지도록 노력해왔다. 그리고 대장간에서 만들어 낸 것은 농기구 뿐만은 아니었다. 칼, 창, 도끼나 화살촉 등 무기까지 생산했다. 이것들은 온 나라의 장정들에게 공급해 유사시 사용할 수 있도록 했다. 또한 지리산 등지에서 아름드리나무를 베어 통나무배도 만들었고, 뗏목을 짰다. 이를 이용해 낙동강과 남강을 타고 오르내리며 사람과 물자를 실어 나르도록 하여 물물교환의 상업을 활성화 시켰다.

한편 아낙네들에게 길쌈을 장려해서 집집마다 삼, 모시를 가꾸고 누에를 치게 했다. 물레를 만들고 베틀도 장만하게 하여, 농사를 거들면서 틈틈이 시간을 내어 삼을 삼고 누에를 치고 물레를 돌려 명주실을 잣도록 하였다. 그리고 해마다 한가위에는 그동안 짠 베를 모아 누가 더 많이 짰는지 마을 아낙네들 사이에 내기를 하기도 했다.

하지만 가야국 백성들의 살림살이는 아직도 넉넉한 편이 아니었다. 해마다 늦은 여름에서 초가을이 되면 벼메뚜기[77]가 나와 벼나 수수의 잎과 이삭의 줄기를 갉아 먹었다. 뿐만 아니라 벼메뚜기가 나오기 전에는 섬서구메뚜기[78]들이 먼저 날아들어 꽃이나 채소, 과일, 곡식 등을 가리지 않고 다 먹어 치웠다.

콩중이[79]같은 큰 메뚜기는 몸도 크고 든든하게 생겼는데 날 때에는 '다라라락' 하고 날개 부딪치는 소리가 시끄러웠으며, 큰 턱으로 벼나 억새까지 씹어 먹었다.

가야국 백성들은 애써 가꾼 곡식을 메뚜기들에게 빼앗기지 않기 위해 몽둥이나 도리깨와 같이 들고 나올 수 있는 연장들을 있는 대로 가지고 나와 이들을 쫓았다. 그렇게 가까스로 거둬들인 곡식도 겨울 한 철을 간신히 지나고, 봄이 돌아올 때면 바닥을 드러냈다. 이때는 보리 이삭이 영글기 전이었기 때문에 집집마다 곡식이 모자랄 수밖에 없었다. 백성들은 세 끼 먹던 것을 두 끼로 줄였고, 그 조차도 피죽으로 간신히 배를 채우는 정도였다.

그렇기 때문에 봄나물이 돋아나기 시작하면 여자들은 너나 할 것 없이 들로 산으로 나가 먹을 수 있는 나물을 캐러 다니는 것이 일상이었다. 특히 양지바른 곳에는 언제든 서너 명씩 짝을 지어 나물을 캐러 다니는 모습을 자주 볼 수 있었다.

"보소, 아지메. 같이 가입시더."

나물 캐는데 정신 쏟다가 혼자 뒤떨어진 언년이가 급하게 소리쳤다. 대나무 바구니를 옆구리에 끼고 헐레벌떡 뛰어 가는 치마 자락 사이로 짚신을 신은 맨발이 희끗희끗 보였다.

"빨리 오라카이. 니 그러다가 나물 언제 다 캐나."

구슬 아지메가 제 갈 길을 서두르며 채근을 했다.

"이보라이. 여기 쑥이 삐깔로 많네. 냉이도 있고. 어라, 씀바귀가 와 이리 엉켰노."

오늘도 논두렁과 밭이랑 사이를 이리저리 오가며 바구니에 가득 봄나물을 캐는 아낙네와 여자 아이들이 제법 있었다. 쪼그리고 앉아 한참 나물을 캐다보면 허리도 아프고 다리도 저렸지만 먹을 거리를 얻어야 한다는 생각에 꾹 참고 다닐 수밖에 없었다. 정신 없이 나물을 캐다가 자리를 옮길 때에야 겨우 허리를 펴고 다리를 풀 수 있었던 것이다.

"아이구 허리야. 이 놈의 허리가 와 이리 아프노."

그네들 사이에 올해 마흔이 된 용녀의 어미가 짜증을 내는 소리가 봄바람을 타고 나지막이 흘렀다.

여자들이 이렇게 나물을 캐는 사이에 동산에 올라 간 사내아이들은 낫으로 소나무의 가지를 치고 껍질을 벗겼다. 그리고 소나무 속살이 하얗게 나온 것을 입에 물었다. 달콤하면서도 쌉싸래한 솔잎 향이 입안에 확 퍼지며, 미지근하고 끈적대는 수액이 입안으로 퍼졌다. 아이들은 속살을 이빨로 벗겨 질경질경 씹었다. 한참을 그렇게 씹어 단물이 다 빠질 무렵이 되고, 질긴 성질이 죽으면 꿀꺽 삼켰다. 그래도 뱃속에서는 '쪼르륵' 소리가 났다. 아침 일찍 쑥떡 한 덩어리로 허기만 감추고 나온 터였기에 자연스러운 현상이었지만 어찌할 도리가 없었다. 한창 자라야 할 나이에 충분히 먹지를 못하니, 점점 허기가 심해진 것이었다. 그리고 매일 쑥떡으로 배를 채우다 보니 변비가 생겨 용변을 볼 때마다 항문이 찢어지게 아팠다. '찢어지게 가난하다'라는 말의 유래가 아마도 이렇게 시작된 것이라고 생각되었다.

"아니, 우리 먹을 것도 없는데, 왜놈 한데 줄게 머고."

소나무에서 벗겨낸 속살을 씹어 삼키던 막둥이가 볼멘소리로 내 뱉었다. 막둥이는 활쏘기 시합에서 유감없이 실력을 발휘한 신귀의 넷째 아들이었다.

"그러게 말이다. 뭐든 배불리 먹었으면 좋겠다. 니는 안 그라나?"

"내도 배불리 먹는 게 소원이다. 그런데 임금님하고 겨뤘던 그 왜놈 말이다. 말은 잘 타는 거 같드레이."

"맞다, 말은 잘 타는 거 같지만 서도, 그래도 우리 임금님이 활을 더 잘 쏴서 이겼다카데."

"맞다. 그 왜놈 꼬마 장수가 생긴 것도 예쁘장하고, 말은 잘 타지만서도 우리 임금님한테는 이길 수야 없제."

"그 왜놈 꼬마 장수는 말을 달리면서 물구나무서기도 할 줄 안다데. 말 타고 연습하는 걸 본 사람이 있다카데."

"이제 칼 만드는 시합만 남았다지?"

막둥이가 말을 이었다.

"어, 그래. 지금까지는 우리가 이겼는데, 다음에 지몬 우짜지?"

"하하하. 괜찮다. 니는 겁나나? 우리 임금님이 질 분이 아니제. 꼭 이길 기다. 우리 임금님 칼 만드는 재주는 천하 제일이니께."

"맞다, 왜놈들 까불어대야 별 수 없제."

강쇠가 제법 아는 척하면서 어깨를 으쓱해 보였다.

"하하하. 그래 나도 그렇게 생각한데이."

"야들아, 우리도 전쟁놀이 하자. 각자 자기가 갖고 싶은 거 만들어 놀자. 활도 만들고, 칼도 만들자."

"그래. 누가 이기나 우리끼리 편 갈라 해 보제이."

언덕에서 떠들던 사내아이들은 배고픈 것도 잊었다는 듯 자신들의 전쟁놀이에 푹 빠져들어 갔다. 아이들은 대밭에서 가는 대나무를 몇 대 잘라 왔다. 그리고 삼 껍질을 벗겨 섬유를 뽑아 실을 꼰 것을 대나무 양쪽 끝에 걸어서 휘었다. 화살은 삼대 끝에 대나무 끝머리를 잘라 촉을 삼아 만들었다. 아이들은 이렇게 만든 활과 화살을 들판에서 누가 멀리 쏠 수 있는가 내기를 하며 놀기 시작했다. 한편으로는 뽕나무 가지를 잘라 칼처럼 허리에 차기도 했고, 대나무를 잘라 죽창처럼 휘두르기도 했다. 이렇게 만든 장난감 무기로 편을 갈라 전쟁놀이를 하는 아이들에게는 이제 배고픔으로 고통 받았던 어두운 그늘은 찾아볼 수 없었고, 천진난만한 아이들로 돌아갔다. 나중에 어른이 되면 진짜 무기를 갖고 도적이나 해적들을 막아 싸우겠지만 지금 이 아이들에게는 단순히 재미있는 놀이에 불과했다.

8 가자 쇠부리 점터로

"마마, 스쿠나가 뵙기를 청해 왔나이다. 어제 쌀과 보리, 그리고 소금을 보낸 것에 대하여 답례를 하러 왔다며, 뵙기를 청하옵니다."

수로왕의 시종이 문밖에서 조심스럽게 아뢰었다. 왕은 명견대사와 아도를 불러 마지막 시합인 칼 만들기에 대해 한참 의견을 나누고 있었다.

"아도 간, 가서 들어오라고 일러주게. 만나보겠다."

수로왕은 아도에게 말을 전하라고 이르고는 자리에서 일어났다. 명견대사도 의자에서 일어나 옆으로 비켜섰고, 아도는 왕의 명령을 전하기 위해 문밖으로 나갔다. 잠시 후 아도는 스쿠나를 데리고 들어왔다. 그 뒤로 다께즈찌가 함께 따라 들어 왔다.

이들은 '미즈라'라는 머리 모양을 했는데, 머리를 곱게 다듬어 빗고 가운데에서 양쪽으로 갈라 묶어 두 귀 옆으로 드리운 모습이었다. 밝은 남빛 명주 웃옷과 통바지를 입었는데 허리에 노란 띠를 둘렀고 작은 칼을 꽂았다. 이는 '아유이'라는 풍습으로 통 바지의 무릎 근방을 끈으로 묶고 베로 만든 신을 신었다. 그리고 스쿠나는 금동관을 썼다. 그는 방으로 들어서자 긴 소매 속으로 두 손을 마주 잡고 허리를 굽혀 절을 했다.

"마마, 쌀과 소금을 주서서 저희가 굶주리지 않고 지낼 수 있었습니다. 답례로 저희들의 예물인 구슬을 가져왔습니다. 초승달 모양으로 다듬은 것이니 치장하시는 데 도움이 될 것이라 생각합니다. 우리나라에서는 마가다마句玉80라 부르며 세 가지 신기神器81가운데 하나로 대단히 귀한 것입니다. 저희들의 정성으로 생각하시고 받아 주소서."

스쿠나가 낮지만 카랑카랑하고 야무진 목소리로 말했다.

"고맙소. 그렇게 생각해주니, 내 잘 받겠네. 자 이리 앉으시게나."

수로왕은 회의 탁자 한 쪽에 있는 둥근 의자를 가리키며 말했다. 왕은 스쿠나가 자리에 앉자, 정겨운 미소를 보이며 가볍게 물어보았다.

"어제 말 타는 것과 활쏘는 솜씨를 보았는데, 보통 실력이 아니었네. 그대는 어디서 그런 재주를 익혔는가?"

"마마, 저의 할아버지 스사노오께서 워낙 말을 잘 타시고 활쏘기에 능하십니다. 그리고 쇠부리도 잘 하십니다. 저희 집안에는 그런 일을 잘 하는 어른이 많습니다. 어렸을 때부터 보고 들은 것이 바로 그런 모습이었습니다. 그리고 숙부인 야즈까께서 어릴 적부터 저에게 가르쳐 주셨습니다."

"야즈까라면, '예穢82나라의 둑'이란 뜻인데. 그럼 그대들은 다 예나라 사람들 이란 말이오?"

명견대사가 두 사람의 말 중간에 끼어들었다.

"음, 야즈까가 그런 뜻 이었소?"

수로왕이 명견대사를 돌아보며 다시 물었다.

"예, 마마. 야는 나라 이름도 되지만 여덟을 뜻하거나 옛 것을 뜻하는 말이고, 즈까는 흙을 쌓아 올린 둔덕을 말하지요."

명견대사가 간략하게 대답했다.

"예. 그렇습니다. 그 숙부께서 자신의 뿌리를 찾아 가신다며 고향을 떠난 지 벌써 수십 년이 되었습니다. 저희들도 숙부처럼 어버이 나라를 찾으러 나섰다가 이곳까지 온 것입니다."

스쿠나가 수로왕과 명견대사를 한 번씩 돌아본 다음 말했다.

"아니, 그렇다면⋯⋯. 지금 서라벌에서 좌보로 나라 살림을 맡은 사람이 옛토개昔脫解라는 이름을 가진 사람인데 동쪽으로 천리 밖에서 왔다고 합니다. 옛토개는 야즈까와 뜻도 비슷하고, 소리도 비슷합니다. 그는 오래된 옛날에 이곳에 왔었는데, 당시 김해 사람들이 상륙하지 못하게 막아서 북쪽으로 뱃머리를 돌렸다고 합니다. 그 후로 동해안 아진포로 갔다고 들었습니다. 그리고 나중에서라벌 임금의 사위가 되었다더군요."

아도가 깜짝 놀란 기색을 감추지 않고 빠른 어조로 말했다.

"그런 일이 있었군. 그런데 아직 확인되지 않은 사실을 가지고 우리가 뭐라 말하기는 어렵지 않은가. 더 많은 얘기를 나누고 싶지만 지금은 마지막 시합인 칼 만들기 준비도 해야 하니, 스쿠나의 얘기는 다음에 다시 듣기로 하세. 그리고 스쿠나? 나와 함께 우리 가야의 쇠부리 점터를 가보지 않으시겠소?"

수로왕은 금관가야의 제철 생산능력에 대해 자신감을 갖고 있었고, 이러한 능력을 스쿠나에게 보여줌으로써 그들이 진정한 마음으로 승복할 수 있도록 하려는 의도였다.

"그래도 되겠습니까? 제가 많이 배울 수 있을 것 같아 저로서는 고마울 따름입니다."

스쿠나의 입장에서는 금관가야의 실력을 알 수 있는 좋은 기회라고 생각했다. 기쁜 마음으로 제안을 받아들이며 그 감정을 감추지 않고 환히 웃고 함께 가겠다고 말했다.

"자, 그러면 같이 행차할 수 있도록 말을 준비토록 하시오. 명견 대사와 아도 간도 함께 갑시다."

"마마, 저도 따라가면 안 되겠습니까?"

그때까지 스쿠나 뒤에서 묵묵히 대화를 듣고 있던 다께즈찌가 공손하게 물었다.

"암, 좋지요. 함께 갑시다."

수로왕이 쉽게 대답했다.

왕궁을 떠난 일행이 북쪽으로 두어 마장[83] 올라가자 해가 뉘엿 뉘엿 지기 시작했다. 그런데 그들이 가려고 하는 방향인 북쪽 산 위로는 흰한 불빛이 하늘을 찌르고 있는 것이 보였다. 그곳이 바로 쇠부리 점터였다.

사실 금관가야에서 관리하는 쇠부리 점터는 여러 곳에 있었다. 금관가야의 주 산업이 쇠를 다루는 것이었고, 이 기술은 당시의 주변국보다 훨씬 우수하다는 평가를 받고 있었다. 그래서 양산, 동래, 김해, 마산, 창원, 진해, 고성 등의 철광과 낙동강에서 캔 사철을 써서 쇠를 다루는 쇠부리는 금관가야의 자랑이었다. 그 가운데 가장 큰 것이 김해 북쪽의 미리미[84]에 있었다. 미리미는 낙동강 지류인 동천을 낀, 변한 12국의 하나인 미리미동국으로 금관가야에 속해 있었다.

그곳이 바로 지금 수로왕 일행이 가고 있는 곳이었다. 그곳의 산속에, 숯을 굽고 철광석과 동천의 사철을 캐어 쇠를 만드는 제철 단지가 있었다. 사람들은 이곳을 쇠부리 점터라 불렀고, 오십 명에 가까운 장골壯骨[85]들이 이곳에 모여 밤을 새워 노래를 하면서 쇠를 만들고 있었다.

"불메 불메 불메야, 이 불메가 뉘 불메고?
불메 불메 불메야, 금관가야 쇠 불메다.
숯은 어디 숯이냐, 철광산 숯이다.
불메 불메 불메야, 쇠는 어디 쇠이냐?

쇠점점터 판장쇠."

　장골 수십 명이 합창하는 이 노래는 산 멀리서부터 똑똑하게 들을 수 있었다. 점터 가까이 가자 입구에 높다랗게 솟대가 서 있었다. 이곳이 신성한 땅이고, 누구나 들어올 수 있는 곳이 아니라는 표시였다. 특별히 출입이 허가된 사람만 드나들 수 있었고, 그 외 사람들은 함부로 들어오지 못한다는 표식이었다. 왕의 전령이 먼저 도착하자, 수로왕 일행이 방문한다는 기별을 받은 점터의 거수[86]인 쇠몰이 편수[87]들을 거느리고 솟대 밖까지 영접을 나왔다.

　"수고가 많소. 귀한 손님을 모셔 왔으니 안내 부탁하오."

　아도가 왕보다 앞서 걸어가며 점토의 거수에게 말했다.

　"예, 알겠나이다. 마마, 저의 점터를 방문해 주셔서 황공하옵나이다. 제가 모시고 들어가겠나이다."

　거수는 아도의 말을 듣고, 수로왕에게 엎드려 절한 다음, 일행을 안내하여 점터 안으로 들어갔다. 솟대 안으로 들어서자 오른쪽으로 숯가마가 수북하게 쌓인 것이 눈에 띄었다.

　"참숯입니다. 제철산에서 겨울 내내 참나무를 구운 백탄白炭[88]이지요."

　거수가 일행을 돌아보며 말했다. 점터는 다시 커다란 자리를 차지하고 있는 네 곳의 쇠부리 터로 나뉘어져 있었다. 점터 중앙으로부터 첫 번째가 쇠부리 가마[89] 터였고, 그 옆에 큰 대장간 터에는 강엿쇠둑[90]과 판장쇠둑[91]이 나란히 구축되었다. 좀 떨어져서 남동쪽 모서리에 무질부리[92]터가 있었다. 그리고 그 남쪽으로 작은 대장간이 여나무개[93] 모여 있었다. 가마마다 바람을 불어 넣기 위한 발풀무가 설치되어 있었는데, 작은 대장간에는 손풀무를 쓰는 곳이 많았다. 점터의 가장 왼쪽에는 원료가 되는 사철, 토철, 철광석 등이 종류별로 산더미처럼 쌓여 있었다. 사철은 동천에서 모래를 걸러 뽑아냈고, 토철과 철광석은 가까운 철광산에서 캔 것이었다. 그리고 점터의 남쪽 끝에는 취사장이 있었는데, 여기서는 아낙네들이 조금 전에 끝난 고사 음식을 정리하고, 그릇을 설거지하면서 새로 저녁밥을 짓고 있었다.

쇠부리가 처음 시작된 것은 수로왕 시대로부터 천 사백여 년 전의 일이었다. 서쪽 나라 아나토리아[94]에서 힛타이트족[95]이 쇠부리를 처음으로 시작했는데, 이들은 자신들이 개발한 쇠부리 기술을 이용하여 강철로 된 3인용 전차의 차축을 만들었다. 그들은 이 전차로 당시 2인용 전차 밖에 갖지 못했던 강대국 이집트 람세스 2세[96]의 군사를 크게 이겼다. 이들이 활용한 제철 기술은 흑해 주변의 기마민족 스키타이[97]를 통해 만주와 산동山東에 있던 배달국으로 전했고, 다시 한반도를 남하해서 변진으로 흘러들어 온 것이었다.

변진 시대의 제련 기술은 해면철 제련 방식과 선철 제련 방식이 있었는데, 해면철 제련 방식은 철광석과 숯을 야외 화덕에 섞어 쌓은 뒤 불을 지펴 800~900도에서 제련하는 방법이었다. 이렇게 만들어 낸 쇠는 불순물이 너무 많아 해면처럼 표면이 울퉁불퉁 했기 때문에 곧바로 사용하지 못하고, 한 번 더 제련해야만 쓸만한 참쇠를 얻을 수 있었다. 따라서 선철을 제련하여 담금질로 쇠를 다듬어야 무기나 농기구 등을 만들 수 있었다. 선철을 제련하기 위해서 금관가야 사람들은 동강에서 캐어 낸 돌을 쌓아 지름이 석자 반과 두자 정도 되는 한 쌍의 가마를 만들었다. 높이는 아홉 자 정도의 원통형 둑을 쌓은 가마였고, 둑의 안쪽에 점토를 발라 마무리했다. 이런 가마에서는 1700도의 열에도 견딜 수 있어야 하는 점토의 질이 쇠부리 작업에 큰 영향을 주었다.

왕의 일행이 쇠부리 점터를 방문하는 날은 마침 고사를 막 끝내던 참이었다. 점터에서는 늘 새로운 쇠를 생산하기 전에 사고 없이 질 좋은 철을 생산할 수 있도록 천지신명께 제를 지내는 것이 오랜 관습이었다. 점터의 거수 쇠몰은 이 고사를 잘 치르기 위해 사흘 동안 목욕재계를 하며 정성을 다하여 준비를 했고, 그동안 편수들의 지휘아래 작업이 차근차근 진행되었다.

먼저 쇠부리 가마의 풀무 바람이 들어가는 입구 화덕에 가느다란 숯과 잘게 부순 잡쇠 덩어리를 차근차근 쌓았다. 이어서 참숯을 쇠부리 가마에 가득 채우고 난 다음 모든 준비가 끝나면 쇠몰 거수가 고사상을 차려 놓고 향을 피웠다. 신을 내리게 하기 위해 술을 잔에 따라 모사茅沙[98]위에 붓고는 술을 따라 올렸다. 그리고 쇠몰 거수가 큰 소리로 기도를 올렸다.

"치우천왕께 아뢰오. 우리 금관가야 제일의 쇠부리 점터에 좋은 판장쇠를 많이 짓게 도우시오. 여기에 정성껏 차린 음식을 모두 맛보시고 음복할 수 있게 베푸소서. 우리 모두가 다치지 않고 일을 편히 할 수 있게 돌보소서."

그리고 쇠몰 거수가 먼저 네 번 엎드려 절을 했다. 이어서 풀무 대장, 쇠쟁이 대장, 숯쟁이 대장을 선두로 이곳의 일꾼들 모두 네 번씩 절을 했다. 제사가 끝난 뒤에는 음복이라 하여 제사 음식을 나누어 먹었고, 음복이 끝나자, 불을 돌보는 불편수가 부쇠[99]를 쳐서 불사르개에 불을 붙였다. 바닥쪽 숯에 불이 붙기 시작하는 것을 본 불편수가 외쳤다.

"불메 올려라."

동시에 풀무꾼 대장이 낭랑한 목소리로 화답했다.

"불메 올려라."

그러자 여덟 명의 풀무꾼이 불메 대장의 호령에 맞추어 서서히 발풀무를 밟기 시작했다. 가마 안에 불길이 돌아서 아홉 길의 골을 통해 흰 연기가 가마 위로 치솟기 시작했을 때, 불편수는 다시 외쳤다.

"쇠 넣어라."

이번에는 쇠쟁이 대장이 즉시 화답했다.

"쇠 넣어라."

그러자 두 명씩 짝이 된 쇠쟁이들이 바소쿠리에 사철이나, 토철 따위의 원광석을 담아 가마 안에 넣었다.

수로왕 일행이 이렇게 고사가 진행되고 있을 때 산 아래 당도하고 있었던 것이다. 그들이 들었던 장골들의 합창 소리도 바로 이 고사를 지내면서 불렀던 소리였고, 그것은 쇠부리의 오랜 전통을 이어오는 절정의 순간이었다.

"불메 불메 불메야, 이 불메가 뉘 불메고?
불메 불메 불메야, 금관가야 쇠 불메다.
숯은 어디 숯이냐, 철광산 숯이다.
불메 불메 불메야, 쇠는 어디 쇠이냐?
쇠점점터 판장쇠."

그리고 고사 지낼 때뿐만 아니라 작업이 지루하고 힘들 때는 이런 노래를 다같이 부르며 서로 격려하고 힘을 북돋아주기도 했다. 이들은 밤새워 일을 했고, 그동안 이런 합창 소리는 끊어지지 않고 계속 들렸다.

불을 붙인지 일곱 여덟 시간이 넘도록 교대로 풀무질을 계속하자, 가마 속의 원광석은 녹기 시작했다. 잡쇠덩이가 생산된 것이었다. 다음은 쇠부리 가마에서 끄집어낸 잡쇠덩이를 큰 망치로 잘게 부수었다. 그것을 다시 강엿쇠 가마에 참 숯과 함께 섞어 쌓아 올려 강한 풀무질로 바람을 넣으며 가열했다. 잡쇠덩이는 목탄에서 뿜어내는 열을 받아 강엿처럼 눅진해졌다. 이것을 주걱 집게로 집어 모루100 위로 옮기고 망치질을 했다. 이런 작업을 여러 번 반복하면서 한 나절이 지나면 잡쇠덩이 속의 탄소를 비롯한 쇠 이외의 물질이 3~4푼에서 1~4리로 줄어들면서 강엿처럼 굳어 가마 바닥으로 떨어졌다. 이렇게 생산된 강엿쇠덩이를 다시 판장쇠 가마에 참숯과 함께 넣어서 풀무질을 했다. 판장쇠둑에는 쇳물을 내는 초롱구멍이 있는데, 그 아래 땅바닥에 판장쇠 바탕 자리 8개를 준비해 두었다.

점화한 지 일곱 시간 가량이 지나자 가마 아래쪽에 쇳물이 고이고 위쪽에 잡쇠가 떠올랐다. 토둑의 외벽을 쇠망치로 가볍게 쳐 보면서, 쇳물이 고인 정도를 확인하던 둑수리가 잘 되었다는 신호를 했다. 그 신호를 받아 전체 진행 상황을 살피고 있던 쇠물 거수가 '잡쇠 빼라' 하고 큰 소리로 외치자, 둑수리는 쇠창으로 잡쇠 구멍을 뚫고 잡쇳물을 뽑아냈다. 또 '쇠 내어라' 하고 지시하면, 뒷불 편수는 초롱구멍을 뚫어 쇳물을 뽑아냈다. 끈적끈적한 잡쇳물은 둑수리가 가래[101]로 밀어 내어서 버리면 쇠똥이 되어 굳었다. 그런 뒤 황금빛 쇳물은 초롱구멍 앞에 마련된 판장쇠 바탕에 차례로 고여 판장쇠 덩이로 굳어졌다. 굳어지기 전에 감나무 고무래[102]로 쇳물 위에 뜨는 찌꺼기를 조심성 있게 끌어냈다. 쇠의 흐름이 멎으면 구멍을 다시 막았다. 그동안 내내 풀무 작업은 멈추지 않았다. 쇳물이 멎으면 둑수리는 초롱구멍을 진흙으로 다시 막았다.

이러한 여러 가지 일이 계속되는 동안 모든 사람은 자신이 맡은 일만 열심히 하면 됐다. 사실 다른 사람이 하는 일을 거들어 줄 수 있는 여유도 없을뿐더러 심지어 다른 사람이 다치는 일이 생겨도 자신의 자리를 떠날 수가 없어 구조하지 못하는 경우도 발생했다. 따라서 임산부나 노약자는 쇠부리 점터에 애당초부터 얼씬도 못하게 했다. 그만큼 정신을 집중해야 되고, 매 순간마다 전력을 다해야 좋은 쇠를 얻을 수 있다고 사람들은 믿었다.

작업 조건에 따라 다르지만 보통 하루 밤낮에 세 번 쇳물을 뽑으며, 80근짜리 판장쇠를 한 번에 세 개씩만 얻으면 그 작업은 성공한 셈이었다. 판장쇠는 대장간 화둑으로 옮겨져서 여러 가지 참쇠붙이를 짓기도 하고, 무질부리가마로 보내어 솥이나 화로 같은 주물을 지어내는 원자재로 썼다.

언제나 성공만 했던 것은 아니었다. 어떤 때에는 판장쇠는 커녕 잡쇠물도 뽑기 전에 풀무구멍이 막혀버린 경우도 있었다. 이럴 때는 녹은 쇳물이 굳을 때까지 4~5일은 기다렸다가 가마를 헐고 잡쇠덩이를 끄집어내어 강엿쇠둑으로 옮겨 다시 제련해야만 했다. 그렇게 되는 날이면 정말로 낭패였다.

대장간 화둑에서는 이렇게 만든 판장쇠로 낫, 칼 등 여러 가지 참쇠붙이를 지어냈다. 또 낡은 철제 연장들을 다시 달구어 날을 세우고 담금질하여 잘 들게 다듬는 경우도 있었다. 대체로 한 쇠부리 점터에 여남은 곳의 작은 대장간이 있는데 작은 대장간마다 도편수 1명이 책임자로 있었다. 도편수는 망치꾼 2명, 발 풀무꾼 1명, 잔심부름꾼 1명 등을 통솔해서 필요한 연장들을 지어냈다.

9 칼을 만드는 대장간

"이제 우리 가야국과 귀국 간에는 칼을 만드는 시합만 남았구려. 우리는 이곳 작은 대장간을 하나 쓸 생각이오만, 그쪽은 어떻게 하실 예정이신가? 괜찮다면 우리 대장간을 하나 빌려줄 수도 있고……. 물론 그쪽에서 대장간을 새로 꾸며도 된다네."

쇠부리 점터를 둘러보고 돌아오는 길에 아도가 문득 스쿠나에게 물어보았다.

"예, 저도 그 생각을 하고 있었습니다. 제가 잠시 다께즈찌와 얘기를 한 다음에 말씀드리지요."

스쿠나는 바로 뒤에서 일행을 묵묵히 따라오고 있는 다께즈찌에게 다가가 한참을 얘기한 다음 다시 아도와 보조를 맞추기 위해 돌아왔다.

"저희 생각도 대장간을 빌려 쓰는 것이 좋겠습니다."

"예, 그렇게 하시지요. 우리도 그렇게 하는 것이 좋을 것 같습니다. 그리고 판장쇠는 우리 쇠부리 점터에서 대어줄 것 입니다."

아도가 문제없다는 듯이 가볍게 이야기했다.

"그렇게 해주신다니 정말 고맙습니다. 그럼 저희는 아도 간 말씀대로 대장간을 빌려 칼을 만들지요. 그리고 부탁할 것이 있다면 다음에 또 말씀드리겠습니다."

"하하하. 그렇게 하시지요."

두 사람은 동시에 웃음을 터트리며 정겨운 눈빛을 교환했다.

"감사합니다, 아도 간님. 덕분에 저희가 해야 될 일이 많이 줄었습니다. 그런데 한 가지 청이 더 있습니다. 허락하신다면 저희가 무질부리 가마도 쓸 수 있으면 좋겠습니다."

일행 뒤에서 따라오던 다께즈찌가 두 사람을 대화를 듣고 있다가 불쑥 끼어들며 말했다.

"그래요, 그렇게 하시지요. 제가 일러놓겠습니다."

이번에도 아도가 시원스럽게 대답했다.

다음날부터 두 나라는 칼을 만드는 작업에 들어갔다. 이번에는 수로왕이 직접 도편수 역할을 담당하기로 했다. 수로왕은 작은 대장간을 하나 골라서 준비하라 일렀다. 선택된 대장간 입구 문설주에는 세로 3치, 가로 1치의 붉은 종이를 붙였고, 문머리에 금줄을 치고 고추를 달았다.

이 관습은 먼 서쪽 나라인 이스라엘의 과월제過越祭[103] 영향을 받은 부적이었다. 사람들은 이런 부적을 붙이면 모든 악마와 부정으로부터 보호해 준다고 믿고 있었다.

BC 14세기에 모세가 이스라엘 민족을 거느리고 이집트의 압정으로부터 탈출하려 했을 때, 이집트의 파라오 람세스 2세가 이를 막았다. 모세는 자신들의 하느님에게 기도를 했고, 하느님은 모세에게 다음과 같은 계시를 내렸다.

"이달 10일에 처음 태어난 어린 양을 골라 두었다가 14일에 죽여, 흘러내리는 피를 문설주에 발라 표시하고 집에 숨어 있으라. 그날 나의 사자가 이집트 전국을 바람과 같이 지나갈 것이다. 표시가 있는 집은 아무 일도 없을 것이며, 만일 표시가 없는 집이라면 그 집에서 태어난 첫 번째 사내아이는 모조리 죽을 것이다. 그렇게 되면 너희들은 이집트를 떠날 수 있게 될 것이다."

이 계시를 받은 이스라엘 사람들은 하느님의 지시대로 집집마다 어린 양의 피를 발랐고, 그 사실을 몰랐던 이집트 가정에서는 그날 밤 맏아들을 잃는 불행을 겪었다. 이집트 전국에서 맏아들을 잃은 사람들의 곡성이 일어나자, 람세스 2세는 결국 이스라엘 민족이 이집트를 떠나도록 허가했다. 그 이후로 이스라엘 사람들은 이날을 민족의 경축일로 삼아 기념하기 시작했다.

이 풍습이 페니키아 사람들과 베드윈 유목민에게 전해져 온 세상으로 퍼졌던 것이다. 삼한 제국이나 왜국에서도 이 풍습을 받아들였고, 동짓날이 되면 부적을 붙이거나 팥죽을 쑤어먹기도 하고,

붉은 팥죽을 집안 곳곳에 뿌리는 관습이 생겨난 것이었다. 사람들은 이런 부적을 소민장래蘇民將來[104]라 불렀고, 모든 염병을 막아 주는 부적이라고 믿었다. 금관가야의 작은 대장간에서도 그런 뜻에서 부적을 붙였던 것이다.

수로왕은 정성을 다해 목욕재계를 하고, 머리를 가지런히 빗고 난 다음 흰 명주 띠로 이마를 꽉 매었다. 그리고 흰 웃옷의 소매를 걷어 올리고 흰 바지를 입었다. 수로왕을 도와줄 사람은 망치꾼 두 사람과 풀무꾼 한 사람, 그리고 잔심부름을 하는 일꾼 한 사람이 따라왔다. 수로왕은 이들을 거느리고 대장간으로 들어섰다. 대장간 화덕에는 이미 숯불이 이글거리고 있었다.

수로왕은 화덕 앞에 무릎을 꿇고 재배再拜[105]했고, 뒤따라 온 네 사람도 수로왕을 따라 함께 재배했다. 그리고 수로왕은 오랫동안 기도를 했다. 그는 이번 시합을 위해 정성으로 칼을 지으려는 자신에게 정신을 집중할 수 있도록 천지신명께서 도와주실 것을 기도했다. 기도를 마치고 나자 왕은 자신감으로 가득 찬 모습을 느낄 수 있었다.

기도를 마치고 자리에서 일어선 수로왕은 품속에서 작은 주머니를 꺼내어 흰 가루를 큰 수조에 쏟아 휘휘 저었다. 이것은 동해안의 종유동鍾乳洞[106]에서 석순石筍[107]과 종유석鍾乳石[108]을 가져와 가루를 낸 것으로 달군 쇠를 급하게 냉각시켜 경도를 높이는데 탁월한 효과가 있었다. 그 다음에 왕이 한 일은 화덕에서 벌겋게 달군

판장쇠 조각 세 개를 커다란 손 집개로 집어내어, 모루 위에 놓고 작은 망치로 가볍게 두드린 일이었다. 왕의 손놀림에 맞춰 옆에서 보조를 맞추기 위해 기다리고 있던 망치꾼 두 명이 큰 망치로 왕이 두드린 곳을 번갈아 힘껏 내려 쳤다. 세 사람이 번갈아 내려치는 망치 소리는 마치 음악을 연주하듯 박자를 타며 작은 대장간에 울려 퍼지고 있었다. 왕은 쇠 조각을 집게로 요리 조리 돌리면서 작은 망치로 연달아 두드렸고, 두 망치꾼은 왕의 손놀림에 어울리는 박자로 연신 큰 망치를 내려 쳤다. 한참을 그렇게 두드리다 쇳조각이 식으면 다시 화덕에 넣어 가열했다가 꺼내 두드리는 작업을 한동안 반복했다. 이런 작업을 여러 번 되풀이 하는 동안에 세 조각의 판장쇠는 한 덩어리가 되었다. 세 사람이 망치질을 하는 동안 풀무꾼은 계속 바람을 불러 넣어 화덕의 불꽃이 훨훨 달아오르게 만들었다. 작은 대장간은 이들이 뿜어내는 열기로 가득 찼다.

작업은 계속 되었고, 이번에는 한 덩어리가 된 강철 막대에 엉겨 붙은 찌꺼기를 끌로 긁어내며 몇 번이고 가로로 접고 세로로 접으며 망치질을 계속했다. 이렇게 하기를 수백 번, 탄력을 갖게 된 강철은 겹겹으로 층이 되어 마치 나무 결처럼 보였다. 강철이 식으면 다시 화덕에 넣어 가열하고, 뜨거워진 강철을 다시 모루 위에 놓고 두드리길 여러 차례 하자 드디어 다섯 자 길이의 칼 형태가 갖춰졌다.

여기까지 작업을 끝낸 왕은 칼의 표면을 쇠 인두와 줄로 쓸었다. 그리고 적당한 담금질을 해야 할 차례가 되었다. 이런 과정을 거쳐야 칼의 날카로움을 유지할 수 있는 경도를 얻을 수 있기 때문이다. 이를 위해 먼저 칼날을 숯가루 속에 파묻고, 그 바깥을 수분이 많이 포함되어 질척한 황토로 발라 밀봉해서 건조시켰다. 왕은 이렇게 숯가루와 황토로 둘러 싼 칼 덩어리를 화덕에 넣어 벌겋게 달구었다.

이렇게 달군 후 쇠의 색깔을 확인하여 적당한 온도가 된 것을 끄집어내어 급히 수조에 넣었다. 작열하는 칼날이 차가운 물과 만나자 증기가 솟구쳤고, 칼은 몸을 뒤틀며 '지잉 치익' 하는 소리로 울었다. 이러기를 여러 번, 마침내 원하는 성질과 모습을 갖춘 칼 몸이 마련되었다. 이렇게 만든 칼 몸을 숫돌로 갈아 다듬었다. 처음에는 거친 숫돌로 갈다가 차례차례로 보다 매끄러운 숫돌로 수백 번 갈았다. 칼에서 신비로운 빛깔이 날 때까지 정성을 들여 갈았고, 드디어 원하는 형태가 나오자 칼 몸을 만드는 마무리를 했다.

다음은 칼자루를 만드는 작업이었다. 칼자루에는 한 개의 둥근 고리가 있었고, 그 안에 거북의 장식을 더했다. 원래 이 고리는 칼을 쓸 때 칼이 손에서 떨어져 나가지 않도록 손에 감아주는 끈을 매달아 놓는 것이었다. 고리 안의 장식은 거북이 외에도 귀면鬼面109이나 용, 봉 같은 것으로 장식을 해서 칼을 사용하는 사람의 신분을 나타내기도 했다. 마지막으로 칼자루를 칼 몸에 꽂을 때 겹쳐지는 자리에 못을 꽂는 구멍을 뚫었다. 둥근 쇠 조각을 다듬어 날밑으로 붙여 칼을 잡는 손을 보호하고, 박달나무 두 쪽을 대패질해서 칼집을 만들고 아교로 붙였다.

수로왕은 이 모든 작업을 손수 했다. 곁에서 도와주는 망치꾼과 풀무꾼 그리고 잔심부름꾼이 있었지만 그들은 단지 보조역할을 했을 뿐이다. 수로왕이 쇠를 잘 다룬다는 것을 익히 알고 있었던 신하들과 점터 사람들도 실제로 칼을 만드는 모습을 보고 감탄을 했다.

　　한편 스쿠나와 다께즈찌는 무질부리가마로 갔다. 여기서는 큰 대장간에서 만든 판장쇠나 고철을 숯과 장작을 쌓은 가마에 넣어 불을 붙이고 풀무질해서 녹인 쇳물을 거푸집에 부어서 쇠도끼나 쇠솥 따위를 만들고 있었다. 스쿠나와 다께즈찌는 여기에서 쇠도끼를 하나 만들었다. 그리고 난 다음에 작은 대장간으로 가서는 수로왕이 칼을 만드는 과정대로 판장쇠를 달구어 망치질해서 석 자 반 길이의 칼을 만들었다. 그러나 그들은 담금질 기법이 수로왕의 것과는 달라 황토를 바르는 과정을 하지 않았다. 그들은 단지 화덕에 바로 넣어 달구었다가 망치질을 하곤 했다. 게다가 그들은 냉각수에 석순가루를 넣는 것도 알지 못했다.

　　이렇게 수로왕과 스쿠나의 칼을 만드는 과정이 끝났고, 그 칼의 성능 시험을 해야 될 단계만 남았다.

10 형제 결의

다음날 아침 일찍부터 노적봉이 올려다 보이는 낙동강 서쪽 백사장에 사람들이 다시 모였다. 넓은 백사장에는 짚단을 감은 대나무가 어른의 키 높이로 여섯 개씩 두 줄로 꽂아 세워져 있었다. 사방에서 마음껏 칼을 휘두를 수 있도록 대나무 사이를 충분하게 넓혔다.

수로왕 일행과 스쿠나 일행이 모두 자리를 잡고 앉은 것을 확인한 천군 한울은 시합장 가운데로 나와 카랑카랑한 목소리로 외쳤다.

"오늘이 드디어 가야국과 용성국 간의 마지막 시합입니다. 이번 시합은 백사장에 세워놓은 대나무를 칼로 베는 시합이오. 어제 두 나라 사람들이 직접 만든 칼을 가지고 승부를 내는 겁니다. 정면 베기, 수평 베기, 빗겨 베기를 두 번씩 할 것이오. 각각 두 번씩 여섯 개의 대나무를 베면서 어느 칼의 성능이 좋은지 알아보겠소."

용성국에서 먼저 시작하기로 했고, 다께즈찌가 선수로 나왔다. 그는 어제 만들어온 석 자 반짜리 칼을 들고 나와 수로왕과 스쿠나를 향해 목례를 하고, 대나무 앞으로 자리를 옮겼다. 잠시 호흡을 고르는 듯 하더니 순간적으로 날카로운 기합과 함께 칼을 휘둘렀다. 빠른 동작으로 펼친 정면 베기였다. 차렷 자세에서 왼발을 빼면서 오른 손으로 칼자루를 잡고 오른 발을 내밀면서 수직으로 칼을 내려 쳤다. 대나무를 둘러 싼 짚단이 두 동강이 되어 흩어졌다. 한 번에 성공한 그는 연이어 다음 대나무를 정면 베기로 잘랐고, 이어서 오른쪽 무릎을 굽히며 수평으로 세 번째 대나무 짚단을 잘랐다. 발걸음을 가볍게 움직이며 빠른 동작으로 네 번째 대나무까지 자른 다께즈찌는 다섯 번째 대나무를 베러 발걸음을 옮기기 전에 호흡을 한 번 가다듬었다. 지금까지는 칼날이 잘 서 힘들이지 않고 베기를 마쳤다.

그러나 세 번째 동작인 빗겨 올려 자르는 찰나에 문제가 발생했다. 호흡을 가다듬은 다께즈찌는 날카로운 기합을 내지르며 칼을 빗겨 올렸지만, 칼날이 짚단에 닿는 순간 살짝 미끄러졌다. 그리고 순간적으로 짚단 안에 있던 대나무에 칼날이 빗겨 닿으면서 '댕강' 하고 소리가 나면서 칼이 부러지고 말았다. 당황한 다께즈찌는 반토막 난 칼을 손에 든 채 창백한 얼굴로 멈칫하다가, 땅에 떨어진 나머지 칼날을 주워들었다. 그는 더 이상 어찌할 도리가 없어 수로왕과 스쿠나에게 다시 예를 올리고 용성국 진영으로 물러났다.

다께즈찌가 물러나자 가야국에서는 여도가 나왔다. 여도가 든 칼은 어제 수로왕이 직접 만들어 온 다섯 자의 환두대도環頭大刀[110]였다. 여도는 이 칼로 여섯 개의 대나무 짚단을 번개처럼 빠른 자세로 잇달아 베어 나갔다. 여도는 지칠 줄을 몰랐다. 환두대도의 고리에 묶인 끈을 손목에 감고, 칼춤을 추듯 빙글빙글 돌면서 하나하나 대나무 짚단을 베어 나갔다.

정면 베기, 왼쪽 수평 베기, 오른쪽 수평 베기, 왼쪽 비껴 베기, 오른쪽 비껴 베기, 다시 정면 베기 등 칼과 여도의 몸은 하나가 되어 날렵하게 움직였다. 마침 쏟아지는 햇빛이 칼날에 반사하여 번쩍번쩍 빛을 뿜었다. 백사장 주변이 온통 칼에서 내뿜는 검기로 눈부셨고, 여도의 기합소리에 모든 사람이 숨을 죽였다. 마침내 여섯 개의 대나무 짚단을 모두 벤 여도는 호흡을 가다듬으며 칼날을 살펴보았다. 서늘한 기운을 뿜는 칼날은 작은 흠집 하나도 없이 깨끗했다. 여도는 절도 있는 동작으로 칼을 칼집에 꽂았다.

그리고 그는 수로왕이 앉아 있는 방향으로 조용히 걸어왔다. 왕 아래에서 허리를 굽혀 절을 하고 앞으로 두 걸음 나아가 두 손으로 칼을 바쳤다. 이 모습을 보고 있던 금관가야 사람들은 함성을 질렀다. 숨을 죽이던 사람들이 그때서야 잠에서 깨어난 듯 징, 꽹과리, 북, 피리, 나발을 한꺼번에 울리며 함성을 지른 것이었다. 백사장이 떠나갈 듯했다. 두 나라간의 힘겨루기 시합에서 마지막까지 금관가야의 수로왕이 스쿠나를 이겼다.

"마마, 졌습니다. 저의 절을 받으십시오."

패배를 깨끗이 인정한 스쿠나가 자리에서 일어나 수로왕 앞으로 가서는 무릎을 꿇고 절을 올렸다. 수로왕은 그의 손을 덥석 잡아 일으켰다.

"스쿠나, 그동안 수고가 많았소. 일어서시오. 이제 우리는 남이 아닐세. 함께 힘을 합쳐 서로 도우며 지내세."

이 광경을 지켜보던 신하들과 가야국 사람들은 다시 환성을 지르며, 춤을 추고 얼싸안으며 기쁨을 나누기 시작했다.

"수로왕 만세. 수로왕 만만세. 금관가야 만세."

"자, 우리 함께 왕궁으로 갑시다. 우리가 힘을 합하고 뜻을 모은다는 것을 기념해서 잔치를 한 판 크게 벌입시다. 그리고 지난번 듣다가 말았던 스쿠나의 얘기도 마저 들어 보기로 합시다."

왕은 주변 사람들에게 이렇게 말하며 왕궁으로 향했다. 명견대사, 아도, 여도 등 신하들과 군사들 그리고 천군 일행과 시종들이 모두 자리에서 일어나 왕을 따라 나섰다. 구경 나온 가야 사람들도 모두 함성을 지르며 왕궁으로 옮겨가기 시작했고, 스쿠나 일행도 이들을 따라 걸음을 옮겼다. 저녁 무렵 왕궁에 도착한 일행은 내일 성대한 잔치를 열기로 하고 각자 피곤한 몸을 이끌고 잠자리에 들었다.

그날 밤 피곤에 지쳐 깊은 잠에 빠져있던 스쿠나는 이상한 꿈을 꾸었다. 그는 낮에 수로왕과 대결한 칼로 대나무를 베는 시합장에 나와 있었다. 주변에는 아무도 없는데 단지 수로왕과 단 둘만이 백사장 가운데 서 있었다. 이번에는 수로왕과 자신이 직접 칼을 들고 동시에 대나무를 베어 나가는 것이었다. 한참 칼로 대나무를 베는데, 벌써 대나무를 다 벤 수로왕이 칼을 들고 자신에게 달려오는 것을 보고 갑자기 매로 둔갑을 해서 하늘로 날아올랐다. 매는 빠른 속도로 노적봉과 을숙도를 돌았다. 이를 보고 있던 수로왕이 독수리로 변해서 자신을 쫓아왔다. 매로 변한 자신과 독수리로 변한 수로왕의 쫓고 쫓기는 싸움이 계속 되었고, 결국 힘이 다한 매는 거의 잡힐 뻔 할 때 황급히 참새로 변해 소나무 뒤로 숨었다. 그러자 수로왕은 다시 새매로 변하여 참새를 쫓았다. 두 사람 간에 쫓고 쫓기는 둔갑 시합이 일어난 셈이었다. 그런데 수로왕은 계속해서 쫓아오면서도 자신을 잡거나 죽이려 하지 않았다. 마침내 힘이 다한 스쿠나가 본래 모습으로 돌아오며 땅 위에 넙적 엎드렸다. 그리고 고개를 들어보니 수로왕은 간 곳이 없었고, 자신 혼자 침대에 누워 있었다. 스쿠나는 온 몸이 땀으로 흠뻑 젖은 상태에서 어떤 암시를 받았다는 강한 느낌이 들었다.

날이 밝자, 가야국에서는 용성국 사람들을 초대했다. 왕궁에서는 큰 잔치가 벌어졌고, 마을 곳곳에서도 오늘 하루는 마음껏 먹고 마실 수 있도록 조치가 취해졌다.
"우리 가야국은 꿈을 갖고 있습니다. 모든 백성이 잘 살아 보자는 희망을 갖고 있습니다. 아직은 살림이 넉넉하지 못해서 굶주리는 사람이 많지만, 모두 잘 살 수 있는 날이 곧 만들어 질 것입니다. 우리는 그렇게 만들기 위해 많은 일을 해왔고, 앞으로도 계속할 것입니다.

우리는 길쌈을 장려하고, 벼농사 외에도 보리, 좁쌀, 조, 수수, 밀, 팥, 콩을 재배하도록 지원을 하고 있습니다. 농기구도 철제로 개량해서 공급하고 있습니다. 해마다 장마철에는 논밭이 홍수피해를 입고 있어, 둑을 쌓고 저수지를 만들고 물길을 바꾸고 있습니다. 반대로 가뭄으로 논밭이 마르고 갈라지면 저수지의 물을 풀어서 논밭에 대어주기 위해 수로도 만들고 있습니다.

그리고 쇠부리 기술을 이용해서 판장쇠를 많이 만들어 북으로는 부여와 낙랑에 공급하고, 서로는 마한의 여러 나라와 교역하고 있습니다. 동남쪽으로는 왜인들에게도 대어주고 있습니다."

수로왕은 잔치를 하기에 앞서 서로의 이해를 돕고자 그들에게 현재 가야국이 처한 상황을 이야기하면서 자신의 계획까지 풀어나갔다. 왕궁에 초대된 스쿠나와 그를 호위하는 장수들은 수로왕을 가운데 두고 오른쪽으로 앉았고, 가야국의 신하들은 왼쪽으로 앉아 상을 받았다. 간략하게 말을 마친 수로왕은 먼저 자신의 오른쪽 제일 가까운 자리에 앉은 스쿠나에게 머루주를 한 잔 가득 따라 주고는 각자 잔을 채우라고 말했다. 잔을 다 채운 것을 확인한 수로왕은 가야국과 용성국의 발전을 기원하면서 건배를 제의했고 모두 큰 소리로 함께 기원을 했다.

명견대사를 비롯해서 아도, 여도 등 아홉 명의 간과 다께즈찌,

이까즈찌, 소호리 등 왜인 장수 다섯 명은 상석에 올라앉아 있었고, 한 단 아래에는 천군과 금관가야의 한기와 다른 관리들이 자리를 잡았다. 그리고 마당에는 초대 받은 나머지 용성국 사람들과 왕궁에서 근무하는 관리들이 자리를 잡고 있었다. 그들은 모두 푸짐한 상을 받았고, 수로왕의 이야기가 끝나자 서로 잔을 주고받으며 마음껏 술과 안주를 들기 시작했다. 천군의 시종들이 방울, 북, 피리, 금琴111을 써서 풍악을 올리며, 마당 가운데에서는 독무獨舞와 삼인무三人舞, 군무群舞 등을 차례로 추어 주흥을 돋우었다.

"나라를 다스림에 있어서 백성을 사랑해야 한다고 하는데, 마마께서는 어떻게 이를 실천하고 계십니까?"

스쿠나가 물었다.

"옛날 주 나라의 문왕이 동이 사람 태공망太公望112에게 백성을 사랑하는 법을 물었을 때, 태공망은 이렇게 말했소. 첫째가 이이물해로, 백성에게 편안히 살게 이익을 베풀며 해를 끼치지 않아야 한다고 했다오. 백성을 사랑해서 돌본다는 것이었지. 두 번째가 성이물패로, 백성이 하는 일이 잘 이루어지고 실패하지 않도록 도와주는 일이라오. 셋째가 생이물상이라, 백성을 살려 나가고 죽이지 말라 했다네. 넷째가 여이물탈. 즉 백성에게 무엇이든 주되 빼앗지는 말라는 것이라오. 다섯째가 낙이물고로, 백성을 즐겁게 만들지 괴롭히지 말 것이며, 여섯째가 희이물노라, 백성이 기뻐하여 화를 내지 않도록 해야 한다고 했다오. 태공은 이를 애민육정이라 하여 임금이 백성을 다스리는 근본이라 했다네."113

수로왕은 이렇게 말하고는 술잔을 비웠다.

"그렇습니다. 이런 가르침은 하느님, 즉 환인桓因114에서 비롯됩니다. 환국의 마지막 환인은 배달국의 환웅桓雄115이 천하에 뜻을 둔 것을 보고 천부인天符印116세 개를 주셨지요. 그리고는 세상 사람들에게 널리 이익을 주도록 하라는 홍익인간弘益人間117이념을 말씀하셨는데, 태공망은 이를 받들어 실천하는 구체적인 수단을 설명한 것입니다. 태공망은 이외에도 많은 가르침을 주셔서 주 나라의 기틀을 세우는데 크게 도움을 주었답니다."

명견대사가 수로왕의 이야기에 덧붙여 자세히 설명했다.

그때 마당 가운데에서는 마지막 독무가 펼쳐지고 있었다. 열서너 살로 보이는 무희는 소녀로 보기에는 어리지 않았고 아직 성숙한 여인으로 볼 수도 없는 묘한 매력을 발산하며 춤을 추고 있었다. 그녀는 노란 웃옷에 색동 치마를 입었다. 하양, 빨강, 파랑, 노랑, 보라의 다섯 가지 색으로 허리춤에서 치마 끝까지 세로로 색동을 지은 것이 까만 긴 머리에 쓴 금동관과 어울려 하늘에서 선녀가 내려 온 듯 화사했다. 나풀나풀 춤추는 두 손에 하얀 명주 수건을 길게 감친 것이 마치 하늘을 나는 황새의 날개 짓 같았다. 천군이 가장 아끼던 용녀였다. 스쿠나는 넋을 놓고 용녀의 춤추는 모습을 보고 있더니 자리에서 문뜩 일어서며 말했다.

"마마, 오늘 이 자리가 즐거워 절로 흥이 날 지경입니다. 제가 생각하온데 지금부터 마마를 형님으로 모실 수 있도록 허락하시옵소서. 저의 진심입니다. 제 마음을 표현하는 뜻으로 지금 춤을 추고 있는 저 여자와 더불어 마마를 즐겁게 해드리고 싶습니다. 제가 춤으로 마마를 기쁘게 하겠습니다."

"하하하. 스쿠나가 춤을 추겠다고? 그리고 내 아우가 되고 싶다고? 참으로 기쁜 일이 아닌가. 그래 춤 솜씨 좀 보여주게나. 우리 다 같이 어울려 놀아보는 것도 좋지."

수로왕이 기꺼운 마음으로 말했다.

스쿠나는 수로왕에게 가볍게 목례하고, 자리에서 일어나 춤을 추고 있는 용녀에게 다가서서 함께 어울려 춤을 추자는 눈빛을 보냈다. 용녀는 당황했지만 춤을 멈추지 않고 계속 독무를 추고 있었다. 처음에는 스쿠나가 용녀의 춤을 조금씩 따라하기 시작하더니, 어느새 두 사람의 호흡이 척척 들어맞는 듯 자연스러운 동작이 나오기 시작했다.

두 사람은 북과 피리의 소리에 맞추어 서로 슬며시 다가갔다가, 살포시 뒷걸음질을 치면서 떨어졌고, 다시 한 손을 들면서 빙글 한 바퀴 돌았다. 스쿠나가 하늘을 가리키며 몸을 펴고 서면, 용녀는 그 가슴에 머리를 비스듬히 기대며 몸을 낮추었다. 둘이 맞잡고 한 바퀴를 더 돌더니 서로 눈길을 맞추면서 다시 너울너울 추었다. 이러기를 여러 번, 이윽고 징 소리가 크게 나면서 두 사람은 춤을 마치고 스쿠나는 선채로, 용녀는 한 쪽 무릎을 세워 앉아서 왕을 향하여 가볍게 절을 했다. 두 사람의 춤을 지켜보던 모든 사람들이 춤 솜씨에 푹 빠져 있다가 이들이 절을 하는 순간 정신이 들었고, 다들 저절로 탄성을 터트리며 박수갈채를 쏟아냈다.

자리로 돌아 온 스쿠나는 수로왕에게 술을 한 잔 권하며 형님으로 모시게 해 달라고 다시 말했다. 그의 뺨은 붉그래 상기되었지만 거짓이 아닌 진심이라는 것을 엿볼 수 있었다. 곁에서 듣고 있던 명견대사가 수로왕에게 귓속말로 무엇인가 속삭였다. 그러자 수로왕이 오른손을 들고 풍악을 멈추며 말했다.

"스쿠나가 짐을 형님으로 모시겠다고 하니 어찌 이를 받아들이지 않을 수 있는가. 나 또한 기쁜 마음으로 이를 받아들이기로 했소. 마땅히 형제 결의를 위한 예를 갖추어 이를 행하도록 준비하시오."

수로왕이 큰 소리로 말하자 금관가야의 예부禮部[118]를 맡은 간干[119] 피도가 앞으로 나서며 대답했다.

"예, 마마 내일 아침 해 돋는 시각에 형제결의 의식을 삼성각에서 행하실 수 있도록 마련하겠습니다."

수로왕과 피도의 이야기가 끝나자마자 자리에 참석한 모든 사람들이 박수를 보내며 환영한다는 뜻을 보냈다. 모두들 기쁜 마음으로 잔치를 즐기다 보니 많은 술잔이 오갔고, 크게 취한 왕이 먼저 침전으로 들자 잔치가 끝났다. 사람들은 집으로 향했고 용성국 사람들도 움막으로 돌아갔다.

한편 스쿠나와 춤을 춘 용녀는 두근거리는 가슴을 진정시키지 못하고 있었다. 혼자 춤을 추고 있다가 갑자기 그가 다가와서 당황 했지만, 춤을 멈출 수는 없었다. 처음에는 자신이 추는 춤을 천천히 따라하던 그가 호흡을 맞추며 춤을 추기 시작하자 자신도 모르게 자연스러운 동작이 나왔었다. 춤이 끝나고 수로왕에게 절을 하고 나올 때까지 몽롱한 정신이었고, 두근거리는 가슴으로 얼굴이 발갛게 상기되어 있었다. 용녀는 스쿠나의 늠름한 태도와 빼어난 춤 솜씨에 놀랐으며, 은근히 마음이 끌리고 있었다.

'스쿠나는 말을 잘 타고 활만 잘 쏘는 줄로 알았는데, 내 춤에 이렇게 호흡을 잘 맞추는 것을 보니 예사 사람이 아닌가봐. 왜인 중에서 저렇게 잘 생긴 사내가 있었던가?'

잔치가 끝나고 집으로 향하는 용녀의 가슴 속에서 무언지 알 수 없는 기대감으로 가득 차 있어 두근거리는 마음을 그때까지도 진정시킬 수 없었다. 하늘로 붕 떠 있는 기분으로 잠자리에 들 때까지 혼자서 미소 짓곤 했다.

11 첫사랑

'님이여, 제 마음을 저도 모르겠어요. 어쩌면 그렇게 단번에 제 마음을 사로 잡으셨나요. 늠름한 님 모습을 떠올리면 아직도 생생한 손길이 느껴집니다. 말을 타고, 활을 쏘는 당당한 모습이 떠오르다가도 부드러운 손길로 저를 감싸며 나긋나긋 춤을 추던 그 모습도 지울 수가 없답니다. 님 생각만 하면 괜히 부끄러워 얼굴이 달아오릅니다. 어쩌면 좋을지 저도 모르겠어요. 한 번만 더 봤으면 좋겠다는 생각을 하다가 내 마음 들킬까 봐 망설여지기도 해요. 아, 다시 보고 싶어요. 님 손을 마주 잡고 춤을 한 번 더 출 수만 있다면 얼마나 좋을까요.'

잔치가 끝나고 잠자리에 들었지만 용녀는 새벽이 다 되도록 잠을 이룰 수가 없었다. 다락집에 홀로 앉은 용녀는 스쿠나의 늠름

한 모습을 두 번, 세 번 회상하면서 이렇게 혼자 뇌까리고 한숨을 쉬었다. 누구한테 하소연할 수도 없고, 이 야심한 밤에 들어줄 사람도 없어 하늘만 쳐다보며 한숨을 쉬었고, 홀로 중얼거리며 밤을 꼬박 새우고 있었다. 이런 모습을 보고 밤하늘을 가로 질러 흐르는 반달이 은근한 눈웃음을 흘리며 지나갔다. 마침내 멀리서 새벽을 알리는 수탉의 울음소리를 들었고, 덩달아 여기저기서 개들이 짖는 소리가 어둠을 몰아내고 있었다.

용녀는 더 이상 기다릴 수 없었다. 도저히 참을 수 없는 그리움이 몰려와 먼발치에서나마 그를 다시 보고 싶었다. 용녀는 얼른 자리에서 일어나 옷매무시를 다듬고 머리를 곱게 빗어 내린 다음 다락집에서 내려 왔다. 오늘 아침 일찍 수로왕과 의형제를 맺는 의식을 치른다는 것을 알고 있었다. 용녀는 그 행사가 벌어지는 삼성각으로 누구보다 먼저 도착하려고 서둘러 길을 나선 것이었다. 의식이 시작될 때까지 느긋하게 앉아 기다릴 여유가 없었다. 그가 있는 가까운 곳으로 가야 될 것만 같았다.

한편 스쿠나도 잔치가 끝나고 움막에 돌아와 자리에 들었으나, 그 역시 잠을 이루지 못하고 이리 저리 몸을 엎치락뒤치락 했다. 그동안 가야국에서 있었던 일들이 주마등처럼 머리 속을 스쳐 갔다. 낙동강 하류에 상륙해서 가야국과 힘겨루기를 했고, 결국 마지막 시합까지 수로왕에게 졌다. 심지어는 꿈속에서조차 그를 이기지를 못했다. 수로왕과 자신이 둔갑을 하면서까지 겨루었으나 역

부족이었고, 자신의 패배를 인정할 수밖에 없었다. 수로왕이 참새로 변한 자신을 죽이지 않은 것을 다행으로 여길 수밖에 없었다.

스쿠나는 가야국과의 시합에서 한 번도 이겨보지 못했다는 것에 대해 참으로 허탈하면서 안타까워했다. 하지만 달리 보면 그것이 자연스러운 결과라는 생각도 들었다. 애당초부터 왕권에 도전한 것 자체가 힘에 겨운 일이었기 때문이다. 하지만 스쿠나의 생각으로는 손해 볼 것도 없는 시도였다. 운이 좋아 수로국왕을 이기게 되면 왕권을 차지하게 되지만, 져도 그로서는 잃을 것이 없었다. 그렇기는커녕 강력한 동맹국이 생기는 것이니까 자신의 나라에는 이익이 되는 셈이었다. 처음부터 이러한 사실을 염두에 두고 바다를 건넜던 것이다. 가야국 사람들이 살생보다는 이익을 나누어 갖는 사람들이고, 자주 힘겨루기나 지혜 다툼을 즐긴다고 이야기를 들어 왔기 때문에 이번 모험을 시도한 것이었다. 그는 힘겨루기에서 지더라도 용서를 받을 것으로 굳게 믿고 있었다.

하지만 스쿠나를 더욱 잠 못 이루게 하는 것은 어제 함께 춤을 추었던 용녀의 꽃다운 모습이 눈에 어른거렸기 때문이었다. 춤을 추면서 살포시 품에 안았던 그녀는 부드러우면서도 탄력이 있었다. 새까만 눈동자는 깊고 맑은 샘처럼 느껴져 정담이 끝없이 쏟아져 나올 것 같았다. 빙글 돌면서 슬쩍 잡았던 손은 가냘프면서도 율동적이었다. 보송보송한 솜털이 난 목덜미와 불그스레한 두 볼에 입 맞추고 싶었다. 그녀는 싱그러웠으며, 향긋한 내음을 끝없이 발산하는 선녀와 같았다. 그녀를 생각만 하면 머리 속까지 말

갖게 되었다. 이런 저런 기억을 더듬다 보니 온 몸이 뜨거워져 도저히 잠을 이룰 수가 없었다.

'용녀라고 했던가? 한 번 더 만나서 얘기라도 해야겠다.'

스쿠나는 마음속으로 거듭 다짐을 했다.

드디어 날이 밝았다. 아침 일찍부터 왕궁은 제단을 만드느라 부산스러웠다. 삼성각에는 사람들이 몰려들어 청소를 하고, 음식물을 나르며, 제단을 꾸미고 있었다. 삼성각 정면에는 환인, 환웅, 단군의 세 분 영정이 걸렸다. 환국과 배달국 그리고 단군 조선을 건국하고 이끌어 오신 어른들이었다. 그 양 옆으로 소호 김천씨와 치우천왕蚩尤天王[120]의 초상이 있었다. 이 다섯 분이 금관가야가 모셨던 조상신祖上神[121]이었다. 다섯 신상의 주위에는 구미호九尾狐[122]와 삼족오三足烏[123]를 비롯해서 소, 말, 개, 돼지, 양 등의 가축을 배경으로 수천의 신선과 선녀들이 에워 싼 그림이 있었다. 구미호는 지금의 남만주와 북중국 그리고 한반도에 걸쳐 있던 배달국倍達國[124]과 단군 조선, 청구국靑邱國[125] 등에 퍼져 살던 아홉 갈래의 동이족을 상징한 것이다. 삼족오는 동이족 조상이 알에서 태어났다는 신화에서 비롯된 것으로 태양 속에 검은 까마귀를 그려 넣어 하늘에서 내려 온 민족임을 나타냈다. 이처럼 오색으로 아름답게 채색한 신상도 아래에 제단을 차렸고, 커다란 청동 향로에 향을 피우고 두 개의 등잔걸이에 등불을 켰다.

모든 준비가 끝나자 천군 한울이 하얀 고깔과 소복을 하고 나타났다. 허리에 요고腰鼓126라 부르는 작은 장구를 찼다. 천군은 요고의 가장 자리를 '텅텅텅텅' 손으로 치면서 제천의식을 시작했다. 천군 곁에 용녀를 비롯한 동녀童女127 여러 명이 꽃바구니, 술병, 꽹과리, 피리 등을 들고 섰다. 천군이 잡귀를 물리치는 의식과 조상신들을 불러들이는 의식을 끝내자 수로왕과 스쿠나가 제단 앞에 나와 영정을 향해 향을 피우고 네 번 엎드려 절했다. 천군 한울이 청옥으로 만든 술잔과 작은 칼을 쟁반에 받쳐 내어 왔다. 수로왕과 스쿠나는 술잔에 술을 따르고 각자 작은 칼로 새끼손가락 끝을 칼로 베어 흘러내리는 피를 술잔에 떨어뜨렸다.

"오늘 이 시간부터 우리 두 사람은 형제의 예로 맺기를 서약합니다. 삼성님과 소호 할아버님, 치우천왕께서 지켜보시고 우리들을 축복하소서."

수로왕은 큰 소리로 형제결의에 대한 보고를 한 다음에 두 사람의 피가 섞인 술잔을 들어 반을 마신 뒤에 스쿠나에게 건넸다. 스쿠나도 이를 받아 마신 뒤에 수로왕에게 큰 절을 올렸다.

"형님 마마, 아우의 절을 받으소서."

이 순간을 지켜보던 모든 사람들이 일제히 소리 쳤다. 가야 사람이나 용성국 사람들을 가리지 않고 더불어 기뻐하며 함께 함성을 올렸다. 두 나라 사람들은 마치 한 가족이 된 것처럼 어울렸다.

"지화자, 지화자. 지화자, 좋을시고."

"금관가야, 만세."

"수로왕 만세, 스쿠나 만세."

형제 결의를 맺는 모든 의식이 끝나자, 사람들은 제단을 정리하고 본래의 자리로 돌아갔고, 수로왕과 스쿠나를 비롯한 고위 관료들은 왕궁의 정전으로 들어갔다.

"이제 모든 의식이 다 끝났고, 두 나라가 형제나라로 되었으니 이보다 더 기쁠 수는 없구려. 모든 것이 다 잘 되었고, 나는 훌륭한 아우를 맞이하게 되어 더욱 기쁘다네. 이제는 아우의 얘기를 마저 들어 보세나. 우리 가야 땅에 오기 전에 있었던 이야기도 많을 것이고, 어떤 사연으로 이곳까지 오게 되었는지, 그리고 이제 어디로 갈 생각인 지 천천히 들어보세."

수로왕이 편한 자세로 고쳐 앉으며 말했다.

"예, 형님 마마. 사실 제 얘기를 다 하려면 오늘 하루 가지고도 모자랄 것입니다. 저희 용성국과 이즈모의 이야기만 하더라도 며칠을 두고 이야기해야 할 것입니다. 그것은 차차 시간이 되는대로 말씀드리겠습니다. 오늘은 다른 말씀을 먼저 드리겠습니다."

"그래, 그것도 좋지. 우리 왕궁에 며칠 머물면서 천천히 이야기를 해주게나. 나도 아우하고 오래 이야기를 나누고 싶으니까."

"예, 형님 마마. 저도 곁에서 오래 머물고 싶습니다. 다만 어느 정도 시간이 지나면 동해안을 거슬러 올라 아진포로 갔으면 합니다. 저희 숙부가 그곳에 계신다고 들었는데, 한 번 찾아가 봐야 할까 합니다."

"그렇게 하시게나. 그동안은 왕궁의 별채를 내어줄 테니 그곳에서 머물면서 내 말 벗이나 되어주게."

"그렇게까지 신경을 써주시니 감격할 따름입니다."

"하하하. 그리 생각하지 않아도 되네. 오히려 내가 기쁘다네."

수로왕은 스쿠나를 친동생인양 부드러운 눈빛과 목소리로 다정하게 말을 건넸다.

"그런데, 한 가지 부탁드릴 말씀이 있습니다."

스쿠나가 수로왕의 눈치를 한 번 살피더니 머뭇머뭇하며 말했다.

"무엇인가. 내게 부탁할 게 있다니? 어려워 말고 말하시게나."

"예, 다름이 아니오라 천군 곁에 꽃바구니를 들고 모시던 여인 말입니다."

"아, 유수의 딸 용녀 말인가?"

"예, 그녀와 한 번 사귀고 싶으니 허락해 주시옵소서."

왕은 마침 곁에 있던 유수를 보고 물었다.

"유수 간은 어떻게 생각하시오. 스쿠나가 용녀와 사귀고 싶다고 청하는데, 아무래도 아비의 뜻을 먼저 물어봐야 도리일 것 같은데……. 어제 두 사람이 춤추는 것을 보면 참으로 어울리는 한 쌍이 되겠다는 생각도 들고……. 유수 간도 어제 광경을 보지 않았겠소. 어찌 생각하시오?"

"글쎄요. 제가 뭐라고 하기 전에 우선 용녀가 어떻게 생각할지……. 게다가 그 아이는 천군이 되기 위한 공부를 하고 있는데, 그렇다면 저 말고 천군에게도 허락을 받아야 되지 않겠습니까?"

유수는 갑작스런 질문에 미처 대답을 생각하지 못했는지, 난처

한 표정을 지으며 천군에게 답을 미루고, 잠시 생각에 빠졌다.

"허허허. 그것도 맞는 말이군. 천군이 되려는 아이였으니……. 그렇다면 천군은 어떻게 생각하시오."

"아직 수련이 덜 끝나서 천군이 되기에는 많이 부족합니다. 앞으로도 한 해쯤은 더 수련해야 될 것입니다."

"하하하. 그렇다면 방법이 아주 없는 것도 아니군. 두 사람을 바로 짝을 짓자는 것이 아니라 서로 사귀어 보도록 허락해 주었다가, 천군의 수련이 끝나면 다시 택일해서 가연을 맺는 것은 어떻겠소?"

왕이 웃으며 말했다.

"왕께서 그리 말씀하시니 서로 교제를 하도록 허락했다가 공부가 다 끝나고 서로 뜻이 맞으면 그때 짝을 짓도록 하는 것도 좋겠습니다."

천군 한울이 시원시원하게 대답을 했다.

"좋습니다. 저도 천군과 같은 뜻입니다. 용녀가 그렇게 받아들인다면 더 이상 반대하지는 않겠습니다."

천군이 반대하지 않자, 유수도 긍정의 뜻을 표했다. 천군 뒤에서 시중을 들고 있던 용녀는 그들이 하는 이야기를 듣고 있다가 얼굴이 발그레 달아올랐다. 그리고 사람들이 자신을 쳐다보는 것을 느끼고는 긍정의 뜻으로 다소곳이 고개를 끄덕이고는 부끄럽다는 듯이 고개를 푹 숙였다. 그 광경을 보고 수로왕을 비롯한 모든 사람이 흐뭇한 미소를 보이며 박수를 보냈다.

"자, 그럼 스쿠나와 용녀가 둘 다 마음이 있는 모양인데, 우리 모두 모인 자리에서 오늘부터 한 해 동안 두 사람의 교제를 허락합시다. 그리고 용녀에게는 김씨 성을 하사하여 우리 왕실의 양녀로 삼겠소. 두 사람은 한 해 동안 서로 사귀어 보고 그 이후에도 마음이 변하지 않는다면 짝을 짓도록 하게. 그리고 여기 모인 모든 사람들은 두 사람의 앞날이 행복할 수 있도록 증인이 되고, 또한 음으로 양으로 도와주길 바라오."

"마마의 보살핌이 한없이 크십니다."

스쿠나와 유수 그리고 천군이 동시에 절을 하며 말했다.

그날 밤 왜인 일행은 움막을 거두고 왕궁의 별채에 옮겨 갔으며, 스쿠나는 예물을 갖추어 유수의 집으로 찾아 갔다. 그가 유수에게 가져간 예물은 청동거울과 곡옥으로 만든 목걸이, 그리고 한 자루의 상감보검이었다. 그것은 왜인들이 가장 소중히 여기는 삼종의 신기를 본 뜬 예물이었다.

그때 유수의 집에서는 천군 한울과 용녀가 단장을 하고 기다리고 있었다. 용녀는 분홍색 긴 적삼과 긴 치마를 입었고 머리에는 작은 금동관을 썼는데, 옻칠을 한 것처럼 검고 광택이 나는 긴 머리가 허리 아래까지 드리웠다. 또한 용녀의 밝고 환한 얼굴에 살포시 머금은 미소는 수줍은 듯 보여 보는 이로 하여금 묘한 매력을 느끼게 하였다.

유수의 집에서는 두 사람을 축복하기 위한 잔치가 열렸고, 두 사람은 잔치 중간에 여러 식구들과 손님 앞에서 함께 춤을 추었다. 두 사람은 마치 한 쌍의 두루미가 사랑을 속삭이듯 너울너울 날갯짓으로 춤을 추었고, 음악소리에 맞춰 삶의 기쁨을 노래하는 듯 보였다. 두 사람을 구경하던 모든 사람들도 그 매력에 푹 빠져 저절로 어깨춤이 덩실덩실 하였다. 유수의 집은 오늘 하루가 천국이나 다름없었다.

드디어 모든 잔치가 끝나고, 친지와 손님들은 자신들 집으로 돌아갔으며, 식구들도 자신의 방으로 들어갔다. 스쿠나와 용녀 두 사람은 다락집으로 올라가 북쪽 하늘에 길게 늘어선 북두칠성과 하늘을 가로 질러 흐르는 미리내128를 보고 있었다. 두 사람은 아무 말도 하지 않고 있었지만 서로의 가슴속에 두근거리는 설렘을 느낄 수 있었다. 한참 만에 스쿠나는 용녀의 손을 두 손으로 잡고 말했다.

"나는 앞으로 엿새쯤 지나면 서라벌로 갈 생각입니다. 숙부가 거기에 계신다는 이야기를 들었습니다. 그곳에 가면 얼마나 오래 있을지 모르나 자리가 잡히는 대로 용녀를 모시러 올 것이오. 그동안 천군 수련을 잘 하고 있다가 내가 부르면 바로 와서 나를 도와주시오. 장차 사람들을 이끌고 나라를 세우려면 그대의 도움이 절실히 필요하오."

"알겠어요. 저도 천군 수련이 앞으로도 일년은 더 걸릴 거라는 이야기를 들었어요. 수쿠나님도 저를 잊지 않고 기다릴 수 있죠?"

"물론이죠. 저는 변하지 않습니다. 그런 의미에서 우리의 정표를 나눠 갖도록 합시다. 나는 그대에게 곡옥으로 만든 목걸이를 드리겠소."

스쿠나는 이렇게 말하면서 품에서 목걸이를 꺼내어 용녀의 목에 걸어 주었다.

"그럼, 저도 드리겠습니다."

용녀는 비단 주머니를 허리춤에서 꺼내 건네주었다.

"이것이 무엇이요?"

"예, 이건 자수정 공깃돌입니다. 제가 갖고 있던 것 중에서 제일 크고, 아끼는 것입니다. 그걸 만질 때마다 절 보듯 하시면 됩니다."

용녀가 부끄러운 듯 작은 소리로 말하며 스쿠나의 품안으로 살며시 등을 기대었다. 스쿠나는 사랑스러워 못 견디겠다는 듯 용녀를 두 팔로 포근히 안았다. 두 사람은 시간이 오래오래 멈추어 이 순간이 영원히 함께 하기를 기도했다.

제2장

스쿠나비고나의 유래

1 해가 돋는 곳으로

수로왕은 매일 아침 업무를 시작하기 전에 별채에 머물고 있는 스쿠나를 정전正殿[129]으로 불러들였다. 왕은 형제결의를 맺은 그에게 가야국의 현황을 쉽게 이해할 수 있도록 모든 업무에 참여하고 배우라는 뜻을 전했던 것이다. 이처럼 스쿠나는 수로왕으로부터 장차 나라를 다스리기 위한 능력을 키우는 수련을 받을 수 있게 되었다. 그리고 저녁이 되면 함께 식사를 하면서 스쿠나의 이야기를 들었다. 그의 나라가 세워지기까지의 이야기는 장편의 역사소설을 풀어헤치는 듯했다. 광활한 대륙으로부터 한반도를 거쳐 왜국에 이르기까지 그의 조상이 거쳐 온 여정은 말로 다 표현할 수 없는 감동이 있었다. 수로왕은 그의 이야기를 들으면서 한없는 애정을 느끼게 되었다. 스쿠나의 이야기는 동해안에서 배를 만드는 장면부터 시작되었다.

"물러가라. 나무가 쓰러진다. 다칠라. 물러서라."

도끼로 나무 밑동을 돌아가며 찍어 대던 일꾼들의 우두머리가
고함을 쳤다. 반나절에 걸친 도끼 작업 끝에 드디어 아름드리 거
목 하나가 그들의 손에 의해 쓰러지기 직전이었다. 사람들은 나무
를 베기 전 꼭대기에 새끼줄을 길게 매었고, 이제 그 줄에 매달려
나무를 잡아당기고 있었다. 두 아름130이 넘는 느티나무가 천천히
사람들이 잡아끄는 쪽으로 쏠리면서 쓰러지고 있었다.

"우수수, 쏴아."

열 길이 넘는 나무는 주변의 관목들을 휩쓸어가면서 '쿵'하고 동
해쪽 비탈로 넘어졌다.

"가지를 치고 밑동을 잘라라."

키가 훤칠하게 큰 젊은이가 호령하자, 여러 명이 덤벼들어 낫과
손도끼로 순식간에 가지를 쳐냈고, 나무의 그루에서 중간까지의
가장 굵은 부분을 네 길 정도 길이로 잘랐다.

"통나무를 깔아라."

일꾼들은 우두머리가 말하는 대로 일사분란하게 움직여 굵기가
팔뚝만한 수십 개의 통나무를 석 자 간격으로 깔았다. 비탈길이지
만 아름드리나무를 사람들 힘만으로 들어서 운반할 수는 없었다.
그들은 작은 통나무를 바퀴처럼 연속으로 굴려서 끌고 내려가려
는 시도였다.

"끌어 내려라."

일꾼들이 모두 달려들어 길게 드리운 느티나무를 통나무 위에 실었다.

"어영차, 어영차."

그리고 그들은 느티나무를 비탈 아래로 밀어가기 시작했다. 나무를 잡아 버티는 사람과 뒤에 남은 통나무를 다시 앞으로 번갈아 깔아가는 사람들의 호흡이 척척 맞으면서 느티나무는 서서히 밀려 내려갔다. 사람들은 서두르지 않았다. 그들은 우두머리의 구령에 장단을 맞춰가며 마치 하나의 기계가 움직이듯 차근차근 비탈길을 내려오기 시작했다. 어느덧 반나절이 지난 끝에 바닷가 모래톱까지 내려올 수 있었다. 산중턱에서부터 끌고 내려온 느티나무는 결국 백사장에 그 몰골을 드러낸 채 죽은 듯 누워있었다.

"껍질을 벗겨라."

다시 우두머리의 명령이 떨어지자, 일꾼들은 느티나무의 껍질을 손도끼와 낫으로 벗겨냈다. 이처럼 껍질을 벗겨내야 햇빛에 잘 마르기 때문이었다. 넓은 모래톱에는 이미 밤나무, 떡갈나무, 솔송나무, 굴참나무 등 산에서부터 베어 내려온 굵은 통나무 등지들이 쌓여 있었다. 지름이 대 여섯 자, 키가 너 댓 길이 되는 큰 나무 등지였다. 껍질을 벗긴 채로 벌써 한 철이 넘게 햇볕을 쮠 나무 등지는 바싹 말라서 불붙이기가 쉬웠다.

동해안의 한적한 마을인 이곳은 '해를 맞는 고을의 달뜨는 벌판'이라 하여 '도기야'라고 했다. 사람들이 동부여의 옛 땅에서 두만

강을 건너 태백산맥을 따라 이곳까지 흘러 들어온 지도 벌써 여러 해가 되었다.

이곳으로 와서 밤나무를 잘라 바닷가까지 끌어내리던 사람들은 처음에는 무던히도 고생을 했다. 경험이 거의 없는 일꾼들끼리 호흡이 맞지 않아 나무 자르는 것도 힘이 들었고, 나무 쓰러지는 방향을 잘못 판단해 두세 번 작업하는 경우도 많았다. 그리고 산비탈을 내려오면서 굴러 떨어지는 밤나무에 깔려 일꾼의 다리가 부러진 사고도 났었다. 그런 사고를 겪으면서 사람들은 점점 요령을 터득했고, 다치지 않기 위해 온갖 지혜를 짜냈다. 날이 거듭할수록 경험도 늘어 이제는 다들 한 몫을 하는 능숙한 일꾼들이 되었다. 이제는 우두머리와 일꾼들끼리 척척 호흡을 맞출 수 있을 뿐만 아니라, 서로 눈치만으로도 다음은 어떻게 일을 시작하고, 마무리해야 하는지 알게 되었다.

나무를 베어 내리는 작업은 끝났고, 맑은 날이 계속 되었다. 넓은 백사장 가득 나무들을 모아 충분히 말렸다. 마을의 족장인 이숏겔이 나무의 건조 상태를 하나하나 두드리며 살피고 있었다. 그는 한 철을 말린 둥지를 살피다가 잘 마른 통나무 열 개를 골라냈다. 그리고 자신의 지시를 기다리고 서 있던 일꾼들에게 지시했다.

"여기 골라놓은 나무에 불을 지피고, 끌과 손도끼로 나무를 파세."

그러자 장골 한 사람이 즉시 관솔에 불을 붙여 나무를 태우기 시작했고, 다른 두 사람이 타들어가는 나무를 끌과 자귀131와 까뀌132로 파내기 시작했다. 또 다른 사람은 통나무의 머리 쪽을 뾰족하게 손도끼로 다듬기 시작했다. 이들은 통나무배와 뗏목을 만들기 시작했던 것이다.

그로부터 열흘 정도 지나자 통나무는 배의 형태를 갖추기 시작했다. 사람들은 배의 고물 쪽에 키로 쓰기 위한 널판자를 달았고, 참나무를 다듬어 작은 노를 여러 개 만들었다. 배의 표면을 관솔불로 태워 숯처럼 까맣게 만들었다. 이렇게 하면 웬만한 물기에도 썩지 않고 견딜 수 있기 때문이었다. 보름을 이렇게 다듬자 나무둥지는 길이가 세 길에 폭이 석자 크기의 속이 패인 통나무배로 변했다.

마을 모든 장정들이 이숏겔의 지휘를 받아가며 이렇게 배를 만들고 있는 동안, 아낙네들은 긴 항해를 위한 음식물을 준비했다. 주먹밥을 만들 수 있는 곡식과 보리와 좁쌀을 말리고 갈아서 만든 미숫가루, 호리병에 담은 암반수, 생선포와 육포, 밤과 곶감 등 적어도 열흘 이상 먹고 마실 수 있는 식량을 준비하고 있었다. 또한 베옷과 여우 모피나 수달피로 만든 털옷과 모자 등 추위를 피할 수 있는 옷도 준비했다.

온 마을 사람들이 이처럼 합심해서 배를 만드는 이유는 살기 좋은 곳을 찾아 떠나려는 것이었다. 그들이 동부여의 고향을 버리고 이곳까지 내려 온 이유도 보다 넓고 기름진 땅이 있다는 소문을 들었기 때문이었다. 그들은 한 동안 이곳 동해안에 정착해서 농사를 짓고 고기를 잡으며 생활을 해왔다. 그들은 고기잡이를 나갔다가 조류에 휩쓸려 남쪽 나라에 표류했던 사람들이 돌아오기 전까지는 이곳이 그들의 터전이라고 굳게 믿고 있었다. 그런데 바다에서 표류하다 돌아온 사람들의 이야기를 듣는 순간 이곳보다 더 좋은 곳이 있다는 희망에 사람들은 들뜨기 시작했다. 남쪽 나라를 갔다 온 사람들은 그들이 가 봤던 곳이 이곳보다 더 좋다는 이야기를 퍼트렸고, 사람들은 점점 그곳을 동경하게 되었다.

그들이 말하는 남쪽 나라는 삼나무나 녹나무의 숲이 우거지고, 복숭아, 배, 감 따위 과일들이 널려있어 누구나 따 먹을 수 있는 곳이라고 했다. 토끼, 노루, 사슴, 산돼지 등 산짐승도 우글거려 마음껏 사냥할 수도 있었다. 게다가 가까운 바다에서는 오징어, 꽁치, 돔, 가자미, 고등어, 다랑어, 상어 등 물고기를 많이 잡을 수 있어 굶주리지 않는 낙원이라고 했다. 기온도 이곳보다 따뜻하여 겨울 지내기가 좋다고 했다. 그들은 먹고 자고 생활하는 데 전혀 불편함이 없는 그곳을 마치 천국처럼 묘사하였다.

그런 와중에 한반도 동남쪽에 있던 왜의 여덟 개 섬을 장악하고 있던 이자나기노미고도伊奘諾尊133가 이 마을의 족장인 이숫겔에게 자신들이 살고 있는 따뜻한 나라로 건너오라는 사신을 보낸 일이 있었다. 이숫겔은 오래 생각한 끝에 바다를 건너가기로 마음먹었다. 자신에게 사신을 보냈던 이자나기는 오래 전에 왜로 건너가 처음으로 나라를 세운 사람이었고, 그곳 사람들은 그를 신으로 받들어 모셨다. 이자나기는 자신이 다스리는 나라가 더 커지기를 원했고, 그렇게 되기 위해 많은 사람들이 자신의 땅으로 이주해오기를 청했었다.

이숫겔은 마을 사람들에게 자신의 생각을 이야기했다. 많은 사람들이 그의 이야기에 공감을 했고, 그와 함께 떠나기로 약속했다. 이숫겔은 모든 사람이 갈 수 있는 것은 아니라며, 그곳으로 떠나기를 원하는 사람들만 함께 가자고 했고, 나중에 그쪽에서 자리를 잡으면 사람들을 더 초청하겠다고 말했다.

그들이 힘써 만든 통나무배는 드디어 완성되었다. 그들은 통나무배와는 별도로 뗏목도 만들었다. 남자 어른의 넓적다리 굵기에 길이가 네 길이 넘는 통나무 수십 개를 칡덩굴과 노끈으로 빗살처럼 묶었다. 그리고 통나무의 중간 중간에 구멍을 뚫어, 서로 쐐기를 박아 고정시켰다. 이렇게 여러 개의 통나무를 연결한 뗏목 가운데 작은 오두막집을 짓고 돛대를 세웠다. 뗏목의 뒤쪽에 키를 달았고, 뗏목이 가라앉지 않도록 뗏목 주변에 표주박을 수십 개 달았다. 배를 몰기 위해 긴 삿대와 노도 여러 개 준비했다.

항해를 위해 가장 중요한 해도는 가느다란 나뭇가지 여러 개를 가로세로로 엮어서 만들었다. 바다로 나가 고기잡이를 했던 사람들의 이야기를 듣고 종합해서 나뭇가지로 만든 해도 위에 조개껍질을 매달아 섬의 위치를 표시했다. 바다에서 잔뼈가 굵은 사람들은 이렇게 만든 해도와 하늘의 별자리를 참고하면 뱃길을 잃지 않고, 목적지로 갈 수 있을 것이라고 믿었다. 그들이 항해를 하기 위해 중요하게 여기는 별자리는 북두칠성과 북극성이었다. 밤하늘을 올려보면 언제든지 북쪽을 가리키는 그 별들로 인해 뱃길을 쉽게 정할 수 있었다. 해안을 따라 항해를 할 때는 바닷가 근처 높은 산봉우리들도 그들의 길잡이 노릇을 해 주었다.

항해를 떠났던 사람들의 말에 의하면 이곳을 떠나 해류를 타고 남쪽으로 이틀 밤낮을 내려가면 변한의 절영도絕影島134가 나오고, 거기서 동남쪽으로 하루를 더 가면 섬이 나타나는데 이를 사람들은 두 섬135 또는 쓰시마라고 했다. 다시 하루를 더 가면 이끼섬壹岐島136이 나왔다. 이끼섬에서 다시 하루거리에 쓰꾸시筑紫137지방으로 일본열도를 구성하는 4대 섬 중 가장 서남쪽에 있는 섬, 또는 그 섬을 중심으로 하는 지방이라는 커다란 육지가 있었다. 이숫겔은 이러한 정보를 모두 해도에 담아 뱃길을 따라 가면서 확인할 예정이었다.

드디어 출항해야 할 때가 되었다. 이숫겔은 자신의 집으로 물길잡이를 맡을 사공들과 수장들을 한 자리에 모았다. 이제는 자신들의 운명을 정해야 할 시간이 되었다. 그들은 항해를 시작해야할 시각과 뱃길을 정하기 위해 토론을 시작했다.

"자, 모두들 여기 해도를 보시오. 그동안 바닷길을 다녀온 사람들이 해준 이야기를 종합해서 그린 지도요. 내가 가리키는 이곳이 우리가 목표로 삼고 가야 할 아와지섬淡路島138이요. 이곳을 출발해서 아와지섬까지 가려면 두 가지 길이 있소. 어느 길로 가야 할 지 우리가 이 자리에서 결정해야 할 문제요. 다들 생각하는 바를 말해 보시오."

이숏겔이 해도에 표시된 조개껍질을 가리키며 사람들을 둘러보았다.

"아니, 두 가지 길이라니, 어떤 길이 있습니까?"

수장을 맡고 있는 이메가 물었다.

"바기루가 거기에 대해 설명해 보시오."

바기루는 바다에서 오랜 생활을 해온 어부였다. 그는 왜국까지도 갔다 온 적이 있는 물 길잡이였고, 해도를 갖지 않고도 항해를 할 수 있는 경험이 풍부한 사람이었다.

"북쪽에서 남쪽으로 흘러오는 바닷물은 찬 해류고, 류큐琉球139 남쪽에서 올라오는 바닷물은 따뜻한 해류지요. 이 두 해류가 여기 쓰시마의 북쪽에서 만납니다. 우리는 북쪽에서 내려오는 한류를 타고 가다가 쓰시마 바로 북쪽에서 난류로 바꿔 타면 이즈모出雲140로 갈 수 있습니다. 이즈모에 상륙하면 바다로 가는 길이 아닌 육로를 통해 산을 넘어갈 수 있고, 남쪽의 아와지섬으로 가는 길이 있습니다. 그리고 또 다른 길은 절영도와 쓰시마까지 갔다가, 거기에서 남쪽으로 더 내려가서 이끼섬을 지나, 쓰꾸시에 갑니다. 쓰구시의 북쪽 해안을 따라 동으로 나가 세도내해瀨戶內海141로 들어가면 아와지섬에 갈 수 있는 길이 나옵니다.

첫 번째 말한 길은 항해 도중에 쉬어갈 수 있는 곳이 없습니다. 여러 날을 그저 물길을 따라 배를 저어 가야 하는데, 날씨만 좋으면 큰 힘을 들이지 않고 이즈모까지 갈 수 있지만, 혹시라도 가는 길에 폭풍우라도 만나게 되면 이를 피할 일이 난감하지요. 두 번째 길은 쓰시마, 이끼, 쓰꾸시를 지나가기 때문에 중간중간 쉬어갈 수 있습니다. 그래서 날씨가 변덕스러워도 괜찮지요. 바다를 건널 때 첫 번째 길보다는 날씨 영향을 덜 받아서 안전하기는 하지만 항해를 오래 해야 됩니다. 그만큼 돌아가는 길이니까요. 그리고 중간에 험한 물살을 만날 수 있고, 섬에 사는 원주민들의 습격을 받을 수도 있습니다."

"그래, 다들 바기루의 말을 잘 들었는가? 그럼 우리는 어떤 길을 택해야 할지 의논해 보세."

이숫겔이 바기루의 말이 끝나자, 좌중을 돌아보며 수장들 얼굴을 한 번씩 쳐다보았다. 다들 입을 열지 못한 채 생각에 몰두하기 시작했다. 쉽게 결정하기 어려운 상황인지라 누구 하나 섣불리 먼저 말을 꺼낼 수가 없었다. 결국 오랜 시간 토론을 해도 사람들의 의견이 서로 달라 합의를 하지 못하자, 각자 자신이 가고 싶은 길을 선택하기로 최종 결론 내렸고, 마을 사람들은 두 패로 갈라졌다.

주로 젊은이들은 두 번째 길을 택했다. 이들은 시간이 걸리더라도 여러 곳을 거치면서 모험을 해 보는 것이 신날 것이라고 생각했다. 이들은 수장인 이메가가 인솔하기로 했다. 반면에 아낙네와 아이들이 대부분인 본진은 이숏겔이 인솔해서 첫 번째 길로 가기로 했다. 그들은 험한 뱃길과 원주민을 만나지 않으면서도 더 쉽고 빠른 길로 가는 것이 좋다는 생각을 했다. 폭풍에 대한 염려는 바람이 많이 불지 않는 초여름에 출발하면 큰 문제가 없을 것이라는 바기루의 말을 믿었다.

이들이 바다를 건너기 위한 준비는 차근차근 진행되었다. 항해를 위해 통나무배 열 척과 뗏목 세 척이 완성되었고, 이것들은 언제든지 출발할 수 있도록 바닷물에 띄운 상태에서 굵은 밧줄로 바닷가의 해송 그루에 묶여 있었다. 그 외에도 항해를 하면서 먹어야 할 식량과 식수도 준비되어 있었다. 그리고 혹시 있을 지 모를 싸움에 대비해 창, 도끼, 활, 화살, 칼 등 무기도 충분히 준비했다. 그리고 두 패로 나눠 인솔하는 이숏겔과 이메가는 철제 갑주를 세 벌씩 실었다. 갑주는 그들이 도착하는 곳에서 만나게 될 원주민에게 선진 문명을 보여줌으로써 기선을 제압할 수 있는 도구였다. 그들이 가려고 하는 곳에서는 철제 갑주를 생산할 수 있는 기술이 없었기 때문에 이숏겔은 자신들의 위엄을 나타내기 위해서라도 갑주는 꼭 필요한 것이라고 주장했다. 그는 갑옷을 만들 때 정성을 다했고 철제 투구까지 준비를 했다. 이는 머리 부분을 구리로 만들고 볼에 쇠판을 댄 것으로 치우천왕이 즐겨 쓰던 투구를 본뜬 것이었다.

모든 준비가 끝나자, 사람들은 모래톱에 모였다. 바다를 바라보며 나무를 쌓아 제단을 마련했고, 제단의 양 옆으로 깃발을 세웠다. 오른쪽에는 구름 위로 해와 달이 뜨는 그림이 있는 기를 세우고, 왼쪽에는 호랑이를 그린 기를 세웠다. 제를 위해 노루 한 마리를 산 채로 묶어 준비했다.

천군 히루메가 나와 하늘과 해를 우러러 보며 네 번 큰절을 올리더니, 제단 앞에 꿇어앉아 크게 외쳤다.

"해의 신이시여. 새로운 땅을 찾아 가는 우리의 뱃길을 굽어 살피소서. 여기 신성한 제물을 바치오니, 모든 어려움을 이기고 무사히 도착할 수 있도록 저희들을 보살펴주소서."

기도를 마친 히루메가 환도를 들고 노루의 목을 따자 시뻘건 피가 콸콸 쏟아졌다. 히루메는 쏟아지는 노루 피를 황토 질그릇에 담아 제단에 올려놓았다. 다시 제단을 향해 네 번 절을 하고 뒷걸음질로 제단에서 물러나왔다. 그리고 진주조개 국자로 노루 피를 한 모금 먼저 마신 후, 사람들에게 신호를 했다. 히루메의 손짓에 따라 이숫겔부터 시작해 모래톱에 참석한 모든 사람이 한 모금씩 노루 피를 마셨다. 이로써 모든 악운이 물러가고 천지신명이 자신들을 보호해 줄 것이라는 믿음이 사람들의 마음 속 깊이 자리 잡았다. 모든 의식이 끝나자, 히루메가 '가자, 다 같이, 따뜻한 남쪽 나라로'라는 선창을 했고, 모든 사람이 따라 함성을 질렀다.

"가자, 다 같이. 따뜻한 남쪽 나라로."

희망을 가득 담은 그들의 함성은 바다 멀리까지 울려 퍼졌다.

2 바닷길을 따라

드디어 날이 밝았다. 수평선 먼 곳에서부터 한 줄기 서광이 구름을 뚫고 찬란하게 비추며, 빨간 태양이 그 웅장한 모습을 서서히 드러내고 있었다. 검푸른 해면과 낮게 드리운 구름이 하나로 맞붙은 수평선으로 붉은 빛이 한 점으로 시작해 점점 퍼지더니 하늘과 바다가 온통 환한 빛으로 바뀌었다. 구름을 젖히고 떠오른 주황색 해는 점점 그 높이가 더하더니 수평선 위로 불쑥 떠올라 온 누리를 내려보고 있었다. 갯가에 모인 사람들 머리 위로 갈매기가 '끼룩 끼룩' 날아가고 있었고, 파도 소리가 '좌르륵 쏴아, 좌르륵 쏴아' 요동치고 있었다. 이처럼 평화로운 바닷가에 비장한 모습으로 서 있는 사람들은 아무 말 없이 배를 띄우고 있었다.

모든 준비는 끝났다. 어제 제를 지낸 사람들은 이곳에서의 마지막 밤을 제대로 잠들지 못했고, 이른 아침부터 바닷가에 모였다. 그들은 미리 약속한 대로 두 패로 나뉘어 준비한 식량과 식수를 배로 날랐고, 자신들이 타야 할 통나무배와 뗏목으로 각자 짐을 들고 올라타기 시작했다.

통나무배마다 물 길잡이가 한 명씩 이물에 자리 잡았고, 고물에는 사공의 경험이 있는 장골이 키를 잡고 앉았다. 이들 외에도 열 척의 통나무배마다 각각 일곱 명의 장골들이 노를 갖고 탔다. 족장인 이솟겔과 수장인 이메가는 뗏목을 하나씩 맡았고, 천군 히루메가 나머지 뗏목을 지휘하기로 했다. 뗏목마다 물 길잡이 한 명과 노를 저을 수 있는 장정 세 명 그리고 아낙네 다섯 명이 함께 탔다. 히루메의 뗏목에는 아낙네 대신에 어린아이 여섯 명이 탔다.

출발해야 할 시간이 되었다. 밀물로 바닷물이 가장 높아진 때를 맞춰 바닷가 해송에 매어두었던 끈을 풀었고, 그들은 잠시 후 썰물을 타고 바다로 나갔다. 그들이 떠난 자리에는 많은 사람들이 몰려나와 미지의 세계로 떠나는 그들을 환송하고 있었다. 먼저 떠나는 사람들이 자리를 잡으면, 뒤를 따라가기로 약속했지만 혹시라도 영원히 돌아오지 못할까봐 두려워하는 마음이 앞서기도 했다. 남아 있는 사람들은 한결같이 두 손을 마주 잡고 그들이 아무 탈 없이 항해를 마치기를 기원했다. 배들이 썰물을 타고 바다 가운데로 미끄러져가자, 사람들이 물가로 우르르 몰려나오며 손을 흔들었다.

"잘 가시오."

"부디 몸조심하고……."

"다음에 꼭 다시 만납시다."

　육지를 떠난 배들은 바다 가운데로 나아갔다. 썰물을 타고 육지를 떠난 그들은 열심히 노를 저어 해류가 흐르는 곳까지 나온 것이었다. 배들이 북쪽에서 흘러오는 해류를 타려면 한참 노를 저어 동쪽으로 나가야 했다. 반도의 북쪽에서 내려오던 해류는 이 근방에서 한 시간에 오 리의 속도로 남으로 흘렀다. 노와 키를 잘 조종해서 이 해류를 타면서 배는 수월하게 남쪽 끝으로 내려 갈 수 있었다. 이틀 밤낮을 내려 가다가 남쪽에서 흘러 온 해류, 흑조黑[142]를 만나자 이숏겔과 히루메의 뗏목은 돛을 달았다. 두 뗏목과 통나무배 세척은 동쪽으로 뱃길을 돌렸다.

　이제는 두 패가 헤어져 각자의 길로 떠나야 할 시점이 되었다. 지금까지는 함께 떠나왔지만 앞으로 두 번 다시 못 만날 수도 있었다. 앞일은 아무도 장담할 수 없었다. 그들은 서로의 얼굴을 잊지 않으려는 듯 한참을 바라보았다. 이숏겔과 이메가는 서로에게 성공하기를 축원하며 다음에 다시 만날 것을 굳게 약속하였고, 나머지 사람들은 눈물을 훔치며 서로의 안녕을 빌어주었다.

"잘 가시오. 아와지에서 만납시다."

"부디 몸조심하시고, 꼭 만납시다."

"모두들 잘 가시오."

"안녕히……."

모든 사람들이 인사를 마치고 헤어져야 할 시간이 되었다. 난류를 타고 바닷길로만 항해를 해야 하는 이숫겔과 히루메는 뗏목에 돛을 달았다. 이숫겔은 두 척의 뗏목과 세 척의 통나무배를 이끌고 서서히 동쪽으로 방향을 틀었다. 남쪽 바닷길로 가야 하는 이메가 일행은 힘껏 노를 젓기 시작했다. 두 선단은 조금씩 멀어지다가 점점 작은 점으로 남았다. 그들은 모습이 보이지 않을 때까지 손을 흔들었고, 파도 소리만 오래 귓전에 남았다.

남쪽으로 향하는 수장 이메가의 뗏목과 통나무배 일곱 척은 한류를 타고 하루를 더 내려가 변한의 절영도에 닿았다. 높이 솟은 봉래산 곳곳마다 울창한 소나무들이 빽빽한 이 섬에 그들이 도착하자마자 돌풍이 일어나고 물결이 흰 거품을 물고 성을 내었다. 이어서 굵은 빗방울이 우두둑 소리를 내며 떨어지더니 장대 같은 비가 쏟아졌다. 이메가는 뗏목과 일곱 척의 통나무배들을 끌어올려 바닷가 소나무에 떠내려가지 않도록 튼튼하게 묶었다. 그들은 비가 그칠 때까지 섬에서 머물기로 했고, 항해로 지친 몸과 마음을 다스렸다. 사내들은 임시로 움막을 만들었고, 아낙네들은 가져온 식량으로 밥을 지었다. 그들이 항해하는 동안 바다에서는 불을 피울 수가 없어 미리 만들어 온 주먹밥과 육포 등으로 간단한 요기만 했었다. 오랜만에 국을 끓이고, 따뜻한 밥을 지어 먹고 나니 모두들 생기를 다시 찾았다.

그들은 그렇게 하루를 쉬면서 기력을 보충했고, 통나무배와 뗏목을 손 봤다. 다음날이 되자 하늘은 맑아지고, 바람도 그쳤으며 항해하기에 좋은 날씨가 되었다. 이메가는 봉래산 꼭대기에 올라가 남쪽을 쳐다보니 가물거리는 아지랑이 너머로 멀리 섬의 그림자가 보였다. 그곳이 다음 행선지인 두 섬, 즉 쓰시마였다. 이메가가 사람들에게 준비되는 대로 출발하라고 일렀다. 썰물을 타고 다시 바다로 나간 그들은 조류를 가로 질러 남쪽으로 힘차게 노를 저었다. 멀리 보이는 산을 보고 하루 종일 노를 저었건만 배는 좀처럼 나아가지 못했다. 남쪽에서 올라오는 따뜻한 해류의 영향으로 배들이 동쪽으로 밀렸던 것이다. 배의 고물에 앉아 키를 잡은 사내가 큰 소리로 구령을 넣었다.

"어기여차, 어기여차, 어기여차, 어기여차."

사내들은 키잡이의 구령에 맞춰 다시 힘을 내기 시작했고, 힘껏 노를 저었다. 배를 다시 남쪽 방향으로 돌려놓으며 젖 먹던 힘까지 보탠 그들은 겨우 난류 지역을 벗어날 수 있었다. 그들은 그렇게 사투를 하며 쓰시마의 산봉우리를 향해 배를 몰았고, 훗날 사고의 사슨나143라고 불린 곳에 배를 댔다.

그들은 사슨나에서 또 하루를 쉬었고, 절영도에서 쓰시마까지 오는 동안 잃었던 기력을 어느 정도 회복했다. 다음날은 쓰시마의 두 섬 중에서 위쪽 섬의 서쪽해안을 따라 한 나절을 내려갔다. 이윽고 해만海灣144이 나타났고, 아래쪽 섬과 위쪽 섬 사이로 길게 늘어선 수로가 보였다. 하지만 이들은 물 길잡이의 말을 따라서 그 수로로 들어가지 않고, 아래쪽 섬의 서해안을 따라 계속 내려갔다.

물 길잡이는 섬과 섬 사이의 수로가 지름길처럼 보이지만 동쪽 끝으로 가면 길이 막힌다고 했다. 그들이 해안선을 따라 계속 서남쪽으로 내려가는 동안 왼쪽으로는 하얀 산봉우리가 보였고, 울창한 숲이 연이어 펼쳐지고 있었다. 낮은 지대는 비파, 소철 등 사철나무가 무성했고, 조금 높은 산지에는 떡갈나무, 전나무, 느티나무, 푸조나무 등이 수십 길 높이로 자란 모습을 볼 수 있었다. 또한 사슴, 살쾡이, 담비, 꿩, 독수리 등이 이리저리 뛰어다니고 날아다니는 풍경을 배 위에서도 볼 수 있었다.

섬을 돌아 남쪽 끝까지 나오니 작은 섬이 앞을 막았다. 이메가 일행이 섬을 통과하려고 계속 앞으로 나아가자, 그 섬에서 여나무 척의 통나무배가 그들을 따라 나왔다. 섬에 살고 있는 원주민들이 뜻밖의 방문객을 경계하여 나온 듯했다. 그들은 아랫도리만 걸쳤고 웃옷은 입지 않았는데, 얼굴에 먹물을 들였고 전신에 문신을 했다. 그리고 머리에는 새 깃으로 장식을 했다. 이들은 작은 북을 두드리며 선단 주위로 몰려들었다. 이메가 일행이 잔뜩 긴장하여 무기를 꺼내 들었으나, 그들은 더 이상 다가오지 않고, 일정한 거리를 둔 채 따라오기만 했다.

"두둥둥, 둥둥, 두두둥, 둥둥."

그들은 작은 북을 계속 두드리기만 했고, 어떠한 움직임도 보여주지 않았다. 그때 물 길잡이가 남쪽을 가리키며 큰 소리로 외쳤다.

"이끼로 가요. 이끼로."

이메가 일행은 긴장한 상태로 그들의 반응을 살폈으나, 원주민들은 물 길잡이의 말을 알아들었는지 더 이상 따라오지 않았다. 그들은 이메가 일행이 지나가는 것을 바라보기만 했고, 점점 멀어지자 다시 통나무배를 돌려 작은 섬으로 돌아갔다. 안도의 한숨을 내쉰 선단은 서둘러 노를 젓기 시작했고, 빠른 속도로 섬을 벗어났다.

　　섬을 돌아 남쪽 끝까지 내려갔다가 남동쪽으로 방향을 틀어 다시 하루를 꼬박 항해했다. 그들이 하루 만에 다시 다다른 곳은 이끼섬 북쪽 끝 포구였다. 이끼섬은 사방에 산이 있고 가운데에 평지가 있는 둥근 섬이었고, 원주민들이 많이 살고 있었다. 이곳 사람들은 비옥한 땅을 이용하여 농사를 짓거나 어족이 풍부한 바다에서 고기를 잡으며 생활했다. 이 섬에는 앞서 지나온 쓰시마보다 한결 잘 사는 마을이 있었다. 사람들은 베옷을 입었으며, 원두막처럼 나무 기둥을 세워 만든 높은 마루 형태의 집들이 부락을 이루고 있었다.

　　이메가 일행이 섬으로 다가서자, 사나이들이 갯가로 모습을 드러냈다. 그들은 한결같이 청동 칼과 창을 들고 경계를 했다. 개중에는 흑요석 촉에 독수리 깃을 단 화살을 전통에 담아 매고, 다섯 자 남짓한 활을 들고 있는 사내도 있었다. 이때 물 길잡이가 다시 남쪽으로 손짓하며 말했다.

　　"우리는 멀리 다른 곳에서 온 사람들이오. 아와지까지 가려는데, 잠시 쉬었다 가려고 들렀소. 우리는 싸우러 온 것이 아니오. 여

기 우리가 가지고 온 쇠도끼와 칼을 드릴 테니, 식량과 물로 바꿉
시다.”

물 길잡이의 말이 끝나자, 사내들 뒤에서 원주민의 추장인 듯한
사람이 나타났다. 그는 흰 베옷에 푸른 깃을 달고 허리띠를 두른
것이 다른 사람들과 달라 보였다.

“어서 오시오. 우리와 싸우러 온 것이 아니라면 그대들을 환영
하오. 이곳은 평화로운 곳이니 마음 놓고 쉬었다 가시오.”

추장이 길을 열어 안내를 하자, 경계를 하던 사내들이 무기를 거
두었고, 일행은 갯가에 배와 뗏목을 올려놓고 모두 뭍에 올랐다.
이메가는 갑주를 입고, 환도를 손에 들고는 앞장서서 걸어가는 추
장을 따라갔다. 해와 달이 돋는 기를 든 장골이 바로 이메가를 따
라갔으며, 나머지 일행들이 줄줄이 뒤를 이었다. 추장은 그들을 마
을로 안내하여 다들 편히 쉴 수 있도록 식사와 잠자리를 대접했다.
이메가는 감사의 뜻으로 철제 환도 한 자루와 쇠도끼 하나를 추장
에게 건넸다. 추장은 이것들을 두 손으로 공손히 받아 이모저모
살피더니, 부하에게 건네주면서 소중하게 보관하라고 일렀다.

“감사합니다. 제가 처음 보는 아주 귀한 선물을 주셨으니 고마
울 따름입니다. 오늘은 아무 걱정 마시고 푹 쉬었다 가십시오. 잠
자리와 먹을거리를 저희들이 준비해 드리겠습니다.”

일행은 그날 밤을 여기서 자고 다음날 새벽에 일찍 일어나 섬을
떠났다. 그들은 이곳에서 얻은 식량과 식수로 굶주리지 않게 되었
음을 기쁘게 생각했다. 그들은 쓰꾸시筑紫[145]를 향해 항해를 시작

했고, 하루 밤낮을 쉬지 않고 노를 저어 다음날 아침에서야 쓰꾸시의 가라쓰唐津146에 도착했다. 이메가는 여기에서도 원주민 추장에게 환도와 청동 거울을 건네주고 물과 식량을 얻었다. 그리고 가라쓰를 떠난 선단은 오른 편에 해안을 두고 동쪽으로 나아가서 현해탄玄海灘147을 가로 질러 드디어 세도내해로 들어갔다.

세도내해는 사방이 아끼쓰, 쓰꾸시, 시꼬꾸, 아와지 등 큰 섬으로 막혀 있어 큰 호수처럼 잔잔한 바다였다. 또한 크고 작은 섬들이 셀 수 없이 많아 대단히 아름다운 풍경을 보여주었다. 호수 같은 세도내해로 들어서자 힘들고 어려웠던 항해가 끝나는 것 같았다. 이메가를 비롯한 모든 사람들이 마치 목적을 이룬 것처럼 기뻐했고, 항해를 하면서 쌓였던 고통이 한 순간에 사라지는 것을 느꼈다. 들뜬 기분으로 닷새를 더 나아간 그들 앞에 드디어 아와지 섬이 모습을 드러냈다.

3 이즈모로 가는 길

두 섬의 북쪽에서 북동쪽으로 방향을 튼 이숫겔과 히루메 일행은 남쪽으로부터 흘러오는 난류인 흑조를 타고 하루 낮과 밤을 흘러갔다. 이들 두 척의 뗏목과 세 척의 통나무배는 잔잔한 바다를 지나면서 아무런 문제가 없는 듯했다. 해류의 영향으로 힘들이 지않고 나아갈 수 있었으며, 날씨도 좋아 사람들은 즐거운 여행을 하는 기분으로 항해를 했다.

그런데 이틀째 되는 날, 서쪽 하늘로부터 거무스레한 구름이 빠른 속도로 다가 왔다. 맑았던 하늘이 금세 시커멓게 변했고, 바람이 점점 거세지면서 파도가 높아지기 시작했다. 처음에는 조금씩 흔들리던 뗏목과 통나무배가 밀려드는 파도를 타고 몇 길을 올라갔다가 다시 바닥으로 곤두박질치기 시작했고, 사람들은 두려움

에 떨었다. 히루메의 뗏목에 탔던 아이들은 작은 오두막에서 서로
서로 붙잡은 채 옴짝달싹하지도 못하고 있었다. 그들은 몸이 바다
로 휩쓸려가지 않도록 뗏목에 묶여 있는 줄을 휘감아 서로 묶었고,
너무나 무서워 비명조차 지르지 못하고 있었다.

　이숫겔이나 히루메 일행은 뗏목이 뱃길을 벗어나지 않도록 안
간힘을 쓰느라고 정신이 없었다. 통나무배에 탄 장골들도 배 안에
고이는 물을 열심히 퍼내었다. 그들은 오르내리는 파도에 먹은 것
도 토해 내고 기진맥진이 되었지만, 잠시도 쉴 틈이 없었다.

　"후드득. 후드득."

　이제는 굵은 빗방울까지 쏟아지기 시작했다. 주변이 순식간에
어두워졌고, 가까운 곳에 있는 통나무배도 가까스로 형체만 보일
뿐이었다. 억수같이 퍼붓는 빗소리와 끊임없이 밀려드는 파도소
리에 옆 사람의 말소리조차 쉽게 알아들을 수가 없었다.

　"날씨가 좋을 거라 했는데. 왜 이리 심한 비가 오는가?"

　이숫겔이 키를 잡고 있는 바기루에게 목청껏 외쳤다.

　"오래 가진 않을 겁니다. 조금만 참으면 됩니다."

　바기루는 자신 있다는 듯이 고함으로 응수했다. 하지만 장대비
는 그칠 줄 몰랐고, 집채만 한 파도는 뗏목을 삼키려는 듯 연신 덮
쳤다. 하얀 물보라는 산발한 머리를 풀어헤친 두억시니[148]처럼 억
세게 덤벼들었다. 장정들이 겨우 버티고 있던 통나무배 한 척이
결국 파도를 이기지 못하고 뒤집어졌다. 물에 빠진 장골들이 무엇
이든 붙잡으려고 발버둥을 쳤으나, 연이어 덮쳐 오는 물기둥에 하

나둘 씩 빨려 들고 말았다. 살려달라며 몸부림치는 그들을 바라보는 이숫곌과 다른 일행은 눈물을 억지로 삼킬 수밖에 없었다. 몇 번을 수면위로 오르내리던 그들이 마지막으로 팔을 저으며 바다 깊숙이 가라앉는 모습에 모든 사람이 통곡을 하였다.

통나무배 한 척과 장골 아홉 명을 잃고, 반나절을 싸운 끝에 바람이 잦아들기 시작했다. 언제 그랬냐는 듯 다시 맑아진 하늘과 잠잠해진 파도는 야속하기만 했다. 그렇게 한순간 퍼붓던 소나기와 집채 같은 파도로 인해 방향을 잃고 탈진한 일행은 뗏목과 통나무배에 널브러져 쉬고 있었다. 그때 먼 바다를 바라보며 방향을 살피던 바기루가 소리쳤다.

"저기, 땅이 보입니다. 조금만 더 가면 됩니다."

사람들은 그 말에 몸을 추스르며 얼굴을 들었고, 동쪽 끝에 아물아물 보이는 산 그림자를 찾아 볼 수 있었다. 그들은 그 상태에서 하루를 더 항해했다. 바다에서는 바로 눈으로 볼 수 있는 곳도 실제 도달하기까지는 많은 시간이 소요되었다. 더구나 이들은 거센 파도와 싸우느라 기진맥진한 상태였기 때문에 노를 저을 수 없었고, 조류에만 의지해야 했기 때문이었다.

드디어 그들은 하루 전에 보았던 산 그림자를 직접 눈으로 볼 수 있는 곳까지 도달했고, 뗏목과 통나무배를 그곳 가까이 대었다. 그곳은 높이가 열 길 정도 이며, 둘레 오백 여 보로 동서를 통하는 커다란 동굴이었다. 가가의 구구리도[149]라는 동굴이었다. 이숫곌은 우선 통나무배 한 척에게 이 굴을 지나서 뭍으로 나갈 수 있는 지 알아보라고 했다. 혹시 있을 지 모를 위험에 대비한 것이었다. 만일 원주민이 공격해 온다면 나머지 사람들이라도 재빠르게 도망칠 수 있도록 만반의 준비를 해 두었다. 그런데 동굴 안으로 들어갔던 통나무배는 돌풍으로 뒤집어졌고, 장골들만 가까스로 헤엄쳐 나와 소리쳤다.

"이쪽은 안 됩니다. 물살이 빠르게 휘돌아 갈 수 없습니다. 우리 배도 가라앉았어요. 오른쪽으로 배를 돌려야 됩니다."

이숏겔과 바기루는 배를 잃은 장골들을 두 척의 뗏목에 나눠 태우고는 오른쪽으로 방향을 돌렸다. 이윽고 한참을 돌아간 이들은 마도馬島와 계도桂島를 오른 쪽으로 끼고 시마네島根의 가가 해안에 배를 댈 수 있었다. 이숏겔 일행은 뗏목과 통나무배를 뭍으로 끌어올리고, 짐을 풀어 정리했다. 혹시 있을지 모르는 원주민들과의 만남에서 기선을 제압하기 위하여 이숏겔은 철제 투구와 단갑으로 갈아입었다. 그리고 다른 장골들에게는 각자 무기를 들게 하고, 아낙네와 어린아이들은 가지고 온 깨끗한 옷으로 갈아입도록 지시를 내렸다. 천군 히루메는 커다란 백동거울을 가슴에 걸었다.

이들이 모든 준비를 끝내고 뭍에 오르자 사방에서 사람들이 나타났다. 키가 대여섯 자 밖에 안 되고 삼베로 아랫도리만 살짝 가린 사내들이 대부분이었다. 이숏겔은 장검을 손에 들고 사람들을 지휘하여 행진을 시작했고, 천군 히루메는 이숏겔 바로 뒤를 따랐다. 히루메 옆에는 장골 두 사람이 북을 울리고, 징을 치며 따라갔고, 나머지 장골들이 창과 활을 손에 들고 줄줄이 뒤를 이었다. 여섯 명의 아이들과 나머지 아낙네들은 모두 흰 웃옷에 치마와 바지를 입고 제일 뒤에서 따라왔다.

모여든 원주민들은 이들의 행진을 보고 감히 접근할 생각도 못한 채 그 자리에서 모두 엎드렸다. 그들은 아홉 자 키의 이숫겔이 갑주로 무장하고 당당한 위엄을 갖추어 나오는 것에 겁을 집어 먹고 있었다. 게다가 천군 히루메의 큰 거울이 햇빛에 반사하여 찬란하게 빛나는 것을 본 그들은 이숫겔 일행이 자신들을 다스리기 위해 높은 곳에서 내려온 신이라고 믿었다. 원주민들은 모두 엎드려 연신 절을 하면서 중얼중얼 소리치기 시작했다.

"신이 오셨소. 사로의 신이 오셨소."

"신이 오셨소. 우리를 다스려줄 신이 오셨소."

왜국을 다녀온 적이 있는 바기루가 이들 앞으로 나서며 큰 소리로 외쳤다.

"우리는 사로국의 도기야 사람들이오. 이자나기의 부르심을 받아 예까지 왔소. 아와지에 가려고 하니 길 안내를 부탁하오."

그러자 그들 가운데 한 사내가 일어서며 앞으로 나섰다.

"제가 모시고 가겠습니다. 다와田和까지 갔다가, 거기서 아와지로 가는 길을 안내할 수 있는 사람을 붙여 드리겠습니다."

이숫겔 일행은 일단 이렇게 다와로 갔다가 임베忌部150집단의 안내를 받아 동해안에서 산길을 따라 남쪽으로 며칠 밤낮을 이동해서 태평양 연변의 아와지로 걸어갔다.

이숫곌과 이메가가
한반도를 거쳐
아와지섬에 정착하는
경로

4 이자나기노미고도와 이자나미노미고도

"그대가 전해주는 왜인들 이야기는 매우 신기하면서도 복잡해서 들을 때마다 재미가 다르고, 듣고 또 들어도 지루하지가 않으니, 매일 밤 그대와 보내는 시간이 즐겁기만 하다네."

"하하하, 형님 마마. 저도 이 왕궁에서 지내는 시간이 너무 행복합니다. 이런 인연을 갖게 된 것은 저에게 큰 복입니다. 아마도 저와 형님 마마의 운명이 전생에서부터 인연을 맺고 있었는지도 모르겠습니다."

"하하하. 자네도 그렇게 생각하는가? 나도 가끔 우리 인연이 예사롭지 않다는 생각을 했다네. 자, 오늘은 어떤 이야기를 내게 들려주겠는가?"

"예, 형님 마마 오늘은 왜인들에게 전해오는 아주 오래된 이야

기를 할까 합니다. 왜국이 처음으로 생겨날 무렵에 있었던 이야기
로, 전설 같지만 많은 왜인들이 사실로 믿고 있는 부분이기도 합니
다. 그리고 실제 저하고 연관되는 이야기도 있습니다."

"그래, 그거 재미있겠군. 그 이야기를 듣고 나면 왜국에 대해서
좀 더 잘 알 수 있겠군. 그리고 자네에 대한 이야기도 있다니 더욱
궁금해지는군."

수로왕과 스쿠나는 오늘 밤에도 왕궁에 모여 서로 정을 나누고
있었다. 두 사람은 매일 밤 각국의 역사와 문화 그리고 백성을 다
스리는 법도에 대해 이야기했고, 오늘은 스쿠나가 왜국의 건국신
화에 대해 설명하기로 했다. 명견대사와 수로국의 고위 관리들도
스쿠나의 신비한 이야기에 흠뻑 빠져 있었다.

처음에는 혼돈 외에는 아무것도 없었다. 어느 날 하늘이 열리고,
땅이 생기면서 갈대싹과 같은 것이 나타났는데, 이것이 자라서 신
이 되었다. 이때 처음으로 생긴 신이 아메노미나가누시노가미天之
御中主尊[151]이고, 그 뒤를 이어서 이자나기노가미伊耶那岐神라는 남신
이 나타났다. 그리고 그 뒤를 따라 이자나미노가미伊耶那美神라는 여
신도 나타났다. 그 이후에도 칠 대에 걸쳐 많은 신들이 계속해서
태어났다. 이들이 살았던 하늘나라 다가마노하라高天原[152]의 많은
신들 중에서 아메노미나가누시와 고황산령신高皇産靈, 가무미무스
히神皇産靈 등이 으뜸이었다. 특히 고황산령신이 주동적으로 하늘나
라를 다스리는 실제적인 역할을 담당했다.[153]

어느 날 고황산령신은 아자나기와 아자나미에게 명을 내려 땅으로 내려가 사람들을 도와주라고 했다. 이에 두 신은 고황산령신에게 받은 신의 표식인 옥으로 장식한 쌍날의 긴 창을 받아 하늘나라를 떠났다. 그들이 땅으로 내려와 처음으로 발을 내딛은 곳이 지금의 아와지섬 근처였다.

이자나기는 배를 타고 땅으로 내려오다가 뱃머리에서 옥으로 장식한 창으로 바닷물을 휘휘 저었다가 끌어 올렸다. 이때 창끝에 맺힌 소금물이 뚝뚝 튀었고, 그 물이 굳어 섬이 되었다. 사람들은 섬이 만들어질 때 바닷물이 '오노골골'하고 소리 내었다고 해서 이 섬을 오노고로섬이라 불렀다. 두 신은 자신들이 만든 이 섬에 큰 집을 짓고 솟대를 세웠다. 그리고 당분간 그곳에서 머물기로 했다. 땅으로 내려온 두 신은 평화롭고 한가로운 나날을 보내게 되었지만 다소 지루한 일상이었다.

어느 날 이자나기는 이자나미를 보고 물었다.

"그대 몸은 어떻게 생겼습니까?"

"내 몸은 모든 곳이 완벽하여 나무랄 데가 없으나, 오직 한 곳만 갈라져서 합쳐지지 않았습니다."

이 말을 들은 이자나기는 의미심장한 표정을 지으며 말했다.

"내 몸 또한 모든 곳이 완벽하여 더 이상 손을 델 데가 없으나 오직 한 곳만 차고 넘친 곳이 있습니다. 내 몸의 차고 넘친 곳과 그대 몸의 갈라져 합쳐지지 않은 곳이 결합한다면 이 보다 좋은 일은 없을 것이라고 생각하는데, 그대 생각은 어떻습니까?”

“저도 좋습니다. 그렇게 합시다.”

이자나미가 기쁜 어조로 즉시 대답했다.

“그러면 이 솟대를 가운데 두고 서로 돌다가 마주치면 두 사람이 합치는 것으로 합시다. 그대는 오른 쪽으로 돌고 나는 왼쪽으로 돌아 만납시다.”

이자나기는 그렇게 말하고, 왼쪽으로 방향을 틀어 움직이자, 이자나미가 곧 뒤따라 돌기 시작했다. 서로 반 바퀴를 돌자 두 사람은 만났고 이자나미가 먼저 말을 걸었다.

“어머나, 잘 생긴 나의님이여.”

“얼씨구나, 어여쁜 나의 아가씨여.”

이자나기도 즉시 화답을 했다. 눈이 맞은 두 사람은 서로 희롱하다가 곧 잠자리를 갖게 되었다. 그 후에 두 신 사이에 자식이 태어났는데, 첫 번째 자식은 연체동물처럼 뼈가 없었고, 두 번째 자식도 거품처럼 생겨나와 실체가 없었다. 두 신은 이 자식들을 거두지 못하고 물에 띄워 보낸 다음에 하늘에 있는 신들에게 어찌된 영문인지 물어보았다. 이 소식을 들은 고황산령신은 두 신이 화접할 때 여신이 먼저 말을 했기 때문이라고 대답했다. 그리고 세상 일이란 남신이 주도해야 바로 된다고 알려주었다.

두 신은 이 말을 듣고 다시 솟대를 중심으로 돌다가, 이번에는 이자나기가 먼저 수작을 붙이기 시작했다.

“얼씨구나, 어여쁜 나의 아가씨여.”

"어머나, 잘 생긴 나의님이여."

이자나미가 즉시 화답했고, 두 신은 곧 잠자리를 함께 했다. 그리고 자식을 생산했는데, 처음으로 만들어진 것이 혼슈, 시꼬쿠四國[154], 규슈九州[155] 등이었고, 그들은 이 섬들로 자신들이 머물고 있는 세도내해를 에워싸게 만들었다. 그 이후로 계속해서 섬들을 만들었고, 세도내해는 이런 큰 섬 이외에도 많은 작은 섬들로 이루어져 경치가 수려해 졌다. 그 외에도 혼슈의 서 북쪽에 사도佐度섬과 한반도로 가는 길에 오끼隱岐, 이끼, 쓰시마 등도 만들었다.

이 두 신은 자신들이 만든 섬들을 둘러 본 후 매우 흡족하게 생각을 했고, 이제는 다른 것들을 만들어 내기로 했다. 이어서 돌, 흙, 모래, 지붕, 가옥, 바다, 하구, 물결 등과 쓰나미, 분수령, 바람, 나무, 산, 들, 배의 신들을 계속해서 생산했다. 이로써 세상을 이루고 있는 모든 만물을 이 두 신이 만들었다.

이자나미는 마지막으로 불의 신을 낳다가 국부에 화상을 입고 신음하다 죽었다. 이자나기는 그 유해를 이즈모와 하하기伯伎[156]의 사이에 있는 히바比婆의 산에 모셨다. 이때까지 그 두 신에게서 태어난 섬이 열 넷이었고, 나은 신의 수는 서른다섯이라 했다. 이자나기는 아내가 죽게 된 원인이 불의 신 탓이라고 여겨 장검으로 그의 목을 쳤는데, 불의 신이 죽으면서 또다시 많은 신들이 다시 태어났다. 암석을 깨뜨리는 신, 도검 제작의 각 단계마다 관련된 신, 불의 신의 머리, 가슴, 배, 음부, 수족을 나타내는 신들이 바로 그들이었다.

이자나기는 죽은 이자나미를 잊지 못하고 그리워하다가, '아직 만들어야 할 나라가 많으니 돌아오라'면서 저승의 나라로 찾아 갔다. 하지만 이자나미는 이미 황천의 음식을 먹어 이승으로 돌아갈 수 없게 되었다. 이자나미는 자신을 찾아온 이자나기에게 함께 저승에서 살자고 붙잡았지만 이자나기는 그곳을 도망쳐 나왔다.

그런 과정에서도 이자나기는 육로와 수로를 다스리는 열두 신을 만들고, 다시 인생을 불행하게 만드는 신, 바다를 관장하는 신, 항해의 신 등 열네 신을 더 만들었다. 그리고 이자나기는 이렇게 신을 만드는 사이에도 멀리 한반도까지 사람을 보내어 많은 신들을 초대하여 아와지로 오도록 일렀다.

이때 이자나기의 부름을 받고 한반도에서 건너 온 신 가운데에는 해의 신 아마데라스天照大神와 달의 신 쓰꾸요미노미고도月讀命가 있었다. 또한 다게하야스사노오노미고도建速須佐之男命157도 이자나기의 부름을 받고 찾아 왔다.

이들이 찾아오자 이자나기는 귀한 신들을 얻었다고 매우 기뻐했다. 그리고 이자나기는 구슬 목걸이를 아마데라스에게 걸어 주면서 '그대는 천상세계를 다스리라'고 하였다. 쓰꾸요미를 보고는 '밤의 세계를 다스리라'고 했고, 스사노오를 보고는 '바다를 다스리라'고 했다.

아마데라스와 쓰꾸요미, 두 신은 이자나기가 시키는 대로 따랐으나 오직 욕심이 많은 스사노오만은 자기가 주도권을 쥐지 못하자 크게 실망을 했다. 그는 결국 자신의 뜻대로 되지 않자, 고향으로 돌아가고 싶다며 이자나기 앞에서 통곡을 했다. 이에 이자나기는 크게 화를 내고 스사노오를 추방한 뒤 아와지에 유택幽宅158을 짓고 숨었다.

어느덧 밤이 깊어 자정이 가까워졌다. 수로왕은 스쿠나의 이야기를 듣느라 시간 가는 줄 모르고 흠뻑 빠져 있었다. 시종이 들어와 잠자리에 들 시간이라고 전해주는 소리를 듣고서야 문득 정신을 차렸다. 스쿠나도 여기까지 말하고는 잠시 숨을 돌렸다.

"신들이 섬도 만들고, 나라도 만들고, 게다가 다른 신까지 낳았다니 신기하기만 합니다."

스쿠나의 이야기를 듣고 있던 아도가 신기한 듯 말했다.

"태초에 마고麻姑159라는 여신이 북쪽의 추운 지방에 있는 넓은 호수 근처에서 사람을 만들었다고 합니다. 뒤에 아만阿曼160과 나반那般161이 나타났고, 두 사람이 결혼해 자식들을 낳았는데, 세상에 존재하는 모든 사람들이 그로부터 시작되었다고 합니다. 이 후손들이 온 세상에 퍼졌는데 동쪽으로 간 사람들이 환국을 세우고 그 후손이 단군 조선을 세웠다 했습니다. 그 후에 부여, 예맥, 옥저 등의 부족들이 한반도로 남하했고, 이들 중 일부가 바다를 건너 동남의 여러 섬으로 갔는데 사람들이 왜라 불렀습니다. 그들 스스로는 야마도라 했지요. 추측하건데 이자나기의 신화는 그때부터 전해 내려온 이야기가 아닌가 생각됩니다. 오랜 세월을 거치면서 이야기가 불어나기도 하고, 빠지기도 하면서 조금씩 바뀌기도 했겠지요. 어느 나라든 건국신화가 있기 마련인데, 자세히 살펴보면 서로 비슷한 내용으로 이루어져 있는 것을 알 수 있지요. 제가 알고 있는 바에 의하면 왜의 뿌리도 한반도를 건너간 그 윗대부터 찾아볼 수 있을 겁니다. 아무튼 신기할 따름입니다."

명견대사가 수로왕을 향해서 공손하게 설명을 덧붙였다.

"그렇다면 우리 모두가 한 뿌리라는 이야기가 아닌가. 우리 모두 환인, 환웅, 단군의 후손이 아닌가. 그래서 서로 말이 통하고 모습이 서로 비슷한 게로군."

수로왕이 고개를 끄덕이며 신기한 듯이 말했다.

"예, 그렇게 생각할 수 있습니다. 예전에 많은 사람들이 한반도를 통해 왜로 건너갔다는 증거가 있고, 그들이 쓰는 말 중에서도 우리와 비슷한 의미로 쓰는 말도 많습니다. 또한 그들이 우리 한반도를 선조의 나라라고 믿고 있는 것이 더욱 그러하다 생각합니다."

"음, 그렇게 생각할 수 있겠군."

"예, 마마. 한 가지 예를 든다면, 고황산령신은 고황산령이라고 한자로 적는데 고황산령의 이름 가운데 '황'은 높이는 말이고 '산'은 생산을 뜻하는데, 그 앞뒤에 '고'와 '령'을 붙였습니다. 가야의 시조를 낳으신 정견모주께서 고황산령의 후예로 전해지고 있습니다. 대가야의 시조라는 뇌질주일의 다른 이름이 이진아시인데 이자나기, 이자나미와도 소리가 닮았습니다. 조금 전에 스쿠나가 한반도에서 건너간 신들이 있다고 했는데, 그들이 고령에서 건너갔다는 이야기를 하는 이유가 이런 데 있는 것 같습니다. 그들 사이에서 아마데라스는 천조대신天照大神162으로 적는데 고령에서 고황산령과 함께 있다가 바다를 건너 간 천군이라는 말이 전해지고 있습니다."

명견대사가 수로왕에게 조곤조곤 말했다.

"명견대사의 말을 들으니 그럴 듯 하오. 오늘도 재미있는 이야기를 많이 들었소. 점점 더 흥미로워지고 있는데, 밤이 늦었으니 이만 헤어졌다가 내일 다시 스쿠나의 이야기를 더 듣도록 합시다."

왕이 자리를 일어서며 말했다.

다음날에도 스쿠나의 이야기는 계속되었다.

이자나기로부터 하늘나라를 다스리라는 명을 받은 아마데라스는 자신의 임무에 충실하였다. 하루는 갈대가 무성한 지상의 나라에 좋은 끼니를 대는 우끼모지保食신이 살고 있다는 말을 들었고, 달의 신 쓰꾸요미를 보내어 공양을 받도록 했다. 그런데 쓰꾸요미가 그에게 찾아가 공양을 바치라고 하니 우끼모지는 밥이며, 생선이나 고기를 입에서 토해냈고, 그것을 가지고 상에 올렸다.

이에 쓰꾸요미는 '어찌 지저분하게 입으로 토한 것을 바치느냐'며 화를 내고 우끼모지를 칼로 베어 죽였다. 쓰꾸요미의 보고를 받은 아마데라스는 쓰꾸요미가 우끼모지를 죽인 것은 너무 과했다며 쓰꾸요미를 꾸짖었다. 그리고 다시는 자리를 함께 하지 않겠다고 했다. 지금도 해와 달이 함께 나타나지 않고, 따로 뜨는 것은 이런 연유에서 비롯된 것이었다.

우끼모지가 쓰꾸요미에게 죽임을 당한 다음, 그의 머리에서 말이 태어났다. 입 속에서는 누에가 나와 실을 뽑을 수 있었고, 이마에 조가 생기고, 눈에서 뉘가 나고, 배에서 벼가 나고, 음부에서 보리와 팥이 자랐다. 아마데라스는 크게 기뻐하면서 이를 농사짓는 근본으로 삼았다.

한편 이자나기의 초대를 받고 아마데라스와 쓰꾸요미를 따라 함께 한반도에서 건너온 바다의 신 스사노오는 자신의 욕심을 채우지도 못하고 추방당하자 서럽게 울며 바다로 나갔었다. 그는 아마데라스가 사람들에게 천군으로 받들어 모셔지는 것에 질투를 했고, 자신은 겨우 바다만 다스리는 것에 늘 불만을 품고 있었다. 자신은 사냥과 고기잡이를 하는 사람들을 관장하고 있는데, 아마데라스만 농민들로부터 천군으로 받들어 모셔지는 것이 부당하다고 생각했다.

스사노오는 결국 세상을 다스리는 주도권을 걸고 아마데라스에게 도전했으나 대결에서 지고 말았다. 싸움에 진 그는 아마데라스에게 귀순할 것을 서약했고, 그 증거로 다섯 명의 남신을 아마데라스에게 바쳤다. 아마데라스는 그 답례로 세 명의 여신을 주었다. 세 여신을 받아들인 스사노오는 바다로 돌아갔고, 주도권 싸움은 끝이 났다.

하지만 여전히 기분이 풀리지 않은 스사노오는 사사건건 아마데라스를 못살게 괴롭혔다. 아마데라스가 봄에 씨를 뿌려 놓으면 그 위에 다른 씨를 뿌렸고, 논에 물을 대는 이랑을 만들면 그 둑을 무너뜨렸다. 가을에는 논밭에 얼룩말을 풀어 농작물을 훼손했으며, 햅쌀을 신에게 받치려고 준비하고 있는 신전에 오줌과 똥을 쌌다. 심지어는 아마데라스가 천신의 옷을 짜기 위해 베틀 방에 있는 것을 보고, 지붕의 기와를 벗기고 껍질을 벗긴 얼룩말을 던져 희롱하는 일까지 저질렀다. 마침 베틀에 앉아 베를 짜던 와까히루메稚日女가 그 소동에 놀라 베틀에서 떨어지며 북에 국부가 찔려 죽었다.

아마데라스는 머리끝까지 화가 나서 큰 동굴에 들어가 몸을 숨기고 입구를 큰 바위로 막았다. 태양의 신인 그녀가 몸을 숨기자, 세상이 암흑으로 변했고, 밤낮이 사라졌다. 사람들은 암흑 세상에서는 살지 못하겠다고 소란을 피우기 시작했고, 많은 신들이 그녀의 노기를 풀기 위해 여러 가지로 꾀를 내었다.

신들이 처음으로 시도한 방법은 수탉을 모아 오랫동안 홰를 치고 울도록 하여 태양이 떠오르도록 유혹하는 방법이었으나 아마데라스가 들은 체도 하지 않아 실패를 했다. 할 수 없이 여러 신들이 지혜와 힘을 모아 아마데라스를 동굴 밖으로 나오도록 하자고 음모를 했다. 우선 아마데라스가 숨어있는 동굴 앞에 야마도의 아마노가구야마天香山에서 오백 그루의 늘 푸른 나무를 캐어다 심고 오백 개의 곡옥 띠를 걸었다. 그리고는 한가운데에 커다란 거울을 놓고 아래쪽에 푸른 삼줄과 흰 면사로 금줄을 쳤다. 입구를 막은 큰 바위 옆에는 가장 힘이 센 장정, 타지가라오手力男를 지키고 서 있게 하였다. 그는 틈을 봐서 바위를 옆으로 치우도록 명을 받은 것이었다. 그리고 동굴 앞에 커다란 통을 엎어 놓았다. 그 위에서 아메노우즈메天鈿女라는 무녀가 양면날 장창에 억새풀을 감아 들고 남성의 상징을 흉내 내면서 우스꽝스러운 동작으로 '두둥둥, 두둥둥' 발을 굴리며 음탕하게 춤을 추었다. 이를 보고 모였던 모든 신들과 사람들이 폭소를 터뜨렸다.

아마데라스는 동굴 안에 있다가 바깥이 소란스러운 것에 호기심이 났다. 그녀는 '온 세상이 깜깜하여 아무것도 볼 수 없을 텐데, 무엇이 그렇게 우스운가' 하고 바위틈으로 바깥을 살폈다. 동굴 바깥에 설치해 놓은 거울에 그녀의 모습이 비치자, 입구에서 기다리고 있던 타지가라오가 그 순간 바위를 힘껏 밀치면서 아마데라스의 손을 잡고 밖으로 끌어내었다. 그러자 천지가 다시 밝은 빛을 찾아 환해 졌다.

신들은 이 모든 사태가 스사노오의 행패에서 비롯된 것을 알게 되었다. 그래서 그의 손톱과 발톱을 뽑고, 수염을 자른 다음에 그가 가지고 있던 많은 재물을 뺏고 먼 나라로 추방했다. 자신이 다스리던 곳에서 쫓겨난 스사노오는 일단 한반도로 건너갔다가 뱃길을 따라 이즈모로 돌아 왔다.

스사노오가 한반도에서 돌아와 이즈모의 히이斐伊냇가에 당도했을 때, 늙은 남녀가 어린 소녀를 가운데 두고 서글프게 울고 있는 광경을 보았다. 호기심이 생긴 스사노오는 그들에게 다가서서 어찌된 일이냐고 물어보았다.

"그대들은 누구인데, 이렇게 슬피 우는가?"

"저는 아시나찌라고 하는데 이곳에서 살고 있습니다. 저 여인은 제 아내로 데나찌라고 합니다. 이 아이는 구시이나다奇稻田라고 하며 저희들에게 마지막으로 남은 딸입니다. 저희에게는 딸이 여럿 있었는데 해마다 머리와 꼬리가 여덟 개인 큰 구렁이 '야마다노오로찌八肢大蛇'에게 잡혀 먹혔습니다. 그런데 이번에 또 당하게 되었답니다. 아무리 애를 써도 피할 길이 없어 이렇게 울고만 있답니다."

"그런 일이 있다니, 내가 두고 볼 수가 없네. 이보게, 아시나찌. 내가 그대 딸을 구해 줄 테니 나를 사위로 삼으시겠소?"

"예, 저희 딸을 구해만 주신다면 무슨 약속인들 못하오리까. 제발 저희 딸을 살려만 주십시오."

아시나찌는 엎드려 큰 절을 하고는 거듭 약속을 했다.

스사노오는 아시나찌의 집으로 가서 구시이나다를 집 안쪽 깊숙이 숨겨놓았다. 그리고 자신이 구시이나다로 변장한 다음 여덟 칸 방에 여덟 개의 술독을 묻고 여덟 번 걸러 만든 술을 담아놓고 구렁이를 기다렸다. 시간이 흘러 자정이 되자, 여덟 개의 언덕과 골짜기에 몸을 걸친 큰 구렁이가 시뻘건 눈알을 부라리며 나타났다. 그런데 이 구렁이가 아시나찌의 집으로 들어오다가 술 냄새를 맡고, 술독을 하나 둘씩 찾더니 여덟 개의 머리를 각각 여덟 개의 술독에 처박고 '꿀꺽 꿀꺽' 마시기 시작했다. 구렁이는 마침내 술에 취해 잠이 들었고, 이때를 기다리던 스사노오는 큰 칼을 들어 구렁이의 여덟 개의 머리와 꼬리를 순식간에 베었다. 그런데 마지막 꼬리를 자르는 순간 '쩽'하는 소리가 나더니 칼의 이가 빠졌다. 이상하게 생각한 스사노오가 구렁이 꼬리를 갈라 보니 그 속에서 보검이 나왔다. 이러한 이야기를 들은 사람들은 이곳에서 얻은 검을 구소나기 검163이라고 불렀다.

이후 스사노오는 구시이나다를 아내로 삼은 다음 스가에 왕궁을 짓고 오래오래 살았다고 전해졌다. 그는 다섯 남매를 낳았고, 오호나무치大己貴를 데릴사위를 삼았으며, 행복한 삶을 살다가 신의 세계로 돌아갔다.

여기까지 이야기를 한 스쿠나는 한숨을 돌리며, 술을 한 잔 들었다. 이야기를 듣고 있던 수로왕과 명견대사는 신들이 지배하는 하늘나라가 있다는 것에 신기롭다는 표정을 지었다. 스쿠나는 수로왕과 명견대사의 표정을 보고는 입가에 미소를 보이며 다시 말을 이어 나갔다.

"왜국에서는 이 모든 이야기를 사람들이 믿고 있습니다. 물론 조금씩 내용이 다를지라도 줄거리는 제가 말한 그대로 입니다. 하지만 저는 생각이 조금 다릅니다. 사람들은 자신들이 직접 본 적이 없는 이야기를 들으면서, 자신의 이야기를 보태거나 빼기도 합니다. 그 이야기를 다시 다른 사람에게 전할 때는 거기에다가 또 다른 이야기를 보태고, 바꾸면서 신비로운 이야기가 다시 만들어집니다."

"그렇겠지. 다들 그렇게 생각하고 있다네."

"예, 마마. 제가 아는 바는 지금까지 이야기한 것과는 조금 다릅니다. 물론 신화나 전설로 치부할 수도 있지만 실제 있었던 일을 신비롭게 꾸미다 보니 조금은 황당하여 믿기 힘든 이야기가 될 수도 있을 겁니다. 제가 이야기 한 스사노오가 금이나 은, 쇠가 나는 나라인 소시모리에서 다시 이즈모로 건너갔을 때, 그곳에는 쇠부리와 고기잡이를 주업으로 삼는 원주민들이 있었습니다. 스사노오는 그들을 평정하고 왕이 되었고, 사람들은 그 이야기를 부풀려 했을 것입니다. 여덟이라는 숫자가 이 신화에 많이 나오는 것은 예맥의 후손이 '여덟'이라는 숫자를 좋아했기 때문입니다. 그들은 여덟이라는 것을 '많다, 크다'는 뜻으로 나타냈습니다. 그리고 구렁이를 죽이고 얻었다는 보검은 스사노오가 평정한 그 지방의 원주민들이 복종의 뜻으로 바친 것이라 생각합니다."

"그래, 그 이야기도 듣고 보니 일리가 있네. 우리가 생각하는 왜국이란 직접 겪어보지 않고서는 알 수 없는 것이니까. 우리가 직접 보지 못한 상태에서는 사람들이 어떤 이야기를 해도 그대로 믿을 수밖에……."

"예, 형님 마마. 그렇습니다. 비슷한 예로 또 이런 이야기도 있었습니다."

스쿠나는 술을 한 잔 들이키더니 계속 말을 이어 나갔다.

스사노오의 데릴사위가 된 오호나무치大己貴神164가 아직 어릴 때의 일이었다. 야소신八十神165들이 이나바稻羽의 공주와 혼인하기 위해 여행을 하기로 했다. 그들은 오호나무치를 종으로 삼아 그에게 여행에 필요한 물건을 넣은 포대를 지게하고 따라오도록 한 다음에 기다氣多의 곳으로 갔다. 당시 이나바의 공주를 탐낸 신들이 많았기 때문에 경쟁이 치열했고, 다른 신들보다 먼저 가려고 서둘러 길을 나섰다.

그런데 기다로 가는 길가의 모래밭에 벌거숭이가 된 토끼가 한 마리 누워 끙끙 앓고 있었다. 야소신은 그 토끼에게 치료법을 알려줬다.

"네가 몸을 치료하려면 바닷물에 목욕한 뒤 바람이 부는 높은 언덕에서 바람을 쏘여라."

토끼는 시키는 대로 했더니 소금물이 마르면서 온 몸이 뻐근해지고 살갗이 죄어들어 더욱 심한 고통으로 신음하게 되었다. 그때 일행의 뒤를 따라 오던 오호나무치가 그 토끼를 보고 물었다.

"왜, 울고 있나?"

"저는 오끼섬에 살고 있는 토끼랍니다. 오끼에서 여기까지 바다를 건너오려고, 잔꾀를 내었습니다. 오끼섬 근처에 살고 있던 상어에게 오끼에서 기다의 곳까지 줄지어 있으면 그 위를 달리며 그 수를 세어, 우리 토끼족과 너희 상어족 중에서 누가 더 많은지 겨루어 보겠다고 했습니다. 그들이 저의 말에 솔깃해서 줄지어 섰기에 그 위를 건너와 뭍에 오르면서 '너희들이 속았지. 용용 죽겠지?' 하고 조롱을 했지요. 그랬더니 성난 상어가 저를 붙잡아 옷을 벗겨 버렸지요. 그래서 울고 있는데 먼저 지나간 여러 신들이 '바닷물에 목욕하고 바람을 쐬라'고 했답니다. 그래서 그대로 했더니 몸이 더 상하고 말았습니다."

"그런 일이 있었구나. 너는 지금 당장 강어귀로 가서 민물로 몸을 씻고 그 곳에 자라는 부들의 노란 꽃가루를 따서 바닥에 깔아라. 몸을 그 위에 굴리면 반드시 너의 몸은 원래대로 좋아 질것이다."

토끼가 그의 말을 따라 하니 몸이 좋아졌다. 토끼는 오호나무치에게 연신 절을 하며 말했다.

"앞서 지나간 많은 신들은 절대로 공주를 취하지 못할 것입니다. 지금은 노비처럼 포대를 지고 가지만 오호나무치, 당신만이 공주님께 장가드실 수 있을 것입니다."

이런 일이 있은 후 오호나무치는 다른 신들과 싸움에서 계속 승리를 했고, 결국 이즈모를 통일할 수 있었다.

"여기까지가 왜국에서 전해지는 이야기입니다. 제가 말한 이야기 중에는 저하고도 관련된 것도 있습니다. 사실과 조금 다르게 과장된 이야기일지라도 현재 제가 건너온 왜국에서는 사람들이 믿고 있는 이야기를 그대로 말 한 겁니다."

스쿠나는 자신의 이야기를 경청하고 있는 수로왕과 나머지 사람들을 한 명씩 돌아보며 말을 이었다. 사람들은 고개를 끄덕이며 그의 말을 믿는다는 뜻을 보냈고, 계속 하라는 눈빛을 보냈다. 스쿠나는 알았다는 듯이 미소를 지으며 이야기를 계속했다.

"지금까지 신화에 대해 주로 말했습니다. 실제로 있었던 일이지만 사람들의 입에서 입으로 전해지면서 많이 달라진 이야기들이지요. 여러분이 믿지 못하겠지만 저는 스사노오의 사위라고 말했던 오호나무치와 만났던 적이 있습니다. 고황산령신의 명을 받아 이즈모로 갔다가 그곳에서 그를 만났던 겁니다. 처음에 그들은 내 키가 석자 밖에 안 된 소년이라고 깔보고 제 말을 들어주지 않았습니다. 그래서 저는 고황산령신이 보냈다는 증거를 그들에게 보여주었고, 그제서야 그들은 저를 받아들였습니다. 고황산령신은 그들에게 저를 피붙이라는 전갈을 보냈고 함께 잘 지내라고 했던 것입니다. 그 후로는 그 사람들이 저를 극진히 대접했고, 오호나무치와 함께 지내게 되었습니다."

"그런 일이 실제로 있었단 말인가?"

수로왕이 깜짝 놀라는 표정으로 물어보았다.

"예, 형님 마마. 사실입니다. 그 후부터 저는 이즈모에서 오호나무치와 함께 나라를 다스리게 되었습니다. 제가 이곳으로 찾아오게 된 것도 오호나무치의 막내처남인 야즈까가 소시모리로 건너갔다는 이야기를 들었기 때문입니다. 따지고 보면 오호나무치와 야즈까 그리고 저는 모두 한 핏줄입니다."

"그래, 알겠네. 자네들뿐만 아니라 우리 모두가 한 핏줄이라고 할 수 있지. 전에도 말했지만 우리는 모두 환인의 자손이 아닌가. 그들 또한 오래전에 한반도에서 건너간 우리 동족이지 않은가."

"예, 맞습니다. 오호나무치가 다스리고 있는 이즈모 지역은 북쪽에서 내려오는 찬 해류와 남쪽에서 올라오는 따뜻한 해류인 흑조가 만나 흐르는 곳입니다. 옛날부터 많은 사람들이 이 해류를 타고 이즈모로 갔지요. 그들은 한반도에서뿐만이 아니라 서남쪽의 베트남, 오끼나와 등에서도 여러 번 건너 왔습니다. 그중에서도 한반도에서 건너간 스사노오의 사위인 오호나무치 일행이 이들을 모두 제압하여 자신의 백성으로 삼았고, 결국 나라를 통일해 강력한 국가를 만들었습니다. 이즈모에 살던 원주민인 왜인들은 이런 모습을 보고 신이라고 불렀던 것입니다."

5 천군 용녀

"어매, 나 예쁘제?"

삼월 삼짇날이었다. 올해 여섯 살이 된 용녀는 색동치마와 노란 저고리를 입은 자신의 몸매를 한껏 자랑하며 방긋 웃었다. 통통한 얼굴에 가지런한 눈매는 어른스러운 자태를 보이면서도 아직 젖내가 가시지 않은 귀여움도 함께 가지고 있었다. 용녀는 꽃신을 신은 버선발을 들어 보이며, 다시 한 번 미소를 지어 보였다. 그 자리에서 한바퀴 빙글 돌던 용녀는 마냥 즐거운 표정으로 어른들의 이야기를 방해하였다.

"호호호, 그래. 우리 용녀는 우째 이리 예쁘노? 하늘에서 선녀가 내려 온 것 같제?"

"맞아, 쟤는 천상 신녀가 될 애야. 날 때부터 하느님을 모시게 될 운명이었제."

"그래, 그게 지 운명이라면 할 수 없제. 니가 잘 맡아서 키워야
지."

"알았어. 내가 잘 할게. 나만 믿어. 걱정하지 말고."

용녀 어미는 그래도 미덥지 못한 듯 천군 한울의 손을 잡고 계속
부탁을 했다. 용녀의 이모인 한울은 용녀가 어렸을 때부터 신기神
氣166를 보이자, 곁에서 줄곧 지켜보고 있었다. 그러다가 용녀가 여
섯 살이 되자, 이제 자신이 거두어 가르치겠다며 용녀 어미를 찾아
온 것이었다. 용녀는 색동치마에 노란 저고리를 입고, 꽃신을 신은
제 모습에 그저 기뻐할 뿐 어른들의 이야기에는 관심이 없었다.
용녀 곁에는 삼껍질을 곱게 물들여 삼은 꽃미투리가 한 켤레 가지
런히 놓여 있었다. 먼 길을 떠날 때 신으라고 용녀 어미가 정성을
다해 만들어 놓은 것이었다.

용녀의 어미는 철없는 용녀의 태도에 혀를 내 두르면서 말했다.

"그래, 이제 내 손을 떠났으니까, 니가 잘 키워 꼭 천군을 만들어
야 해."

"그래. 알았다니까."

그 다음날부터 용녀는 천군 한울과 함께 살게 되었다. 한울은
용녀 어미의 친동생이었지만 어려서 천군으로 선발되었고, 따로
나가 살고 있었다. 천군이 해야 하는 일은 여러 가지였다. 가장 중
요한 것이 농사짓는 시기를 택하는 일이었다. 파종에서 수확에 이
르는 여러 단계마다 길흉사를 점치고, 시기를 조절했으며 농사 기

술까지도 가르쳤다. 그리고 사람들이 아프면 약을 지어주고 치료해 주는 것도 천군이 해야 할 일이었다. 또한 농사 외에도 마을에 큰 행사가 있을 때마다 거북점이나 팔괘八卦[167], 육효六爻[168], 오행五行[169] 등을 따져서 길흉을 점치는 것이었다.

이처럼 천군은 천재지변을 예측하고 대책을 일러 주는 일을 도맡아 했는데 이것이 가장 힘들고 어려운 일이었다. 아무리 똑똑하고 지혜로운 사람일지라도 세상 이치를 모두 알 수는 없었으며, 특히 앞으로 다가올 일들에 대해서 정확하게 맞춘다는 것은 불가능에 가까운 일이었다. 천군은 이를 맞추기 위해 온갖 지식과 지혜를 동원하고, 자신의 경험에 따라야 예측을 해야만 했다. 하지만 언제나 정확하게 맞춘다는 것은 힘들었고, 열에 서넛만 맞춰도 신통한 천군으로 통했다.

이러한 천군은 선택된 여성만이 될 수 있었다. 어렸을 때 신기가 있다고 알려진 아이들은 천군에게 보고 되어 몇 해 동안 관찰을 받아야 했다. 그 후에 천군의 자질이 있다고 판단되면, 천군의 지도 아래 특별한 수련을 받아야 했다. 천군으로 선발되는 것도 어려웠지만, 끊임없는 수련을 쌓아야 했고, 자신의 능력을 사람들에게 인정을 받아야만 천군으로서 대접을 받았기 때문에 천군이 되었다는 것은 대단한 일이었다.

용녀가 천군 한울에게 선택되어 수련을 받기 시작하면서 제일 먼저 배운 것은 정신을 통일하는 법과 집중하는 법을 익히는 것이었다.

"용녀야, 니 여 와 보그라. 여기 칼하고 거울이 있제, 니 마음에 맞는 거 하나 집어 보그라."

한울은 손잡이를 금은 장식으로 꾸민 두자 길이 보검 한 자루와 지름이 한 자가 되는 청동 거울을 용녀 앞에 내놓으며 말했다. 청동 거울은 가장자리에 덩굴무늬가 새겨졌고, 뒷면에는 신선과 영특한 짐승이 새겨졌다. 이는 중국의 후한 시절에 만들어 진 것으로 낙랑을 통해 전해 온 삼각연신수경三角緣神獸鏡이었다. 거울 가운데는 약간 오목하여 가까운 거리에서는 전신상이 비추어지는 신기한 거울이었다. 작은 거울 안에 자신의 전체 모습이 다 들어가 있다는 사실은 이를 처음 보는 사람들에게 신비한 느낌을 주고 있었다. 용녀는 둘 중에서 거울을 택했다.

"거울을 보몬 니 모습이 보일 기다. 그걸 보면서 내가 치는 북소리를 열심히 들어라. 그라몬 하느님과 말을 할 수 있게 될 기다."

한울은 작은 북을 꺼내 한참을 두드렸다.

"둥둥둥둥, 두둥둥, 둥둥둥둥, 두둥둥."

북소리는 느린 듯 빠르게, 약한 듯 세차게, 끊어질 듯 이어지면서 온 방안에 가득 울려 퍼졌다. 북소리에 빠져들던 용녀는 점점 소리가 아득하게 들려왔고, 잠시 후 아무런 소리도 들을 수 없었다. 그때 한울의 목소리가 먼 하늘 끝에서 들려오듯 작게 들려왔다.

"일어서라. 일어서라. 일어서라."

거울을 뚫어지게 쳐다보며 북소리를 듣고 있던 용녀는 어떤 힘에 의해 끌려 일어나 듯 조용히 몸을 일으키기 시작했다. 허리에 찬 방울이 '딸랑딸랑' 소리를 냈지만 용녀는 그 소리조차 듣지 못한 것 같았다.

"손을 들어라. 춤을 추어라. 발을 들어라. 춤을 추어라."

한울은 계속해서 북을 두드리면서 용녀에게 나직한 목소리로 명령을 내렸다. 용녀는 한울의 목소리만 들리는 듯 그대로 따라하기 시작했다. 두 팔을 번갈아 들어올리다가 휘젓고, 왼 발을 살포시 들었다가 내려놓았다. 다시 한 바퀴 휘돌았다가 양 손을 휘감고, 오른 발을 들었다가 살짝 바닥을 찍듯이 내려놓았다. 용녀의 허리춤에서는 방울 소리가 '딸랑딸랑'하며 연신 박자를 맞추고 있었다. 온 방안이 한울의 나직하지만 묵직한 북소리로 가득 찼고, 용녀의 신들린 춤의 열기로 뜨거웠다. 한참을 계속하던 용녀는 동작이 느려지는 듯 하더니 너울대던 팔을 툭 떨어뜨리고는 그 자리에 풀썩 주저앉았다. 천군 한울은 순간 북소리를 멈추더니 용녀를 살며시 안아 침상에 눕혔다.

용녀는 반나절을 자고 나서야 제 정신으로 돌아 왔다. 한울은 이 같은 수련을 매일 반복했고, 날이 갈수록 용녀의 춤추는 시간은 점점 길어졌다. 나중에는 천군의 도움을 받지 않고도 북소리에 맞춰 춤을 출 수 있었고, 거울을 들여다보며 정신을 집중할 수 있었다. 용녀가 하느님의 신기를 받아들일 수 있는 준비가 된 것이었다.

그 외에도 한울은 용녀에게 여러 가지 힘들고 어려운 수련을 시컸고, 용녀는 모든 과정을 잘 견디며 따라왔다. 가끔은 타오르는 불길을 뚫고 지나도록 했는가 하면, 추운 날 폭포수 밑에서 정신을 집중하는 훈련을 받기도 했다. 어린 나이의 용녀에게는 참으로 힘든 과정이었으나 한울의 따뜻한 보살핌으로 모든 것을 극복할 수 있었다.

용녀가 열세 살이 되어, 초경初經[170]을 겪을 때까지 그와 같이 정신을 집중하기 위한 수련이 계속되었다. 그 이후로는 용녀가 달라지기 시작했다. 가끔 신이 내리면 옛날 일이나 가까운 장래의 일에 대해 말을 하기 시작했고, 사람들 사이에서 신통하다는 소문이 나기 시작했다. 이제는 용녀가 천군이 되기 위한 본격적인 공부를 하기 시작할 때가 되었음을 의미했다. 정신을 집중하는 훈련 외에도 갖가지 의식에 대한 절차와 과정을 배워야 했다. 그리고 길흉화복을 점치는 방법도 익혀야 했다. 또한 여성으로서 갖추어야 할 기본적인 소양을 빠뜨릴 수는 없었다.

하루는 천군 한울이 용녀를 자기 방으로 불렀다.

"용녀야, 이제는 니가 천군이 되기 위한 공부를 시작해야 할 때가 된 모양이다. 이제부터 한 가지씩 배워나가자. 오늘은 점치는 것에 대해 알려줄 테니까 한 번 들어 보그라."

용녀를 보며 다정하게 말을 건넨 한울은 짐승의 어깨뼈를 가져와 불에 태웠다. 그렇게 한참을 태우자 넙적한 뼈에 가로와 세로로 금이 갔고, 한울은 그것을 용녀에게 보여주며 다시 말했다.

"용녀야 이걸 보그라. 여기 뼈를 보몬 이렇게 옆으로 금이 두 줄가 있제 이것이 음의 형체라 하는 기다. 본시 음의 형체는 가운데가 비어 있어 모든 것을 빨아들인다. 그래서 음이 나타나면 모든 것을 감추게 되고 어두워지는 기라. 그래서 그런 금이 많이 나몬 아무것도 하지 말고 집안에 가만히 있으라는 점괘라는 기다."

용녀는 한울이 보여주는 뼈를 가만히 살피더니 아래쪽으로 길게 한 줄 나있는 금을 가리키며 물었다.

"이건 다르네예. 가운데가 비지 않았는데예."

"그래. 잘 봤다. 그건 바로 양의 형체라 하는 기다. 가운데가 비지 않고 채워져 있어서 밖으로 나가려고 한단다. 그리고 양은 움직이고 싶어 하는데 양은 밝음을 나타내고, 짝을 찾아 움직인다. 그래서 그런 괘가 많이 나타나면 집안에 숨어있지 말고 밖으로 나가 움직이라는 뜻이 되는 기다. 음과 양이 어느 쪽이 많고 어떤 순서로 나타나는가에 따라 여러 가지로 해석을 해서 점을 치도록 하는 것이 좋다는 기다."

"예, 알겠어예. 그라몬, 짐승 뼈를 태우는 것 말고 다른 방법은 없나예?"

"와 없겠나. 거북이나 자라의 등 껍데기를 태우면 더 똑똑히 금이 보여 좋은 기다. 만약에 그런 것도 없을 때는 거북 모양의 통에 육십사괘를 적은 납작한 풀이나 막대를 꽂아 두었다가 연월일을 생각하고 외우면서 그것을 뽑는 기다. 그리고 뽑은 것을 보고 점을 치는 기다. 이렇게 점을 치는 것을 거북점이라고 하는데, 이는 옛날 중국의 복희씨伏羲氏[171] 때에 황허黃河[172]에서 용마龍馬가 지고 나왔다는 하도낙서河圖洛書173에서 처음 시작한 기다. 육십사괘라 해서 음과 양의 금들을 이리 저리 배열해서 풀이나 막대에 적어 두었다가 거북 통에서 뽑아 낸 것을 읽어 점을 치는 기다. 더 자세한 것은 차차 가르쳐 주고마."

"그러게예. 잘 모르겠심더. 너무 어려워예. 나중에 차차 가르쳐 주이소."

용녀가 열심히 듣다가 머리를 잘래잘래 저으면서 말했다.

"호호호. 그기 어려운 게 아이다. 처음에는 이해하기 힘들어도 자꾸 듣다 보면 익숙해 질 기다. 내가 조금만 더 이야기 해줄 테니 잘 들어봐라. 지금은 이해가 안 돼도 그냥 듣기만 해라."

한울은 정색을 하고 다시 말을 이었다.

"예, 알겠어예. 잘 들을게예."

"점은 역易174이라 하지. 역에는 연산역連山易, 귀장역歸藏易, 주역周易의 세 가지가 있단다. 그 중에도 주역이 제일이지. 주역은 천지만물의 변화하는 원리를 풀이한 것인데 길흉을 풀이할 수 있는 지혜를 가르쳐 주는 기다. 주나라 시대에 만들어진 역이란 뜻에서 주역이라 하는 기다. 역이란 '바뀐다'라는 뜻으로 만물이 변해 가는 이치를 캐는 기다."

"어렵네예. 도저히 못 알아 듣겠네예. 나중에 다시 가르쳐 주이소."

용녀는 도저히 이해할 수 없다며 다음에 배우겠다고 떼를 썼다.

"그래 알긋다. 쬐매 쉬었다가 춤추는 연습이나 계속 하자. 니 한테는 아직 어려운 가 보다."

　용녀와 한울은 이날 오후에 북소리에 맞추어 새로운 춤을 익혔다. 지금까지는 아무런 도구 없는 춤을 추었지만, 용녀가 새로 배우기 시작한 것은 탈을 쓰고 추는 춤이었다. 탈춤은 이른 봄에 농사를 시작하면서 풍년을 기원하고, 가을 추수 때는 수확을 감사하기 위한 제를 지낼 때 추는 춤이었다. 탈은 나무나 박 껍데기를 깎고 다듬어 울긋불긋 색칠해서 만들었다. 뿔이 돋친 도깨비 탈도 있었고, 흰 얼굴에 연지 곤지 찍은 예쁜 선녀 탈도 있었다. 하회가면은 턱이 따로 놀 수 있도록 만들어져 춤을 추면서도 입을 마음대로 움직일 수 있어 좋았다. 굴곡진 입체모양으로 만들어진 탈은 불빛에 따라 표정이 여러 가지로 변했다. 이러한 탈은 동제洞祭175 가 시작되기 전에 미리 만들어졌으며, 특별히 선별한 사람만 만들 수 있었다. 또한 그 탈을 만드는 작업장은 허락된 사람 외에는 아무도 들어갈 수 없었기에, 그 광경을 볼 수 있는 사람은 거의 없었다.

　그 외에도 용녀가 배운 춤은 학무였다. 용녀와 천군 한울이 함께 어우러져 추는 이 춤은 일품이었다. 검은 학과 붉은 학 두 마리가 어울려 추는 것으로 한 마리가 낮게 날면 나머지는 높게 날고, 또 반대로 서로 희롱하며 두 사람은 함께 추곤 했다. 손과 발을 교차로 맞추며, 양 팔을 벌려 너울너울 추는 학춤은 어깨춤이 흥거웠다. 발뒤꿈치부터 땅에 대어 앞으로 살포시 나갔다가 빙그르르 몸을 돌리는 모습이 학이 날아가는 모습처럼 고왔다.

이렇듯 천군 한울은 갖가지 춤을 용녀에게 전수하고 있었다. 천군으로서 기본적으로 갖춰야 할 무당춤은 환웅께서 태백산 정상의 신단수神檀樹[176]에 내려와 신시를 여셨을 때부터 시작되었다. 그리고 지금 한울을 거쳐 용녀에게까지 내려오고 있는 것이었다. 용녀가 여섯 살 때부터 익혀온 춤이었지만 아직도 배워야 할 것이 많았다.

6 석탈해와 스쿠나비고나

오월 단옷날 아침이었다. 새벽부터 스쿠나는 용녀가 머물고 있는 천군 한울의 집으로 찾아 왔다. 서라벌로 떠나가기 전에 작별인사를 하기 위해 서둘러 온 것이었다. 용녀는 스쿠나와 함께 뒷동산으로 올라갔다. 두 사람은 멀리 바다가 내려 보이는 언덕에 앉아 정담을 나누기 시작했다. 스쿠나는 서라벌에서 좌보로 있는 석탈해를 찾아가기로 했고, 용녀는 가야국에 남아서 천군 수련을 계속할 계획이었다.

"잘 있으시오, 용녀. 내가 가면 자주 소식 전하리다."

스쿠나가 용녀를 품에 꼬옥 안으며 속삭였다.

"예, 제 걱정은 말고 몸 성히 잘 다녀오세요. 저를 잊지 말고, 꼭 소식 전해 주세요. 저를 불러주시면 한달음에 달려갈게요."

용녀는 커다란 눈방울 가득 눈물을 글썽거리며 스쿠나를 쳐다보았다. 두 사람은 잠시의 이별이 못내 아쉬운 듯 오랫동안 포옹하며 그 자리에서 움직이지 않았다.

용녀와 작별한 스쿠나의 일행은 수로왕에게 인사를 한 다음에 을숙도에서 배를 타고, 계림鷄林[177]의 동쪽에 있는 아진포阿珍浦로 출발했다.

석탈해는 처음부터 서라벌에 머물렀던 것은 아니었다. 그는 용성국 사람으로 야즈까라고 불렸다. 그가 처음 바다를 건너 김해지역으로 들어왔으나, 그곳 사람들이 상륙하는 것을 반대해 동해안을 따라 올라가다가 계림의 동쪽 아진포에 배를 대었다. 그리고 그곳에 살고 있던 아진의선阿珍義先이라는 노파의 도움을 받아 상륙을 할 수 있었으며, 7일간 머물러 있게 되었다. 그동안에 야즈까는 토함산吐含山[178]에 올라가 자신이 살 만한 곳을 찾아보았다. 한참을 물색하다가 초승달같이 생긴 언덕이 있는 곳을 골라 찾아가니, 그곳은 호공瓠公[179]의 집이었다. 호공은 왜에서 표주박을 단 뗏목을 타고 서라벌에 건너온 사람이었다.

야즈까는 그 집을 차지하기 위해 계략을 꾸몄고, 밤중에 몰래 내려가 호공의 집 근처에 숫돌과 숯을 묻었다. 그리고 다음날 아침 그 집으로 찾아가서 말했다.

"이 집은 우리 조상이 살던 집이고, 내가 원래 주인의 손자요. 이 집을 찾으러 왔으니 어서 내놓으시오."

호공은 난데없이 나타난 사람이 자신의 집을 내놓으라는 말에 깜짝 놀랐다.

"그럴 리가 없어. 이건 우리 집이야. 집을 내놓으라니 무슨 막말인가."

두 사람은 서로 자신의 집이라고 옥신각신하다가 결론을 내지 못하고, 고을의 촌장을 찾아가 재판을 해달라고 했다.

"무엇으로 너의 집이라는 것을 증명할 수 있는가?"

촌장이 야즈까에게 물었다.

"집 근처를 파보면 숫돌과 숯이 나올 거요. 우리 할아버지께서는 이곳에서 대장간을 하다가 용성국으로 건너가면서 대장간에서 쓰던 물건을 모두 파묻고 떠나셨다고 했소. 아마도 집 근처를 파보면 그때 쓰던 숫돌과 숯을 찾을 수가 있을 거요."

야즈까가 당당하게 말했다.

"그럼 그곳을 파 보도록 하거라."

촌장이 아랫사람들에게 말했고, 집 근처를 파 본 결과 야즈까가 말한 대로 숫돌과 숯이 나왔다. 그 광경을 본 사람들은 야즈까의 말이 맞다며 그의 편을 들어주었고, 호공은 울며 겨자 먹기로 집을 내어줄 수밖에 없었다.

나중에 이러한 사실을 알게 된 서라벌의 임금인 남해왕 차차웅은 야즈까가 꾀가 많은 인물이라는 것을 알고 자신의 첫째 공주로 아내를 삼게 하여 사위로 맞아들였다. 이때의 공주가 아니阿尼부인이었다. 그리고 야즈까180란 이름을 옛토개로 고쳐 부르게 했다.

이를 한자로 석탈해昔脫解[181]라고 적었다.

석탈해와 관련된 일화는 또 있었다. 하루는 그가 동쪽 언덕에 올라갔다가 돌아오는 길에 백의를 시켜 물을 구해오라 하였다. 백의가 물을 떠가지고 오다가 중도에서 먼저 맛보고 드리려고, 각배에 입을 대는 순간 입이 붙어 떨어지지 않았다. 석탈해가 이를 꾸짖자, 백의가 맹세하기를 '이후에는 멀고 가까운 곳을 논할 것 없이 먼저 맛보지 않겠습니다.'라고 말하자 비로소 그릇이 입에서 떨어졌다. 이후로부터 사람들은 그를 두려워했고, 감히 속이지 못했다.

토함산 일대를 중심으로 발전한 나라는 사로국 또는 서라벌이라고 불렀다. 첫 번째 임금인 혁거세는 열세 살 때 이곳 여섯 마을의 촌장들의 추대에 의해 '것간'이란 자리에 올랐는데, 사람들은 그를 하늘에서 내려온 신의 자손이라고 믿었다. 그래서 그가 임금에 오르자 많은 전설이 생겨났고, 사람들은 신의 후예가 다스리는 나라의 백성이라는 자부심을 갖게 되었다.

여섯 마을의 촌장들이 혁거세를 것간으로 추대한 것은 그가 지혜롭고, 영특했을 뿐만 아니라 통솔력을 갖고 있었기 때문이었다. 당시 촌장들은 여섯 마을을 하나로 통합할 수 있는 지도자가 필요했다. 그래서 여섯 마을 중에서 태어난 사람이 아닌 특별한 사람을 추대하기로 약속했던 것이었다. 혁거세는 그 역할을 잘 해냈다. 그는 여섯 마을을 하나로 통솔하여, 농사와 양잠 그리고 베 짜기를 장려했다. 그리고 왜인이나 서쪽의 마한, 북쪽의 낙랑 등과의 분쟁에 휩쓸릴 때마다 슬기롭게 해결함으로써 외적의 침입을 막았다. 결국 사람들은 그를 신의 자손이라고까지 믿게 되었다.

그러나 영특했던 혁거세도 세월이 흘러 나이가 들자, 그 영민함을 잃게 되었고, 백성들의 충성스러운 마음도 예전 같지 않았다. 혁거세는 자신의 죽음이 다가왔음을 알게 되었고, 마지막 천제天祭182를 지내기로 결심했다. 당시는 부여나 예맥과 마찬가지로 진한에서도 왕이나 천군이 죽을 때가 되면 천제를 지내며 스스로 제물이 되는 관습이 있었다. 이런 의식을 통해 서라벌이 더욱 부강한 나라가 되기를 기원하는 것이었다. 혁거세는 자신의 육신이 밑거름이 되어 모든 곡물이 잘 자랄 수 있도록 상징적인 의미를 부여하기 위해, 자신의 시체를 동, 서, 남, 북과 중앙의 다섯 군데로 나눠 매장하라고 일렀다. 사람들은 천제가 끝나자 혁거세를 오릉五陵에 장사지냈다.

혁거세가 죽고 난 후 여섯 마을의 촌장은 남해차차웅을 임금으로 추대하였다. 당시 서라벌에서는 왕권이 강력하지 않았고, 촌장 중심의 족장 회의에 의해 모든 정사가 결정되었다. 특히 왕의 선출, 전쟁, 농사에 관한 중요한 일들은 만장일치제로 결정했다. 만일 한 사람의 촌장이 반대한다면 모든 사람의 의견이 모아질 때까지 계속 다른 방법을 찾는 것이었다. 남해차차웅南解次次雄183의 뒤를 이은 임금은 유리니사금瑠璃尼師今184이었다. 이때 남해왕의 사위였던 석탈해와 유리니사금은 서로 왕위를 상대방이 물려받기를 원하였으나 여섯 마을의 촌장들이 유리니사금을 임금으로 추대했고, 석탈해를 임금을 보좌하는 좌보左輔[185]로 추대하였다. 여섯 촌장의 추대에 의해 임금에 오른 유리니사금은 촌장들에게 각각 여섯 가지 성[186]을 한자로 지어 주었다.

스쿠나가 석탈해를 찾아 갔을 때는 그는 임금을 보좌하는 최고 직책인 좌보에 있었다. 그는 나라의 정사를 총괄하면서 특히 제철에 힘을 기울이고 있었다. 스쿠나가 금관가야에서 머물다 왔다는 이야기를 듣고 석탈해가 대단히 반가워한 이유가 제철 기술에 대한 이야기를 들을 수 있었기 때문이었다. 당시는 금관가야의 쇠부리 기술이 서라벌보다 월등했으며, 국가간의 극비 기술로 취급되어 기술 전파가 이루어지지 않고 있었다. 그러한 상황에서 금관가야의 제철 기술을 경험하고 온 스쿠나가 중요한 인물이 된 것은 당연했다.

석탈해는 자신이 이즈모를 떠난 뒤의 있었던 일들을 스쿠나에게 자세하게 듣고 난 다음에 다시 그곳으로 돌아갈 수 없다는 것을 알았다. 그곳은 오호나무치가 나라를 통일하고 왕권을 확립했기 때문에 자신이 돌아간다 해도 자리를 잡을 수 없었기 때문이다. 석탈해는 이즈모를 떠나올 때 결심했던 '성공해서 돌아가겠다'는 예전의 목표를 포기하고, 이제는 이곳 서라벌에서 자리를 잡을 수밖에 없다는 생각을 했다. 그는 자신이 힘을 쏟고 있는 제철기술을 완성해서 서라벌을 부국강병 국가로 만들기로 했다. 그렇기 때문에 자신을 찾아온 스쿠나가 자신을 도와줄 인물이라고 생각했

다. 그가 알고 있는 제철기술을 이용한다면 충분히 승산이 있다고
믿었다. 석탈해는 스쿠나를 자신의 오른팔로 삼기로 했다.

7 용녀의 선택

스쿠나가 떠난 금관가야에 홀로 남은 용녀는 외부와의 접촉을 삼가한 채 천군이 되기 위한 수련에 힘쓰고 있었다. 하지만 수로왕이 용녀에게 김씨 성을 하사했고, 양녀로 삼아 공주가 되었다는 사실은 온 나라에 퍼졌다. 게다가 용녀가 스쿠나와 교제를 하고 있다는 이야기까지 덧붙여져 용녀는 순식간에 사람들 입방아에 오르내렸다.

"용녀가 공주가 되었다카이."

"그러게, 천군이 되겠다더니 공주가 되몬 우짜자는 기고?"

"왜놈하고 눈이 맞았다는데. 그럴 수 있나?"

"두 사람이 춤을 그리 잘 춘다던데. 둘이 추는 춤은 견우직녀처럼 잘 어울렸다던데."

"그라몬, 두 사람이 교제를 하면 석이는 어떻게 되는 기고? 석이가 용녀랑 친했는디 석이가 닭 쫓던 개 신세 아이가?"

"두 사람이 결혼한다던데, 그라고 서라벌로 가서 살거래이."

"아니, 내가 듣기로는 왜국으로 간다데."

사람들 입에서 입으로 전해지는 소문은 삽시간에 퍼졌고, 별의별 이야기들이 꼬리에 꼬리를 물고 보태어지고 늘어났다.

석이는 이런 이야기를 들을 때마다 속이 상했다. 전에는 용녀를 볼 때마다 '니가 좋아, 니한테 장가 갈기다'라고 말했었는데, 이제는 용녀를 쳐다볼 수도 없을 것 같았다. 용녀도 자신을 좋아했었다는 것을 알고 있는 석이는 스쿠나에게 한 눈에 반해버린 용녀가 괘씸하면서도 서운했다. 부아가 치밀어 오른 석이는 끓어오르는 화를 참지 못하고 뒷동산에 올라가 남 몰래 눈물을 흘리기도 했다. 석이는 용녀의 마음을 다시 잡을 수 있다면 어떤 일이라도 해낼 수 있다고 생각했다. 그는 용녀를 찾아가 그녀의 마음을 확인해야 마음이 진정될 것 같았다.

석이는 스쿠나가 떠난 날 밤에 천군 한울의 집으로 살짝 찾아 갔다. 그는 담장 밖에서 용녀가 자고 있는 창문을 가볍게 톡톡 두드렸다.

"용녀야, 나 좀 보제이."

처음에는 아무런 기척이 없다가, 서너 번 되풀이해서 창문을 두드리자 방안에서 부스럭거리는 소리가 들렸다.

"누고?"

"용녀야, 나 석이다. 문 좀 열어 봐라."

"석이가? 니 석이 아이가. 와 왔노."

"니 좀 나와 봐라. 내가 니 한데 알아볼게 있다 아이가."

"어, 그래 쪼매만 기다리라, 내 곧 나갈게."

잠시 후 용녀가 옷매무시를 만지며 문 밖으로 나왔다.

"내 할 얘기가 있다. 잠깐 뒷동산으로 가자. 따라 오이라."

석이는 퉁명스럽게 말을 던지고 앞장서서 빠른 걸음으로 올라
갔다.

"니 와 그러노. 멀 그리 빨리 가나."

용녀는 투덜대며 따라 갔다.

"여기 앉아 봐라."

뒷동산 중턱에 있는 느티나무 아래에 웃옷을 벗어서 바닥에 깔
면서 석이가 말했다.

"밤하늘이 곱기도 하다. 구름 한 점 없이 별들이 총총하네. 저게
북두칠성이제. 그전에도 니캉 내캉 둘이서 별 보고 얘기 했제. 조
기 조게 니 별이고 이쪽 게 내 별이라 했제."

용녀는 석이가 서먹해 하는 것을 모르는 듯 조잘대기 시작했다.
오랜만에 밤하늘을 보는 것이 즐겁다는 표정으로 밤 꾀꼬리가 지
저귀듯 들뜬 감정을 숨기지 않고 말했다. 그런 용녀를 석이는 말
없이 바라보다가 불쑥 한 마디 내뱉었다.

"좀 물어 보자. 니 오늘 떠난 스쿠난가 먼가 하는 왜놈하고 우짜
기로 했노."

석이의 목소리는 낮게 가라앉아 있어 화가 난 듯했다. 석이는 자신의 감정을 숨기려고 무심한 듯 말했지만 편하지 않은 말투가 툭툭 배어나왔다.

"응? 스쿠나 말이가? 지금부터 일 년간 서로 사귀기로 했제. 임금님께서 그리하라 카데."

"그럼, 나하고는…… 나하고도 사궐기제? 왜놈보다 나가 났다 아이가."

"머라 카노? 니캉 내캉은 그냥 동무 아이가."

"그람, 니캉 그 왜놈하곤 머고?"

"왜놈, 왜놈 하지 마라. 임금님하고 의형제 맺었다. 임금님 동생 이다."

"내는 니 한테 장가간다 했나 안했나? 동무 하지 말고 내 색시 되거라."

"별 소리 다 하네. 그냥 동무로 지내자. 니 색시는 안 할 기다."

"니 그 놈이 어디가 좋더노? 몇 번이나 만났다고 그새 그리 좋아 졌나?"

"춤도 잘 추고, 말도 잘 타고, 활도 잘 쏜다. 니 안 봤나. 임금님 도 칭찬 많이 했다. 느그 아버지도 놀래버렸다 아이가. 내는 그냥 좋데이. 그 사람 모든 게 좋아보인다카이. 그건 내도 잘 모리겠 다."

"그런 소리 마라. 니가 아무리 그래도 내는 니한테 장가 들 기 다. 딴 소리 말그래이. 니는 그리 알그라."

"안 된다. 한울 천군도 스쿠나하고 일 년 동안 사귀라 캤다. 니도 그라지 말고 날 축하해도."

석이가 용녀를 달래보기도 하고 떼를 써 보기도 했으나 용녀는 막무가내였다. 자신의 이야기를 들을 생각도 하지 않고, 일방적으로 스쿠나를 좋아한다고 표현했다.

"니 자꾸 그렇게 떼를 쓰몬 난 갈란다."

용녀가 결국 치마에 붙은 가랑잎을 털면서 일어섰다. 그리고 석이를 쳐다보지도 않은 채 빠른 걸음으로 언덕을 내려갔다. 용녀가 내려가는 것을 붙잡지 못한 석이는 그저 물끄러미 뒷모습만 바라볼 수밖에 없었다. 이윽고 석이는 용녀가 사라지는 어둠 속을 향해 혼잣말로 중얼거리기 시작했다.

"어디 두고 보자. 니가 왜놈하고 잘 지낼 수 있나. 내가 가만 안 둘 기다. 내 어떻게 해서라도 그 왜놈을 때려눕히고 니를 내 색시 삼을 기다. 그때까지 기다려라."

석이는 밤하늘을 올려보다가 홀로 자신을 내려다보고 있는 북극성을 쳐다보며 속으로 맹세했다.

제 3 장

해양족과의 제휴

1 아유타왕족

"마마, 이제 나라가 안팎으로 자리 잡히고, 백성들도 제 할 일을 찾아 열심히 살고 있습니다. 나라의 큰 근심은 없지만 한 가지 부족한 것이 있사옵니다. 가정이 안정되려면 어버이가 제자리를 잡고 있어야 하듯, 나라에도 어버이가 함께 해야 기틀이 잡히는 법입니다. 마마의 혼인 문제가 무엇보다 시급한 줄 압니다. 어서 서둘러 주시옵소서."

가야국 왕궁에서 조회를 주관하던 수로왕에게 유천留天 간이 건의했다.

"유천 간이 하는 말이 맞습니다, 마마. 왕비를 빨리 맞이하시고, 후사를 확고하게 하셔야 나라가 안정됩니다. 후사가 애매하면 사람들이 중심을 잃게 되어 정사가 어지러워집니다. 만일 후사가 정해지지 않은 상태에서 마마께서 유고라도 생긴다면 세력다툼이 일어나고 나라가 혼란스러워 질 것은 뻔한 이치입니다. 그렇게 된다면 지금까지 마마께서 전심전력으로 세운 나라가 무너질 수도 있습니다. 마마께서 나라를 세우신지도 칠 년이 되었습니다. 이제는 더 기다릴 수가 없습니다. 어서 간택을 하실 필요가 있습니다."

명견대사가 유천의 말을 거들며 재차 아뢰었다.

"하하하. 아직 짐이 해야 할 일이 많아서 혼인 문제는 급하지 않다고 여긴다오. 그리고 짐이 생각하고 있는 바가 있으니 너무 걱정하지 마시오."

수로왕의 아무런 걱정이 안 된다는 말로 신하들의 건의를 또 물리쳤다. 벌써 몇 번째 반복되는 일인지 모른다. 신하들은 계속해서 왕의 혼사를 거론했고, 그때마다 수로왕은 아직 시간이 안 되었다는 말로 대신했다.

그날 밤 수로왕은 은밀히 명견대사를 침전으로 불러 들였다.

"대사, 내가 긴히 부탁할 일이 있어 불렀소."

"예, 마마 말씀하옵소서."

"신하들도 그렇고 대사까지 나의 혼인 문제를 이야기하는 것을 보니, 이제 때가 된 모양이오. 그렇지 않아도 짐이 생각하고 있는 바가 있었는데, 대사께서 한 번 수고를 해 주셔야겠소."

"하명만 하시옵소서. 제가 힘껏 노력하여 반드시 이루도록 하겠나이다."

"대사가, 그렇게 말씀하시니 내가 힘이 납니다그려. 이번에 대사께서 바다를 건너 우송吳淞[187]에 다녀오셔야 되겠소. 우리가 고 령에 오기 전에 들렀던 잔예建業[188]에 아유타왕이 머물고 있다고 하 오. 아유타왕에게는 슬기로운 공주가 있는데, 그 공주야 말로 한 나라의 국모로서 손색이 없을 것 같소. 대사께서는 공주의 오빠인 보옥선사寶玉禪師를 잘 아시니, 그를 찾아 가서 공주를 이곳으로 모 셔 올 수 있도록 주선해 주실 것을 부탁하오."

"예, 마마 잘 알겠습니다. 저도 그 분들을 잘 아는데, 미처 생각 을 하지 못했습니다. 마마께서 먼저 말씀하시니 송구스럽습니다. 그리고 이런 중차대한 일을 저에게 맡겨주시니 제 책임이 무척 크 게 느껴집니다. 게다가 이번 일은 서둘러야 할 듯 합니다. 내일 첫 새벽에 길을 떠나도록 하겠나이다. 그리고 빠른 시간 내에 답을 받아오도록 하겠습니다. 아마 여행이 끝나기까지는 서너 달 이상 걸리지 않을까 합니다. 그동안 옥체 편안하시고 만사에 조심하옵 소서."

"예, 부디 대사도 건강하게 잘 다녀오시오. 좋은 소식을 갖고 오 면 더 이상 바랄 것이 없겠소."

다음날 아침 명견대사는 시종 한 사람만 데리고 가야국을 떠났 다. 그는 을숙도에서 배를 타고 한반도 남해안을 돌아 서쪽으로 나아갔다. 지나는 길에 거제도, 남해도, 진도를 거쳐 드디어 5일 만에 황해로 들어섰다. 이곳부터는 다시 한반도 서해안을 북으로 올라가다가 서쪽 샨동반도를 향해 황해를 가로질러 건너갔다. 샨 동반도에 이르자, 다시 남쪽으로 방향을 바꿔 근 한 달 만에 양쯔강揚子江[189] 어귀의 우송에 닿았다. 명견대사는 그곳에서 양쯔강을 따라 잔예로 향했다. 잔예는 옛 삼국시대 오吳나라[190]의 수도였기 때문에 정치, 경제, 문화의 중심지로 발달했고, 많은 사람들이 오가는 매우 큰 도시였다. 이곳은 중국뿐만 아니라 세계 각국으로부터 진기한 상품들이 드나드는 곳으로 갖가지 풍물을 구경할 수 있었다. 또한 여러 인종이 어울려 함께 살고 있는 모습도 신기했다.

명견대사가 찾아가는 아유타국왕도 이곳에 정착해서 가족들과 함께 살고 있었다. 명견대사는 아유타국왕 집으로 찾아가 왕의 둘째 아들인 보옥선사를 만났다. 그는 명견대사보다 나이는 어렸지만 매우 영특한 사람으로 명견대사가 한반도로 건너가기 전에 잠시 만났던 적이 있었다. 그때 서로 학문을 논했던 적이 있었고, 그 이후로 친분을 유지하고 있었다.

두 사람은 아주 반갑게 인사를 나누었고, 지난 몇 년간의 안부를 물었다. 명견대사는 보옥선사와 헤어진 다음에 한반도로 건너가 김해에 머물게 되었고, 함께 건너간 뇌질청예가 금관가야의 수로왕이 되었다는 이야기를 간략하게 말 했다. 보옥은 궁금한 게 많다는 듯이 계속해서 질문을 했고, 두 사람은 시간이 가는 줄 모르고 회포를 풀었다.

"그래, 뇌질청예가 왕이 되었다고요? 제가 샨동에서 잠깐 봤을 때도 여간 영특한 사람이 아니라서 반드시 크게 될 것으로 생각했는데……. 결국 그렇게 되었군요."

"그러게 우리가 샨동을 떠난 뒤로 많은 일을 겪었지요. 뇌질청예가 환단의 후예답게 쇠를 다루는 재주가 있어 덕을 많이 봤다오. 한반도에서는 지금 제철기술을 확보하기 위해 나라들 간에 경쟁이 치열하다오. 그런 면에서 금관가야는 다른 나라보다 앞서가고 있는 셈이지요. 뇌질청예로서는 아주 잘 된 일이지. 이제부터 금관가야의 명성이 예전 치우천왕 때처럼 한반도와 대륙 전역에 알려질 날이 멀지 않았다네."

"하하하. 그렇군요. 잘 되었네요. 대사님께서 한반도로 가신다는 말을 듣고 내심 걱정했는데, 그런 일이 있었다니 축하드립니다. 그리고 앞으로도 모든 일이 순조롭게 성사되기만을 빕니다."

"그래, 고맙네. 우리야 그렇다고 치고 자네는 어찌 지냈는가? 자네 집안은 인도 출신으로 알았네만, 이곳에 정착하게 된 연유가 따로 있는가?"

"저희 집안도 역사적으로 따지면 많은 변화를 겪었습니다. 아마도 저의 10대조 할아버지께서 인도의 아요디아를 떠나신 게 이백 년쯤 전 일이지요. 아요디아에서 배를 타고 사라유강을 거쳐 갠지스강으로 들어가 동남쪽으로 내려갔지요. 갠지스강을 빠져 나간 다음에는 벵골만에 들어가서 다시 동북쪽으로 지무나강을 거슬러 올라갔고요. 그래서 당도한 곳이 중국 서남부인 운난雲南191이었지요."

"그렇군. 보옥선사 가문이 인도에서 온 게 맞군요. 꽤 오래전 이야기 같은데……. 집안 내력이 상당한 듯 합니다."

"예, 그렇지요. 저희 집안 내력을 이야기하자면 파란만장한 역사를 가지고 있다는 것을 말하지 않을 수 없네요. 운난에 머물던 우리 가문은 다시 촉蜀나라[192]의 쓰촨四川[193]의 부주涪州[194]에 보금자리를 옮기셨습니다. 그리고 후한 말기에 이곳에서 큰 반란이 있었는데, 저희 집안도 관련되어 있었답니다. 그때 반란을 진압한 후한 군은 당시 많은 사람들을 장샤江夏지방의 우창武昌[195]으로 강제로 이주시켰지요. 이때 이주를 강요당한 사람들이 그 지방의 토착 세력과 함께 반란을 일으켰답니다. 그때의 주모자가 바로 저의 아버님인 허성許聖이었습니다. 반란은 성공하지 못했고, 결국 후한 군에 항복했지요."

"그럼, 그때 피해는 없었는지요. 반란군이었다면 가문이 몰살하거나 폐문되었을 텐데……?"

"예, 다행스럽게도 그런 일은 없었습니다. 저희 집안이 당시 그 고장에서 존경 받는 가문이었기 때문에 겨우 용서를 받을 수 있었지요. 저희 집안의 성씨인 '허'라는 말은 종교적 지도자를 뜻하는 '스님'이란 의미를 가지고 있는데, 이것이 다 가문 내력과 같답니다. 그때부터 우리 가문은 정치에서 손을 떼고 말았습니다. 나라에서도 우리 가문이 정치에서 물러난다는 조건으로 가문을 멸망시키지 않았으니까요. 그래서 저도 아버님의 뜻을 받들어 정치가 아닌 종교 지도자로 나서게 되었고, 계속 이 분야에서 공부를 하고 있었던 것이지요."

"그런 일이 있었군요. 그래도 천만다행입니다. 멸문의 위기를 넘겼다니. 그런데 집에 들어오다가 보니 곳곳에 쌍어문雙魚紋이 새겨져 있던데, 아유타가문의 문장입니까?"

"예, 자세히 보셨군요. 그것은 아유타왕가의 문장으로 인도에 있을 때부터 써 오던 것이지요. 옛날 메소포타미아의 바빌로니아 사람들은 물고기가 인간을 보호하는 영특한 영물이라고 생각했습니다. 신성함과 풍요로움을 상징했지요. 그래서 그들은 신전의 현관 머리에 두 마리의 물고기를 마주 보게 그렸습니다. 이런 물고기를 숭상하는 생각은 인도와 중국으로 전파되었고, 서쪽으로는 이스라엘이나 이집트에도 퍼졌습니다. 중앙아시아의 초원에 살던 유목민인 스키타이족이 바빌로니아의 이러한 풍습을 본 받았고, 그들을 통해 인도까지 전달된 것이지요. 우리 가문도 그때 이러한 풍습을 받아들였고, 이후 쌍어문을 가문의 문장으로 사용하게 된 거지요."

"그렇군요. 그럼 그것은 아주 오래된 문양이군요. 그리고 깊은 뜻이 숨어 있었군요. 나도 그 이야기를 들은 적이 있었는데, 보옥 선사의 가문이 그 문양을 쓰고 있다니 새삼 신비롭습니다."

"예, 그 풍습이 전해진 곳이 바로 인도의 아요디아 지방이지요. 그곳은 도시 국가 코살라의 수도였는데, 대단히 유명한 곳이지요. 힌두교를 부흥시킨 라마 왕이 탄생한 곳이기도 하고, 불교를 창시한 샤카족의 싯다르타[196]왕자가 이곳에서 처음으로 수도를 시작했다는 성지이기도 합니다. 그 아요디아 지방에서 사용하는 문장이 바로 쌍어문입니다. 지금도 그 지방에 가보면 사원마다 물고기 두 마리가 마주 보고 있는 그림을 그려 놓고 있다고 합니다. 우리 아유타왕가는 이 아요디아 지방에서 시작되었답니다."

"하하하. 잘 알겠습니다. 이제 그 유래를 알겠군요."

"하하하. 그런데 대사님. 아까 말씀하신 중에 수로왕이 환단의 후예라는 얘기는 뭐고, 치우천왕은 또 어떤 얘기입니까?"

이번에는 보옥선사가 명견대사에게 물었다.

"아, 그거요. 제가 설명해 드리지요. 환단이라는 것은 동북아시아의 바이칼 호수 아래 파미르 고원에서부터 동쪽으로 수만 리에 걸쳐 영토를 확장하고 지배했던 사람들의 나라를 말하는 겁니다. 수십 대에 걸쳐 이어온 동이족의 나라 환국과 그 뒤를 이은 배달국과 단군 조선을 통틀어 말하는 것이지요. 그 가운데 환국은 삼황오제三皇五帝197의 시대보다 훨씬 이전의 태곳적 나라라고 말 할 수 있지요."

2 환인과 환웅

명견대사는 주머니에서 지도를 꺼내어 보옥선사 앞에 펼쳐놓고, 지명을 하나씩 짚어가며 자세하게 설명했다. 보옥선사는 처음 듣는 이야기라며 호기심을 가득한 표정으로 명견대사를 말을 경청했다.

"환국桓國198은 환인199이 다스리던 나라입니다. 환국의 크기는 남으로는 중국의 랴오동 일대와 허베이, 샨동, 허난, 안휘, 후베이까지 이르고, 북으로는 바이칼 호수 주변과 몽골 지방에 이르렀지요. 동쪽으로는 헤이룽黑龍강변과 한반도까지 이르렀고, 서쪽으로는 파미르 고원에서 톈샨天山산맥과 발하슈 호수200까지 광대한 지역을 다스렸습니다. 이처럼 환국은 남북 오만 리에 동서 이만 리의 영토를 가졌다고 합니다. 이 지역에는 동이의 아홉 부족이 살고 있었습니다. 그래서 이들을 구이 또는 구려²⁰¹라고도 불렀습니다.

이들 아홉 부족이 지도자를 추대해서 아바자安巴堅²⁰²라 불렀는데, 이 사람이 초대 환인이 되었습니다. 환인시대는 아주 먼 옛날에 시작했기 때문인 지 지금까지 전해진 환인의 이름은 아바자를 포함해서 일곱 분 밖에 안 됩니다.

환인시대 초기에는 시베리아 일대가 지금처럼 추운 나라가 아니었답니다. 기후가 따뜻해서 초목이 우거지고 갖가지 짐승들이 많았다고 합니다. 사람들은 빗살무늬토기와 옥을 다듬어 만든 그릇을 많이 썼고, 그 전에는 사냥과 채집으로 생활하던 사람들이 그때부터 농사짓는 법을 배워 모여 살기 시작했다고 합니다. 또한 여왕 중심의 모계사회에서 부계사회로 전환된 것도 그때부터라고 합니다. 이는 사람들이 부락 단위로 모여 살기 시작하면서 그들을 이끌어 줄 강력한 지도자들이 필요했고, 그 요구에 따라 세력을 가진 지도자들이 연이어 출현했기 때문입니다. 지금으로부터 약 사천 년 전쯤의 일이지요.

환국 이야기를 하려면 또 빼놓을 수 없는 것이 제철기술에 관한 이야기입니다. 원래 이 기술이 시작된 것은 메소포타미아의 티그리스와 유프라테스 강 사이의 초승달 지역에 살던 슈멜족이라고 합니다. 그들은 구리에 주석이나 아연을 일정 비율로 섞은 청동솥이나 청동항아리를 만들 수 있는 기술을 가지고 있었지요. 그들은 이런 기술을 더욱 발전시켜 낫이나 호미 같은 농기구를 만들었고, 동검과 같은 청동 무기도 만들었습니다. 그때까지는 돌을 다듬어 만든 연장이나 무기들이 널리 사용되고 있었지요. 그런 것들에 비해 청동으로 만든 것이 훨씬 강하고 예리했습니다. 이러한 청동기를 제작하기 위해서는 높은 온도를 낼 수 있는 가마를 축조해야 했고, 그 속에서 녹아내리는 청동을 주물 틀에 붓거나 모루에 얹어 두들겨 펴는 기술이 필요했습니다. 그리고 이런 기술은 흙을 빚어 그릇을 굽거나 철광을 녹여서 무쇠를 만드는 산업으로 발전했습니다. 그들은 이 기술을 바탕으로 개량된 농기구와 무기를 생산하여 주변의 여러 부족들을 크게 압도하게 되었습니다. 우리가 이들의 역사를 알 수 있었던 것은 그들은 진흙 판에 새겨 쓰는 설형문자楔形文字203를 발명해서 기록을 하고 문서를 남겼기 때문입니다.

그런데 지구가 더워지기 시작했습니다. 지구의 양극 지방에 있던 빙산이 녹으면서 바다의 수면이 올라갔고, 게다가 여러 달 밤낮으로 계속 되는 장대비에 의해 강이 범람하고, 온 마을이 물에 잠기게 되었지요. 그리고 멀리 남쪽 바다에서는 지진이 일어나고, 이에 따라 해일이 일어나 해안을 덮쳤습니다. 사람들은 범람하는 홍수와 해일을 피해 높은 곳을 찾아 피난하기 시작했고, 중앙아시아의 파미르 고원지대로 이동했습니다. 또 다른 무리는 서북쪽으로 가서 아나톨리아의 고원지대에 머물렀지요. 이스라엘의 선조인 노아가 방주方舟204를 만들어 아나톨리아의 아라랏산으로 피신했던 것도 이때의 일이라고 합니다.

여러 해가 지나 온 마을을 덮쳤던 물이 빠지자, 고산 지대로 피난했던 사람들은 다시 사방으로 흩어졌습니다. 이 가운데 파미르 고원에서 동으로 톈샨산맥을 넘어 헤이룽 강가까지 다다른 사람들이 아바자를 환인으로 모시고 환국을 세웠던 것입니다. 남쪽으로 내려간 사람들 가운데에는 히말라야 산맥을 넘어 갠지스 강가까지 내려간 사람들이 있었는데 그들은 스스로를 샤카족이라 했습니다. 아유타왕족도 이때에 인도로 이주했던 부족들의 하나라고 알고 있습니다.

환국의 말기에 천신족이라 일컬어지는 환족과 함께 사는 사람들이 있었습니다. 원래 이 지역에는 호랑이를 숭상하던 호족이 살고 있었습니다. 그런 지역에 환인의 무리가 들어와서 나라를 세웠고, 또한 환인을 따라 곰을 숭상하던 웅족이 함께 들어온 것이지요. 그 이후로 천신족, 웅족, 호족 사이에 주도권을 잡기 위한 싸움이 일어났습니다. 성질이 탐욕스럽고 잔인하여 약탈을 일삼던 호족은 결국 환족에게 패하여 동쪽으로 밀려갔습니다. 하지만 웅족은 환족과 잘 어울려 함께 환국을 이룩해 나갔던 것입니다.

환인은 '하느님'의 옛말인 '하님'을 나타냅니다. 따라서 환국은 하느님의 나라, 환한 나라를 뜻합니다."

명견대사가 환국의 유래에 대하여 길게 설명했다.

"그렇군요. 대사님의 설명을 들으니 이해를 할 수 있겠네요. 홍미로운 이야기입니다. 그런데 중국의 시조라는 삼황오제 가운데 동이족이 있다는 이야기가 있던데 그 사실이 맞나요? 그리고 은殷나라205의 조상이라고 하는 기箕라는 분도 동이족이라는 말이 있던

데 사실인지요?"

"그렇습니다. 사마천司馬遷206의 사기에도 삼황오제는 모두 하나의 뿌리라고 말하고 있는데, 그렇게 본다면 황제黃帝 헌원軒轅207으로부터 하夏나라208의 시조인 우 임금까지 모두가 같은 계통이라 볼 수 있지요. 그리고 그들이 모두 동이족이라는 것은 맞는 말입니다."

"말씀하신 삼황오제 가운데 태호太昊 복희伏羲209는 5대 환웅의 막내아들로 배달국의 우사雨師210라는 관직에 있다가 중원으로 들어갔다는 말이 있던데, 그런 사실이 있다는 게 맞군요. 동이족의 세력이 상당히 넓은 지역에 걸쳐 있었다는 걸 증명하는 이야기군요. 그런데 여기서 말하는 환웅은 또 누구를 말하는 겁니까?"

"환웅을 이야기하자면 배달국 이야기를 먼저 해야겠군요. 환국에 이어서 생긴 나라가 바로 배달국입니다. 배달은 밝은 땅이라는 뜻입니다. 환국의 마지막 환인인 지위리智爲利로부터 초대 환웅인 거발환居發桓211이 천부인天符印212 세 개를 받고, 무리 삼천 명을 이끌고 헤이룽 강과 백두산 사이의 신시神市에 배달이라는 나라를 세웠습니다. 당시 마지막 환인이 초대 환웅 거발환에게 나라를 전하는 의식은 대단했다 합니다. 환국의 정통성이 배달국으로 이어지는 것을 의미하는 행사였으니 직접 눈으로 보지 않아도 충분히 상상할 수 있지요.

여기서 나오는 천부인 세 개란 3대 경전인 천부경天符經 삼일신고三一神誥, 그리고 참전계경參佺戒經을 말하는데, '심신을 수련하여 선

인의 경지에 도달하고, 인간들을 교화해서 홍익인간이 되게 하라.'
는 이념과 그 실천방법을 적은 것이었습니다. 천부경은 환국 시대
부터 환인 대대로 구전해 온 말씀인데, 환웅께서 백두천산으로 내
려오며, 신지神誌 혁덕赫德[213]에게 녹도문鹿圖文[214]으로 이를 기록하
도록 명령했지요. 그래서 그 기록이 남아 있는 것입니다.

환국의 뒤를 이은 배달국 사람들은 슈멜족이나 그 일파인 스키
타이족들과 끊임없이 왕래를 했습니다. 그 결과 슈멜족의 설형문
자와 비슷한 녹도문을 쓰기도 했고, 슈멜족의 청동 제련 기술이나
치수관개 기술을 익힐 수 있었지요. 그런 기술을 바탕으로 요하나
황하의 범람에 대처하기도 했답니다. 그리고 스키타이족의 승마
술, 궁술, 제철과 야금 기술도 배달국에 먼저 전달되었지요. 배달
족이 우수한 선진문명을 가진 나라였다는 것은 그때 만들어진 여
러 가지 유물을 보면 확인할 수 있습니다.

배달국은 말과 양을 목축했고, 태양을 숭상하고 여러 가지의 동
물 토템을 믿었습니다. 그들은 토기를 만들어 썼는데 다양하게 채
색을 하고 무늬를 입혔습니다. 특히 정교한 옥으로 만든 그릇을
만들어 쓰고 옥벽이라 해서 둥근 구슬이나 납작한 옥을 만들어 부
적으로 삼았습니다. 배달의 유물이 요하 서쪽의 홍산에서 많이 발
견되었기 때문에 이들의 문화를 홍산문화紅山文化라고도 부릅니다.
그리고 또한 환웅은 자기를 따라 서쪽에서 옮겨 온 웅족의 여인을
거두어 왕후로 삼았습니다. 그때부터 천신족인 환족과 웅족은 한
핏줄이 된 것이지요.

역대 환웅 중에서 뛰어난 인물이 많지만, 5대 환웅 태우의 막내아들로 태어난 태호 복희가 우사라는 직책에 있을 때 점치는 법과 음양오행의 기본을 개발했지요. 또 14대 환웅천왕이 된 치우蚩尤215가 중앙아시아로부터 슈멜의 제련 방법을 개량한 기술을 들여왔고 그 기술을 바탕으로 오랫동안 지역의 맹주로 군림할 수 있었습니다.”

“14대 치우천왕이란 한나라의 유방劉邦216이 출전할 때 마다 제를 올리고 승전을 기원했다는 군신 치우를 말씀하시는 것입니까?”

보옥선사는 자신이 알고 있는 이야기가 나오자 반색하며 물었다.

“예, 그렇습니다. 치우천왕에 관해서는 좀 더 상세히 말씀드리겠습니다.”

명견대사는 죽로차를 한 모금 마시며 기침을 한 번 크게 했다.

“예, 흥미롭습니다. 그런데 계속 이야기를 듣고 싶지만, 이제 저녁시간이 된 것 같으니 식사를 먼저 하시고, 천천히 이야기를 나누지요. 술도 한잔 올리겠습니다.”

보옥선사는 그렇게 말하고는 사람들을 불러 저녁을 준비하라이르고는 자리에서 일어났다. 명견대사도 보옥선사를 따라 일어서며 식탁으로 자리를 옮겼다. 시중을 드는 사람들이 곧바로 저녁상을 내오기 시작했고, 보옥선사는 명견대사에게 술을 한 잔 따라주며 식사를 시작했다.

“자, 대사께서 먼저 한 잔을 드십시오. 이 술은 십 년이 넘은 머루주입니다. 대사의 건강에 크게 도움을 줄 것입니다."

보옥선사는 푸른빛 옥병을 들고 황옥 술잔에 머루주를 따랐다. 노란빛이 감도는 술잔에 붉은 빛의 머루주가 담기자, 진한 향이 방 안을 가득 채우기 시작했다. 명견대사와 보옥선사는 술잔을 두 손 으로 마주 들며 눈으로 인사를 하고 단숨에 비웠다.

"음, 이 술이 일품이군요. 빛깔도 좋고 향내도 그윽합니다. 맛도 그리 달지도 떫지도 않으니 입안에 도는 것이 그윽합니다."

명견대사가 보옥서사에게 한 잔 더 건네며 말했다.

"그리 말씀하시니 고맙습니다. 제가 대사님을 위해 특별히 준비 시킨 술입니다. 마음껏 즐기셔도 됩니다. 하하하. 그리고 제가 잘 은 못하지만 비파琵琶를 조금 켤 줄 아니, 술 한 잔에 어울리는 시구 를 한 구절 읊어 보겠습니다."

"예, 그거 좋지요. 한 번 들어봅시다."

"명견대사도 이미 알고 있으리라 생각됩니다. 굴원217의 어부사 漁夫辭 한 구절 입니다. 부족하더라도 그냥 즐겨 주십시오."

"하하하. 굴원의 시라면 저도 좋아합니다. 기대되는 군요."

"온 세상이 모두 혼탁해도
나 홀로 맑고 깨끗하리.
모든 사람이 술에 취해도
나 홀로 깨어 있으리."218

"좋습니다. 굴원이야 말로 진정한 충신이었는데……. 간신들의 모함과 장의張儀219의 계략으로 뜻을 이루지 못하고 추방을 당했으니 그런 시를 남길 수 있는 것이지요. 그의 비분강개한 마음이 느껴지는 군요."

명견대사는 눈을 지그시 감은 채로 비파에 어우러진 시를 음미하며 작은 소리로 말했다.

"방금 머리를 감은 자는 갓을 털어 쓰고
방금 목욕한 자는 옷을 털어 입는다.
어찌 깨끗한 이 내 몸에
사물의 어둡고 더러움을 묻히리.
차라리 상수 물에 몸을 던지고
물고기 뱃속에 장사를 지내어도
어찌 이 희고 깨끗한 내 몸으로
세속 먼지를 뒤집어 쓸 수 있으리오."220

비파의 소리에 맞추어 굴원의 높은 기개를 비장하게 읊는 보옥선사의 목소리는 방안을 낭랑하게 울렸다. 보옥선사의 암송이 끝나자, 명견대사는 술은 한 잔 들이키며 손뼉을 쳤다.

"좋습니다. 굴원이 살아 돌아온 듯 합니다. 그의 절개를 다시 보는 것처럼 느껴지는 군요."

"사실 요즘 세상은 어찌나 혼탁한지 썩은 흙탕물 같아서, 굴원

같이 높은 절개를 가진 사람은 다시 나오기 힘들지요. 그리고 그 같은 절개를 가지고 있다 하더라도 뜻을 이루기 어렵지요. 오히려 자신의 아까운 목숨만 헛되이 버릴 수밖에 없을 겁니다. 우리 아유타왕가도 두 번이나 폭정을 반대하여 일어섰지만 아직도 그 뜻을 이루지 못하고 있습니다. 화를 피해 지금 이곳까지 밀려온 것을 보면, 높은 절개와 의지만 가지고는 뜻을 이루기 부족하다는 것을 느끼게 된답니다."

보옥선사는 깊은 탄식을 하면서 말했다.

"그렇지요. 굴원도 높은 절개와 기상만으로는 초楚나라221를 구하지 못했지요. 그는 초나라의 왕족이었습니다. 당시의 왕인 회왕懷王의 신임을 받아 이웃한 제나라齊와 동맹해서 강력한 서쪽의 진秦나라222에 대항하려고 동분서주 했었지요. 그런데 사리사욕에만 눈이 먼 간신배들과 왕의 애첩이 진나라의 세객 장의와 내통하여 꾸민 모함으로 실각했지요. 결국 굴원이 제나라와 동맹을 교섭하기 위해 동분서주 노력했음에도 자신의 뜻을 이루지 못하고, 쫓겨나 양쯔강 이남의 소택지로 추방되었지요. 상심한 그는 장샤長沙에 있는 미라汨羅수에 투신하여 죽었다지요.

후세 사람들이 굴원을 드높은 절개를 추모하기 위해 한나라 때부터 단옷날에 '단오떡粽子'223을 만들어 강에 던지는 풍습이 생겼다지요. 단오떡을 만들어 먹는 풍습과 함께 창포물에 머리를 감는 풍습도 그 뒤로 유행하게 되었다고 전해집니다."

"바른 세상을 만든다는 건 정말 어려운 일입니다. 질서를 바로 잡고, 사람들이 복되게 살수 있는 길을 가르쳐 주는 왕도가 있다면 정말 밤낮으로 배워서 실천하고 싶습니다. 지금까지 제가 많은 공부를 해왔지만 아직도 부족함을 느낍니다."

"그렇지요. 쉽지는 않겠지요. 보옥선사께서 노력하는 모습이 보기 좋습니다. 저도 그런 길을 찾고 있는데, 우리 함께 노력해 봅시다. 내가 생각하는 바로 우선 세상을 바로 잡겠다는 것은 하늘의 뜻과도 통해야 합니다. 대의명분이지요. 그것을 이루려면 우리 같은 인간은 먼저 자신의 마음속에 큰 뜻을 품고 있어야 합니다. 그 큰 뜻을 이루기 위한 불철주야 노력해야 함은 당연하고요. 그리고 그 꿈이 우리 개인을 위한 것이 아니라 백성들을 위한 것임을 알고 있어야 합니다. 우리를 따르는 무리들에게 믿음을 주는 것이 중요하지요. 백성들이 있어야 뜻을 이룰 수 있으니까요. 그들이 저버린다면 아무리 좋은 꿈과 높은 이상을 가지고 있어도 소용없지요. 그런 점에서 본다면 환인이 환웅에게 나라를 전하면서 천부인 셋에 담아 가르친 홍익인간의 이념은 참으로 훌륭한 것이라 생각합니다."

"이 세상에 널리 이로움을 주고 남을 사랑하며 도와주는 사람을 길러서 함께 더불어 잘 사는 나라를 가꾸자는 생각 말씀이지요?"

"그렇습니다. 이러한 생각은 유, 불, 선儒佛仙에도 통하게 됩니다. 공자孔子[224]말씀을 적은 논어論語[225]에 '뜻이 있는 사람이나 인仁[226]을 실천하는 사람은 목숨을 희생해서라도 인을 실천하려 한다'고 했는데, 이때의 인이란 뭇 사람들을 차별 없이 사랑하는 덕을 말합니다. 어리석은 중생을 구제한다는 불가의 말이나 무위자연의 길이 가장 좋다고 주장하는 신선도의 도가의 말도 모두 같은 맥락에서 해석할 수 있는 선인들의 가르치심입니다. 노자老子[227]가 '하늘의 길은 만물에게 혜택을 주고 해를 끼치지 않으며, 성인의 길은 모든 일을 행함에 있어서 사람들과 다투지 않는다'라 한 것은 홍익인간의 이념과도 일치합니다.

환인께서 '천산에 살면서 장생하고 몸에 병이 없었다'는 말이나 환웅께서 '삼가며 문을 닫고 스스로 수양하며 공이 이루어지기를 기원했다'는 얘기들이 전해 오고 있는데 이는 신선도를 몸소 실천했음을 말합니다. 환웅의 배달국이 '군자의 나라'라는 칭송을 받는 이유도 바로 이런 모습에서 비롯된 것이라고 믿습니다.

하나라 우 임금을 도와 치수에 힘쓴 백익伯益[228]이 쓴 산해경山海經[229]을 보면 '군자의 나라가 북쪽에 있는데 그 나라 사람들은 의관을 갖추고 칼을 차며 짐승을 먹는다. 큰 호랑이 두 마리를 옆에 두고 부린다. 사람들은 서로 상대방에게 사양하고 다투지 않는다'고 했습니다. 그 북쪽에 있는 나라가 바로 배달국을 말하는 겁니다.

그리고 논어에 '공자가 구이의 땅에 가서 살고자 하니, 누추한 곳에 어찌 지내시겠는가'하고 어떤 사람이 물었을 때, '군자가 거처하는 곳인데 어찌 누추함이 있겠는가'라고 했다는 것이 적혀 있는 것을 보아도 이러한 동방의 나라, 배달국은 사람들이 살기에 얼마나 좋은 곳이었는가를 알 수 있습니다.

저는 그런 나라를 만들겠다는 큰 꿈을 갖고 있습니다. 아니 이

것은 제가 모시는 금관가야 김수로왕의 생각이고, 저도 기꺼이 동참하고 있습니다. 그래서 우리 가야국의 미래가 밝다는 것을 믿는 거지요."

명견대사의 목소리가 조금씩 커졌고, 힘이 들어가는 말투였다.

"예, 대사님의 말씀에 동감합니다. 저도 그런 꿈을 꾸고 있지요. 그런데 꿈을 크게 가졌다 하더라도 실천력이 없으면 그 큰 뜻을 펴지 못하고 맙니다. 옛날 일을 살펴보더라도 그런 사례가 많았지요. 그런 의미에서 보면 청구국靑丘國을 만들고 용산문화龍山文化를 이룩한 치우천왕을 본받을 만 합니다. 앞으로 치우천왕에 대한 공부를 더 해야겠습니다."

"하하하. 보옥선사도 그렇게 생각하시는 군요. 저도 치우천왕에 대해 배울 점이 많다고 생각하고 있지요. 그리고 치우천왕에 관한 이야기를 하려면 자못 흥분이 되기도 합니다. 환국과 배달국의 훌륭한 임금이 많았지만, 치우천왕처럼 대단한 분은 없었지요. 치우천왕은 5대 환웅인 태우의의 후손으로 자오지라고도 했지요. 그는 대단한 용맹을 지닌 자로 13대 환웅 사외라 때에 신시를 중심으로 번창하던 배달 사람들을 이끌고 랴오둥과 허베이를 거쳐 산둥으로 진출했지요. 그리고 바이칼 호수 남쪽의 파미르 고원에서 슈멜의 청동 제련법에 익숙한 거수들을 배달국으로 데려 왔고요. 그런 뒤에 거루산葛盧山230에서 쇠를 캐고, 그의 고향에서 멀지 않는 곳에 있었던 용후산雍狐山에서 야금을 시작했지요.

치우천왕이 군신으로 불리게 된 것은 다 이유가 있지요. 그는 전장에 나갈 때는 늘 청동투구를 만들어 쓰고, 이마에 쇠띠를 둘렀어요. 그리고 항상 부하들과 침식을 같이 했지요. 그만큼 부하들을 아끼고 사랑했던 겁니다. 그래서 군사들은 그의 명령이라면 목숨을 걸고 따랐던 겁니다. 그는 싸움에 임하면 언제나 앞장을 섰고, 군사들은 그를 따라서 용맹무쌍하게 싸웠지요. 치우천왕의 군대가 출전하면 감히 그들의 기세에 대적할 상대가 없었지요. 그는 말을 잘 타고 활과 검을 잘 쓰는 용맹함도 있었지만, 그것보다는 뛰어난 지략을 갖추고 있었죠. 그는 필요한 무기를 직접 개발했고, 갖가지 진법을 연구해서 늘 상대보다 앞선 전력을 갖고 있었던 것입니다. 그렇듯 언제나 상대보다 우위를 점한 상태에서 전쟁을 이끌었고, 매번 승리했던 것이죠. 그래서 상대방들은 그의 군사들이 청동 모자에 철 가면을 쓰고 나오면 '동두철액銅頭鐵額[231]의 자오지 군사가 나타났다'며 지레 겁을 집어먹고 도망치기 바빴던 것입니다.

치우천왕이 이처럼 뛰어난 무용과 자체 개발한 병기들 그리고 신출귀몰한 진법 등을 이용해 싸움마다 이기자, 그의 위풍당당한 모습이 천하에 알려진 것이요. 원래 치우란 '비와 우레를 크게 일으켜 강산을 바꾸는 사람'이라는 뜻인데, 사람들은 그에게 치우천왕이란 칭호를 붙이고 군신으로 삼은 겁니다.

결국 치우천왕은 배달국의 구이에 속하는 묘족苗族[232]을 주축으로 삼아 천하를 평정하고 후아이다이淮岱를 점령했으며, 공상空桑[233]에서 제위에 올랐지요. 샨둥반도의 태산泰山[234]을 중심으로 그때 세운 나라를 청구국이라고 합니다.

치우가 천하평정을 하는 과정에서 가장 큰 걸림돌이 되었던 적수는 황제 헌원이었죠. 황제 헌원은 8대 환웅 안부련 말기에 감군監軍의 벼슬에 있던 소전少典의 후손인 공손公孫의 자손이었죠. 공손은 자신이 맡은 직분이었던 가축을 돌보는 일에 소홀하다고 헌구軒丘로 유배된 적이 있었습니다. 그렇기 때문에 공손의 자손이자 헌구에서 살았던 황제는 헌원이라는 이름을 얻게 되었고, 공손씨라고 칭하기도 했지요. 또한 황제는 산시 북부의 유웅有熊에 도읍을 처음 정했기 때문에 유웅씨라고도 했습니다.

황제 헌원이 치우천왕과 맞설 만한 세력을 갖게 된 계기를 이야기하자면 염제炎帝 신농神農235의 이야기를 먼저 해야겠군요.

당시 배달국에는 오가五加236라 해서 곡식, 생명, 형벌, 질병, 선악 등의 다섯 가지 일을 주관하는 관직이 있었습니다. 그 첫째가 우가인데 곡식을 주관했고, 마가는 생명을 주관했으며, 구가는 형벌을 주관했습니다. 질병은 저가가 맡았고, 선악은 양가가 주관해서 판결했습니다.

그런데 위에서 말한 소전은 배달국의 웅씨의 방계로 대대로 우가를 맡아 농사와 곡식을 관장하고 있던 고시씨高矢氏의 후손이었죠. 그의 아들이 바로 신농이었습니다. 그는 백성들아 아플 때 치료할 수 있는 약초를 찾아냈으며, 배달국에서 농사를 지을 수 있는 종자를 얻어와 백성들에게 나눠주고, 농사짓는 법까지 가르쳤다고 합니다. 그는 불을 잘 다스렸고, 다섯 개의 현이 있는 큰 거문고도 만들었다고 전해집니다. 백성들은 그를 받들어 염제 신농이라고 부르게 된 것이죠. 후세 사람들은 그가 우가의 후손이었기 때문에 인신우수人身牛首237의 사람으로 묘사하기도 한 것입니다.

염제 신농의 후손이 중앙의 제왕으로 있을 때, 여러 부족이 반란을 일으킨 적이 있습니다. 그런 혼란스런 기회를 틈타 황제 헌원이 염제를 몰아내고 제왕의 자리를 차지한 것이죠. 치우는 이런 식으로 제왕의 자리에 오른 황제 헌원에게 도리에 어긋난다며 공격하게 되었죠. 황제의 군사들은 치우의 군사들의 상대가 되지 않았고, 곳곳에서 패해 도망가기 일쑤였습니다. 당시 황제의 군사들은 마제석기磨製石器238로 만든 무기들을 사용하고 있었으나, 치우의 군사들은 청동기와 철기로 무장하고 있었기 때문에 전력을 비교할 수 없을 정도로 치우의 군사들이 우세였죠.

번번이 싸움에서 패한 황제는 양쯔강 유역을 떠돌다가 샤안시陝西내륙까지 도망쳐서 훗날을 기약하며 힘을 다지고 있었습니다. 그는 저장의 용강239의 석성산에 병장기를 만들어 낼 기지를 마련하고 군사들을 훈련시킨 거죠. 어느 정도 세력이 갖춰지고, 치우의 군사에 대항할 수 있는 병장기까지 마련되자 황제는 다시 치우천왕에게 싸움을 걸게 됩니다.

치우천왕 측에서는 치우를 대신하여 휘하 장군이었던 치우비蚩尤飛가 대군을 거느리고 전장에 나타났죠. 황제는 치우 군이 연막전술에 능한 것을 알고 지남차指南車240를 만들어 대비했던 것입니다. 치우 군이 연막작전으로 공격해오자, 지남차를 선두에 두어 연막 속에서도 방향을 잃지 않았으며, 오히려 이를 역으로 이용하게 되었죠. 황제는 혼란에 빠진 치우비의 본진에 집중적인 공격을 했고, 이 전투에서 치우비가 전사하고, 치우 군은 대패를 하게 됩니다.

이 전투 후에 치우 군은 세력이 크게 약화되었고, 치우와 황제 사이의 대치는 소강상태가 이어집니다. 그러는 동안에 황제는 동서간의 융합 정책을 펴고 한족漢族을 하나로 통일시킨 것입니다. 전에는 치우천왕이 황제와 싸우면서 늘 승리함으로써 천하를 평정하였는데, 그때의 비결은 청동과 쇠를 다루는 기술을 가지고 있었기 때문입니다. 우세한 병장기를 지닌 치우 군을 이길 수가 없었죠. 그러나 이런 기술이 차차 널리 퍼져 황제도 비슷한 무기를 개발하게 되자, 치우천왕을 대적할 수 있게 된 것이지요. 게다가 번번이 싸움에 져서 도망만 다니던 황제는 여러 부족들을 규합해서 하나로 통일시켜 지원세력을 많이 만들었기 때문입니다.

어쨌든 치우천왕의 세력은 산동의 지난齊南동쪽의 룽샨진을 중심으로 허난, 샨시, 샨동, 허베이까지 뻗어 나갔습니다. 이곳에서는 검은 색 질그릇과 세 발 솥을 만들어 썼고, 옥을 다듬어 짐승이나 매 또는 독수리의 그림을 새기고 삼태극三太極형태의 옥환을 만들기도 했으며, 청동기에 귀신 무늬를 새겨서 함께 제기로 썼다고 합니다. 이를 용산문화라 하는데, 치우천왕시대에 이 용산문화는 매우 발달했고, 이러한 문화는 뒤에 은나라에 의해 계승되었던 것이죠.

치우는 109년을 제위에 있다가 죽었는데, 그를 모신 능이 샨동의 둥핑군 쇼우장현東平郡壽長縣에 있습니다. 능의 높이가 일곱 길이나 된다고 하고, 백성들이 해마다 시월이 되면 제를 올린다고 합니다. 후세 사람들이 치우를 지위천智偉天이라 하고, 환인 대중천, 환웅 대웅천241과 함께 삼성사三聖祠에 모셔서 제사를 지내게 된 거죠."

"예, 상세한 설명 고맙습니다. 덕분에 제가 많은 것을 배웠습니다. 치우천왕께서는 참으로 위대한 분이셨군요. 그런데 한 가지 이상한 점이 있습니다. 그 분이109년이나 제위에 있었다니, 도대체 몇 살까지 사셨다는 거지요? 정말 믿기지 않습니다."

보옥선사가 이해할 수 없다는 듯 고개를 갸웃하며 말했다.

"하하하. 그렇게 놀랄 일은 아닙니다. 1년을 360여일로 계산하는 역법은 춘추 전국시대에 널리 쓰인 황제력이나 전욱력 같은 여섯 가지 역법242에 의한 것이지요. 그 이전 사람들은 한 해를 둘로 나눠 계산한 것이죠. 그것은 봄과 가을에 천제를 지내면서 그때부터 새로운 해가 다시 시작된다고 믿은 겁니다. 그런 예를 들자면, 치우천왕이 109년간 제위에 있었다는 것 외에도 염제 신농은 140세에, 황제 헌원은 111세에 돌아가셨다고 전합니다. 이런 것은 동서양이 비슷합니다. 서쪽 나라인 이스라엘에서는 그들의 조상인 아브라함이 175세까지 살았다고 전하고, 그의 아내인 사라가 90세에 아기를 가졌다는 얘기를 전하고 있답니다."

명견대사는 재미있다는 듯이 풀어서 설명했다.

"하하하. 그렇군요. 그렇게 계산한다는 것을 몰랐습니다. 그건 그렇고 치우천왕과 대적한 황제 헌원도 대단한 인물이었군요."

"예, 그렇다고 봐야지요. 맹자孟子243의 말씀에 '천시불여지리, 지리불여인화244'라고 했습니다. 즉 '하늘의 운은 땅의 이로움만 같지 못하고, 땅의 이로움은 사람들의 화합된 마음과 같지 못하다'라는 뜻입니다. 사람마다 욕망과 풍습이 달라도, 이를 널리 포용하고 하나로 뭉치게 할 수 있으면 천하를 얻을 수 있다는 얘기지요. 물론 치우천왕도 이런 점에서는 대단했으나 동이족을 중심으로 통일한 것에 그쳤는데 비하여, 황제는 황제족, 염제 신농족과 일부 동이족까지 융합해서 화샤華夏족을 형성했지요. 그것이 마침내 치우천왕과 대적할 수 있는 힘을 구축하게 된 것입니다. 이 화샤족이 뒤에 중화中華민족의 핵심이 되었죠."

명견대사는 인화를 특히 강조하면서 덧붙여 설명했다.

"환국과 환인, 그리고 배달국과 환웅에 대한 이야기는 앞으로 더 자세히 들었으면 좋겠습니다. 치우천왕 외에도 다른 환웅들에 관한 재미있는 일화를 더 듣고 싶습니다. 그건 그렇고 저는 김수로왕에 대해 이야기 하고 싶군요. 그는 과연 어떤 인물인지 알고 싶습니다."

"하하하. 그럼 이제 수로왕에 대한 이야기를 들려드릴까요?"

3 소호 김천씨와 김수로왕

　명견대사는 술을 한 모금 마시고는 보옥선사에게 한 잔을 건넸다. 두 사람의 대화는 밤이 이슥하도록 끊어지지 않았다. 오히려 시간이 지날수록 더욱 진지해졌고, 두 사람은 자신이 알고 있는 역사적인 사실과 일화 등을 서로 주고받으며 경험의 폭을 넓히고 있었다.

　"대사님께서는 김수로왕이 소호少昊 김천씨金天氏의 후예라고 말씀하셨는데, 소호는 어떤 분입니까?"

　보옥선사가 술을 받아 마시고는 다시 대사에게 돌려주며 물었다.

　"예, 소호 김천씨는 샨동의 추후曲阜 동북에 있는 공상空桑에서 태어났는데, 뒤에 안휘安徽의 청양青阳으로 이동했습니다. 동이족의 우두머리인 태호 복희로부터 나라 다스리는 법을 배웠고, 서방으로 진출해서 샨동, 안휘, 장수江蘇북부 일대를 24개 지역으로 나누어 다스렸습니다. 그가 소호라고 불리는 것은 태호 복희의 법을 배웠다고 하여 '작은 태호'라는 뜻으로 그렇게 된 것입니다.

소호가 서방을 다스리면서 멀리 서쪽의 거수들을 데려와 동, 금, 철을 제련하고, 청동을 합금해서 농기구나 무기 또는 귀금속 장식을 만드는 법을 배웠고, 이를 통해 나라를 부강하게 만들었지요. 또한 금인상金人像을 만들어 하느님께 제사 지냈기 때문에 김천씨라 했답니다. 일설에는 황제의 아들이라고도 전하기도 합니다. 은나라 시대에 샨시에서 일어나 주나라의 기틀을 잡은 고공단부古公亶父도 소호의 후예입니다."

"그렇다면 소호 김천씨하고 김수로왕과의 관계는 어떻게 이어진 거죠?"

"예, 그건 더 이야기를 해야겠군요. 한나라 때에 북방의 여러 민족을 통합한 흉노라는 강대한 유목민의 국가가 형성되었을 때의 일입니다. 흉노족이 날로 세력을 확장하자, 이에 위협을 느낀 한漢나라 무제武帝245는 흉노족을 토벌하기 위해 군사를 보내게 되었죠. 당시 흉노의 천자인 선우單于 이추샤는 한나라 군대에 패한 곤사왕와 휴도왕246을 문책하여 죽이려 했답니다. 이에 곤사왕은 휴도왕을 설득해 한나라에 투항하자고 했으나, 휴도왕은 이를 거절하고 전쟁준비를 계속 했답니다. 그러자 곤사왕은 휴도왕을 유인해 죽인 다음 한나라의 곽거병霍去病247에게 홀로 투항을 했지요.

휴도왕이 한나라에 투항을 하지 않고 죽게 되자, 그의 태자 일제 日磾를 비롯한 가족들은 한나라로 끌려가 말을 키우는 마구간에서 천한 일을 하며 살게 되었죠. 말을 키우는 일을 하면서도 휴도왕의 태자는 매사 기품이 있는 태도를 보여주었다고 합니다. 당시 나이가 14살이었는데도 성숙한 태도를 갖고 있었고, 게다가 용모가 수려하여 많은 사람들로부터 호감을 얻었다고 합니다. 하루는 무제가 말을 검열하고 있을 때, 다른 마부들이 키우는 말보다 훨씬 훌륭한 말을 선보인 그를 불러 자초지종을 묻게 되었고, 그는 휴도왕의 태자였음을 말하게 됩니다. 왕은 그의 됨됨이를 가상히 여겨 그를 마구간을 책임지는 마감馬監에 임명하게 되죠.

그리고 그는 아버지인 휴도왕이 금으로 사람 모습을 만들어 하늘에 제사지내던 소호의 전통을 계승하고 있었다는 사실을 무제에게 말했고, 자신도 그 같은 풍습을 이어받아 그대로 시행하고 싶다고 말했던 거죠. 이에 무제는 그를 기특히 여겨 이를 허락하고, 게다가 휴도왕의 자손에게 김씨 성을 하사하여 쓰도록 한 것이죠. 그래서 그때부터 휴도왕의 태자 이름이 '김일제'가 된 것입니다. 무제는 그를 더욱 아껴 시중侍中으로 삼았고, 수십 년을 모시고 일하면서도 한 치 실수가 없었던 점을 높이 사서 거기장군車騎將軍으로 승진시켰지요. 그리고 무제를 암살하고 모반을 꾀하려던 역적을 잡아 죽인 공으로 공신의 반열에 올라 투후秺侯에 책봉되었답니다.

그 후에 한나라가 조선을 멸하고 사군을 설치하자, 이 분의 후손인 이비가가 한반도의 고령으로 가족과 함께 이동해 왔지요. 이비가는 한반도에 오기 전에 이미 정견모주와 혼인하여 뇌질주일과 뇌질청예를 낳았는데, 형인 뇌질주일은 자라서 대가야국의 임금인 이진아시왕이 되었고, 동생인 뇌질청예는 금관가야의 수로왕이 된 것이죠.

뇌질청예의 청예는 청양의 후예를 뜻합니다. 위에서 제가 소호 김천씨는 안휘의 청양으로 이동했었다는 이야기를 했었죠. 그래서 수로왕은 소호 김천씨의 후손이라는 의미를 나타내기 위해 이름을 그렇게 지은 것입니다."

명견대사가 수로왕의 조상에 대해 막힘없이 설명하자, 보옥선사는 감탄을 하며 대꾸했다.

"김수로왕도 훌륭한 가문을 이어받았군요. 이름에서도 그 뜻이 살아있다는 것을 보니 보통 사람은 아니라는 것을 다시 느낄 수 있겠습니다. 대사님께서 설명하신 이야기를 듣다보니 수로왕에 대한 호감을 더욱 느끼게 됩니다. 그리고 동이족의 후손으로 한때 북방 유목 민족의 왕족이었다가 한나라 무제에 의해 공신이 되었다는 김일제 거기장군의 일화도 재미있게 들었습니다. 또한 뇌질청예가 그의 후손이라는 말씀을 듣고 보니, 우리 아유타왕족의 변천과 비교해서 참으로 감회가 깊어집니다.

우리 가문이 허씨 성을 갖게 된 것은 아버님께서 허창許昌에 살던 허유許由[248]의 높은 절개를 흠모했기 때문이라는 말씀을 들었습니다. 허유는 요순시대堯舜時代[249] 사람으로 현명하고 고결한 분으로 천하에 이름이 알려졌습니다. 요 임금이 순에게 천자의 자리를 물려주었고, 순은 다시 임금의 자리를 물려줄 사람을 찾았으나 주변에 마땅한 사람이 없었답니다. 사람들에게 물어보니 허유를 추천했고, 그에게 제위를 물려주려고 하니까, 그는 더러운 말에 귀가 더럽혀 졌다며, 영천潁川에 귀를 씻고 기산箕山²⁵⁰에 숨었다고 합니다. 그만큼 세상의 권력이나 물욕을 멀리한 높고 깨끗한 뜻을 펴신 분이라고 합니다. 그래서 우리 가문도 그 분의 뜻을 기려 성을 허씨로 삼으셨다고 전합니다. 권력이나 재화에 욕심을 갖게 되면 눈이 어두워져서 세상 사람들을 편안하게 돌보지 못한다고 생각합니다. 그것은 대사님께서 중요하다고 강조하신 인화를 해치는 가장 큰 적이 된다고 믿습니다."

"예, 보옥선사의 가문이나 김수로왕의 가문이나 파란만장한 역사를 가지고 있으면서도 높은 뜻을 잊지 않고 있다는 것이 훌륭합니다. 이제는 과거보다도 앞으로 미래를 어떻게 이끌어 갈 것인지 그것이 더욱 중요하다고 생각합니다."

"그렇죠. 저도 그렇게 생각합니다.

"큰 꿈을 꾸고 높은 뜻을 품는 것도 중요하지만 무엇보다 사람들을 하나로 묶어 융합하는 인화력이 가장 필요하다고 생각합니다. 뇌질청예의 조상에 대한 말을 하다 보니 저도 모르게 제 생각을 많이 강조하게 되었네요. 하하하. 하지만 인화력을 발휘하려고 해도 우선 사람들이 주위에 모여야만 될 일이지요. 안 그렇습니까?"

"예, 저도 대사님 말씀에 백 번 동감합니다. 그리고 오늘은 너무 늦었으니 이만 쉬시고, 내일 다시 말씀을 나누지요. 먼 길을 오시느라 피곤하실 텐데, 제가 너무 늦게까지 붙잡은 건 아닌지 모르겠습니다."

"아닙니다. 저도 즐거운 대화를 나눴습니다. 오늘은 그럼 이만 하고 내일 다시 뵙죠."

두 사람은 서로 흐뭇한 미소를 나누며 두 손을 마주 잡았다. 마주 잡은 두 손을 통해 따뜻한 기운이 두 사람을 감싸고 있었고, 동질감을 느낀 그들은 한동안 말없이 서로를 쳐다보았다.

4 인연

"대사님, 안녕히 주무셨습니까? 먼 길을 오셨는데, 쉬지도 못하시고 어젯밤 늦게까지 말씀을 나누었는데, 피곤하지는 않으셨는지요?"

아침 일찍부터 보옥선사는 명견대사가 머무는 곳으로 나와 문안 인사를 했다.

"예, 덕분에 편히 쉬었습니다. 오랜만에 편한 잠자리를 가져 그런지, 일어날 때 개운했습니다. 아침 일찍 눈이 떠 뜰 안을 거닐어 보았는데 참으로 잘 가꾸신 정원이 보기 좋습니다. 특히 자단을 새겨 만든 봉황과 용은 수석을 잘 배치한 정원과 함께 이 집의 기품을 더욱 높이고 있습니다. 조경에 관심이 많으신 모양이죠?"

"하하하. 감사합니다. 그저 시간 나는 대로 조금씩 가꾸어 줄 뿐이지요. 제가 꽃과 나무를 좋아해서 늘 가까이 두고 볼 뿐입니다.”

“하하하. 겸손한 말씀입니다.”

“대사님, 그런데 오늘은 저의 부모님을 만나 인사를 드렸으면 하는데 괜찮으신지요?”

“예. 그렇지 않아도 제가 먼저 인사를 드릴 수 있도록 부탁하려고 했는데, 먼저 말씀해 주시니 오히려 제가 고마울 수밖에요. 그리고 그 전에 선사에게 상의할 얘기가 있는데…….”

“예, 말씀하시지요.”

“그럼, 선사의 부모님을 뵙기 전에 먼저 간략하게 말씀드리지요. 아시다시피 제가 뇌질청예와 함께 금관가야를 세웠다고 어제 이야기하지 않았습니까? 그리고 뇌질청예가 왕으로 추대되고 7년이 지났고, 이제는 나라 안팎의 질서가 잡히기 시작했지요. 그런데, 아직 왕비를 간택하지 못했습니다. 그래서 저하고 여러 신하들이 왕에게 왕비를 간택할 것을 건의하자, 왕은 저에게 보옥선사에게 가서 부탁드리라고 했습니다. 우리가 한반도로 건너가기 전에 며칠 이곳에 들린 적이 있었지요. 그때 왕은 선사의 누이동생을 눈 여겨 본 듯 합니다. 누이동생이야 말로 금관가야를 함께 이끌어 갈 국모로 가장 알맞은 분이라 여긴 것입니다.”

“그런 일이 있었군요. 제 누이동생을 그렇게 생각하고 계시는 줄을 몰랐습니다.”

“예, 그건 수로왕의 뜻입니다마는 저도 선사의 누이동생이라면 국모의 자격으로서 충분하다고 생각합니다. 게다가 금관가야와

선사의 집안이 혼인을 한다면 서로 좋은 관계로 맺어질 수 있다고 생각합니다. 이미 설명했지만 금관가야는 제철과 제련에 힘을 기울여 쇠를 많이 생산하고 있고, 잠사와 길쌈을 장려해서 삼베, 모시, 명주를 생산하고 있습니다. 이 같은 산물을 가지고 북으로는 낙랑樂浪, 현도玄菟, 대방帶方에서, 남으로는 왜의 쓰시마, 이끼, 야마이邪馬壹에, 동으로는 서라벌을 비롯한 진한의 12개국, 서로는 마한의 54개국까지 교역을 하고 있습니다. 이제는 더 많은 나라와 교역을 하려고 준비하고 있습니다만 배를 다루는 기술이 부족하여 멀리 해외로 나가기에는 다소 힘이 듭니다. 선사의 집안은 대대로 해운에 힘써 오셨기 때문에 이런 금관가야의 어려움에 많은 도움을 주실 수 있을 것이라 생각합니다."

"예, 그렇게 생각할 수도 있겠습니다. 저의 가문은 인도에서부터 해운 분야에 대해 많은 경험을 가지고 있지요. 지금도 저의 집안은 해운분야에서 일을 하고 있고, 그 방면에 기술을 가진 사람들이 많습니다."

"더욱 반가운 소식이군요. 어떻습니까? 저는 아유타국왕의 후예인 황옥낭자와 소호 김천씨의 후예인 김수로왕은 천생배필로 생각되는데. 금관가야의 왕비로 황옥낭자를 맞아드릴 수 있도록 선사께서 도와주실 수 없겠습니까? 오늘 선사의 부모님을 뵙게 되면 정식으로 이런 말씀을 드리고 싶습니다."

"대사와 어제 말씀을 나누면서 저도 김수로왕에 대해 호감을 갖게 되었습니다. 그리고 제 누이동생이 올해 열여섯이니 출가할 때가 되었지요. 누이동생의 배필로 그만한 사람이 또 어디 있겠습니까? 제가 먼저 말했어야 하는데, 대사께서 그리 말씀하시니 불감청 이언정 고소원251입니다. 저도 적극 찬성입니다. 그리고 제가 도움이 된다면 적극 돕겠습니다. 오늘 저녁 식사에 대사님을 초대할 것이니, 그 자리에서 저의 부모님과 말씀을 나누도록 하십시오. 제가 미리 부모님과 형님에게 말씀 드려 놓겠습니다."

"예, 그럼 이따가 저녁 시간에 다시 뵙겠습니다."

아침 식사가 끝난 뒤에 허성 내외, 큰 아들 태옥泰玉, 여동생 황옥이 차를 마시고 있는 자리에서 보옥선사가 말했다.

"아버님, 저하고 친분이 있었던 명견대사가 어제 저를 찾아 왔습니다."

"그래, 산동에서 네게 가르침을 주셨다던 분 말인가. 그때 한 번 본 적이 있지. 아마 뇌질청예라고 하는 청년하고 함께 봤던 것 같았는데, 이번에는 함께 오지 않았는가?"

허성이 기억하고 있다는 표정으로 고개를 끄덕이며 말했다.

"그 분은 아는 것이 많았던 분으로 기억하는데, 말씀하시는 것을 보면 육도삼략에서 손오병법孫吳兵法252은 말할 것도 없고, 선인도仙人道와 유가의 사서육경四書六經253을 통달하고 계신 것으로 알고 있었는데……."

허성에 이어 태옥도 기억난다는 듯 덧붙여 말했다.

"예, 맞습니다. 그 분은 공부를 무척 많이 하신 분입니다. 그리고 이번에는 혼자 오셨습니다. 그 분이 저를 찾아온 목적이 그때 함께 왔던 뇌질청예의 혼사 때문이라 합니다. 명견대사의 말을 들어보니 우리와 만난 뒤에 한반도에 갔는데, 동남쪽 끝 변한의 김해라는 곳에서 뇌질청예가 금관가야의 수로왕으로 추대되었답니다. 이 나라는 가야 연맹 여섯 나라의 맹주로 수로왕이 제철과 제련에 힘쓰고, 농사와 길쌈을 장려하여 나날이 강성해지고 있답니다. 그리고 교역에 힘써 낙랑, 현도, 대방, 마한, 진한, 왜 등 여러 나라들과 교역을 하고 있답니다. 그들이 만든 판장쇠는 철정鐵鋌254이라고도 불리면서 통화 대신으로 쓰이고 있을 정도로 대단하다고 합니다.”

“그래, 한 나라의 왕이 되었다니 대단한 잘 된 일이구나. 그런데, 혼인 문제라니……?”

“예, 대사는 김수로왕의 배필로 우리 황옥을 생각하고 있다고 합니다. 또한 금관가야의 해운력이 약하니 우리 아유타왕족의 힘을 빌리면 더욱 강성한 나라를 만들 수 있을 것이라고 합니다. 그래서 우리에게 청혼하기 위해 왔다고 합니다.”

“무엇이라고? 우리 황옥이 어떤 아이인데, 그런 수만 리 변방으로 출가를 시킬 수 있단 말이냐? 자네가 정신이 나간 것 아닌가?”

태옥이 보옥의 말을 자르면서 못 마땅한 듯이 말했다.

“형님, 그렇게만 생각하실 일이 아닙니다. 우리 아유타왕족이 인도 아유디아를 떠나 지금까지 얼마나 고생했습니까? 그리고 오랜 세월 우리 가문이 뜻을 이루지 못하고, 핍박을 받던 것을 잊으셨습니까? 이곳 잔예에 머물게 된 이유도 우리 가문이 번듯한 세력을 갖지 못해 망명하다시피 온 것이 아닙니까? 그리고 이곳에 와서 선단을 가지고 무역을 하고 있으니까 그나마 우리 가문이 명맥을 유지하고 있는 것 아닙니까? 우리 가문이 옛날과 같은 영광을 되찾기 위해서는 무역만 가지고는 안 된다고 생각합니다. 한번 생각해 주십시오. 금관가야와 손잡는다면 강력한 해상왕국을 다시 건설할 수도 있습니다."

"네 말이 틀리다는 것은 아니다. 다만 내 생각에는 과연 금관가야가 우리에게 힘을 실어줄 수 있을 만큼 큰 세력을 갖고 있는지 의문이구나. 그리고 김수로왕이 또 그만큼 훌륭한 인물인지 알 수 없다는 말이다."

"형님께서는 변방의 작은 나라라고 하셨지만, 이제 시작하는 단계입니다. 그리고 그곳 여섯 나라의 맹주로 군림하고 있다고 하지 않았습니까. 그리고 김수로왕은 소호 김천씨의 자손인 김일제 장군의 직계입니다. 김일제 장군은 한 무제 때에 장군이었으며, 공을 세워 공신으로 책봉된 분입니다. 그 정도 가문이면 결코 뒤떨어진다고 할 수 없을 겁니다. 그리고 수로왕은 명견대사에게 가르침을 받은 사람입니다. 저는 그가 기골이 장대하고 얼굴이 수려하며 기품이 높다는 것을 알고 있습니다. 아버님과 형님만 허락하신다면 제가 황옥과 함께 명견대사를 따라 금관가야에 다녀왔으면 합니다. 만일 그곳에 가서 제가 사람을 잘못 봤다면 다시 돌아오겠습니다."

"황옥아. 너는 어떻게 생각하느냐? 보옥의 말을 듣고 보니 좋은 혼처인 것 같기도 하지만, 보옥이 말했듯이 수만 리 변방으로 시집을 보낼 생각을 하니 마음이 내키지 않구나."

마야부인이 두 형제의 말을 중간에서 끊고 말했다. 그때까지 말 없이 듣고만 있던 황옥낭자가 고개를 들어 가족들을 한 번 둘러보고는 심산계곡에서 개울물이 흐르듯 맑은 목소리로 말했다.

"저도 몇 해 전에 뇌질청예님을 잠깐 뵌 적이 있습니다. 키가 크고 기품 있는 분으로 느꼈습니다. 보옥 오라버니가 말씀하신대로면 이역이지만 그런 분과 함께 나라를 도모하는 것도 값진 일로 생각됩니다."

"나는 그래도 반대다. 아직은 모든 것을 확인할 수 없지 않니?"

태옥은 더 이상 말할 필요 없다는 듯 동생의 말을 가로막았다.

"형님, 그렇다면 오늘 저녁에 명견대사와 함께 이야기를 나누면서 더 알아보는 것이 어떻습니까? 저는 우리 아유타왕족의 장래를 위해서도 크게 도움이 되는 일이라 생각되는데, 일단 만나서 확인해보면 되지 않겠습니까? 아버님 생각은 어떠신지요?"

"그래, 지금 이 자리에서 결정하지 말고, 오늘 저녁에 명견대사를 만나 얘기를 들어 보고 다시 논의하도록 하자. 그게 좋겠다."

허성은 가족들을 돌아보며 자애로운 웃음으로 자리를 마무리했다.

붉은 해가 석양에 머물러 아직은 밝음과 어둠이 혼재하는 저녁

시간이었다. 도도하게 흐르는 양쯔강이 멀리 내려다보이는 서남향 정원의 팔각정으로 향하는 두 사람의 다정한 모습이 보였다. 보옥선사의 안내를 받아 명견대사가 주변 풍경을 감상하며 천천히 오르고 있었다. 팔각정에는 이미 허성과 그의 가족이 먼저 와서 기다리고 있었다. 이윽고 두 사람이 다가서자, 가족들은 자리에서 일어서 그들을 맞이했고, 명견대사는 허성과 마야부인에게 두 손을 마주 잡고 가슴 높이에 올리고 공손히 허리를 숙여 절했다. 허성과 마야부인도 답례를 했다. 곧이어 큰 아들 태옥과 황옥낭자와도 인사를 마치고 자리를 잡았다. 허성은 명견대사를 주빈 자리에 앉게 하고, 맞은편에 앉았으며, 바로 오른쪽에는 마야부인이 자리를 했다. 명견대사의 왼쪽에는 보옥선사가, 오른쪽에는 태옥이 앉았으며, 황옥낭자는 허성의 왼쪽에 앉았다.

저 멀리 양쯔강에는 행루선行樓船[255] 한 척과 삼판선三板船[256] 여러 척이 강물을 헤치고 오르내리는 것이 보였다. 지대가 높은 곳이라 시원한 바람이 솔솔 불어 한 여름 초저녁의 더위를 알맞게 식혀 주고 있었다. 모두 자리에 앉자 녹차가 먼저 나왔다. 발효를 하지 않은 차로 갈증을 없애 주었으며, 입맛을 돋구는 차였다. 다음에는 해파리와 오리알로 요리한 냉채가 나왔다. 이어서 상어 지느러미탕이 나왔다. 자기로 된 짧은 숟가락으로 한 모금씩 떠서 마시는데 입안에서 살살 녹는 맛이 천하제일이었다. 그들 곁에서 식사를 도와주는 하인들은 음식이 나오는 중간중간에 우롱차와 홍차가 떨어지지 않도록 계속 따라 주었다. 진한 다갈색의 우롱차는 반쯤

발효한 것이라 씁쓰름하면서도 요리를 하나씩 들 때마다 입가심하기가 좋았다. 이곳 사람들이 풍성한 식사를 하면서도 살이 잘 찌지 않는 것은 여러 가지 차로 기름기를 말끔히 씻어 내리기 때문이라고 했다.

"자, 대사님, 이 술을 들어 보십시오. 이 술은 우리 집안에서 대대로 담아서 즐기는 약미주입니다. 수수를 주원료로 해서 오가피를 비롯한 십 여 가지의 약재와 녹두를 섞어 오랫동안 빚은 술입니다. 대사님께서 멀리 금관가야에서 이곳까지 오시느라 피로가 누적되었을 텐데, 쭉 들이키시면 피로가 풀리고 한결 개운하실 겁니다. 자, 대사님의 건강을 위해 다 함께 건배를 합시다."

허성이 모든 사람들에게 술잔에 잔을 채우도록 하고, 자신의 잔을 높이 들어 외쳤다. 모든 사람이 허성을 따라 술잔을 눈높이로 들었다. 그러자 허성은 대사의 건강을 축원한 다음 건배를 제창하였다. 모든 사람이 잔을 들어 단숨에 들이키고는 서로 시선을 마주친 다음 술잔이 비었다는 것을 서로 보여 주었다. 곧 이어 이곳의 명물인 찐 게가 나왔다. 등 부분에 붙여 놓은 알부터 떼어내 맛간장을 뿌려 먹고, 몸통을 반으로 잘라 살을 발라 가며 맛 장에 찍어 먹었다. 담백하면서도 부드럽고 달콤한 맛이 나는 것이 품위가 있었다. 이어서 나온 음식이 소금물에 절인 오리였다. 오리 껍질이 적갈색인데 고기가 연하고 붉었다. 기름기를 없애서 다듬은 것이 고기 맛이 부드러워 씹으면 씹을수록 맛이 났다. 요리를 드는 사이사이에 잡곡밥이 곁들여졌다. 흰살 도미와 반어斑魚[257]찜이 나온 뒤에 깨찹쌀 떡과 호두튀김이 사과탕과 함께 후식으로 나왔다.

"이렇게 융숭한 대접을 받으니 황공하기 짝이 없습니다."

명견대사가 후식을 먹으면서 말했다.

"하하하. 별 말씀을 다 하십니다. 오히려 대사님 같은 분을 만나뵈어 제가 영광입니다. 보옥 말을 들으니 학식이 대단히 높다던데, 오늘 좋은 이야기를 많이 들려주시기를 바랍니다."

허성이 잔을 권하며 환한 미소로 답했다.

"아, 예. 저는 아직 많이 부족합니다. 보옥선사의 공부도 상당하다고 생각되는데, 하물며 마마나 보옥선사께서는 더욱 뛰어나시지 않겠습니까. 제가 감히 마마 앞에서 실수를 하지 않을까 걱정됩니다. 하하하."

"그런데, 대사님께서는 샤카족 출신이라고 들었는데, 언제 샨동반도로 오셨는지요? 샤카족이라면 우리 아유타왕족과도 인연이 있는 줄 압니다. 아마도 오래전에는 인도에서 함께 어울려 살던 부족인지도 모르지요."

태옥이 명견대사의 말이 끝나자마자 조금은 도전적으로 물어보았다.

"예, 저의 가문 이야기를 하려면 조금 길어지겠군요. 태옥공자 말처럼 저의 가문도 인도에서 비롯되었죠. 저의 선조는 샤카족의 크샤트리아258 출신인데 인드라259상제의 계시를 받은 다음, 진리를 구하기 위해 파미르 고원으로 갔다고 전합니다. 그곳에서 오랜 기간 수양을 하면서 사람의 근원에서부터 생활을 위한 기술까지 많은 것을 배웠다고 합니다. 마마께서도 아시겠지만 인드라는 브라마260와 함께 불법을 지키는 신으로 십이천+二天261의 하나인 동방을 수호하는 신이십니다. 저의 가문은 대대로 인드라 상제를 모셔왔지요. 그래서 그의 계시를 받드는 것은 가문의 오랜 전통이 되었죠. 저의 선조들이 진리를 배우고, 그것을 실천하기 위해 힘써 온 것도 다 이런 배경에서 그랬던 거죠.

그 이후로 저의 선조들은 여러 대에 걸쳐 동이족과 함께 이동하면서 사람들에게 생사의 이치를 가르치고, 치산치수治山治水262, 동과 철의 제련, 도자기를 만드는 일, 기마법과 궁술, 농경과 잠사의 여러 가지 기술을 전수해 주었지요. 그러다가 치우천왕을 따라 샨동반도에 와서 정착하게 되었습니다.

그리고 샨동반도에 정착한 다음에는 태상노군 노자나 공맹孔孟263의 가르침을 접하게 되었습니다. 춘추전국시대를 거치다 보니 손오의 병법도 공부하게 되었고요. 저는 샨동의 지난濟南에서 태어났습니다. 어릴 때부터 집안 대대로 내려온 온갖 학문과 사상을 배우려고 노력해 왔습니다만 아직 깨우치지 못하는 것이 많습니다. 요즈음은 그나마 배운 것을 실천해 보려고 김수로왕을 도와 금관가야에서 일하고 있습니다."

명견대사가 자신의 가문에 대해 겸손하게 전해 주었다.

"인드라 상제의 계시를 받았다고요? 그리고 진리를 배우기 위해 그렇게 오랜 세월 수행을 하셨다니 존경을 받을 만한 가문입니다. 그런데 사람의 근원이라니요? 어떤 것을 말하는 겁니까?"

마야부인이 차를 한 잔 권하며 물어보았다.

"예, 부인 그것은 모든 학문을 시작하기 전에 먼저 '내가 누구인가'하는 것을 깨닫는 것부터 배우자는 것이지요. 우리가 이 세상에 존재하는 이유를 알기 위해 인간의 역사를 먼저 알고자 하는 내용입니다.

수십억 년 전에 천지가 개벽했지만 사람이 이 세상에 나타난 것은 그리 오래 된 것은 아니라고 전해 옵니다. 그리고 처음으로 이 세상에 나타난 사람은 두 발로 서서 걸어 다니고, 나무 위나 동굴 속에서 살면서 열매나 과일을 따 먹고 살았다고 합니다. 사람 보다 덩치가 크고 힘이 센 짐승들이 많아서 사람들은 평야지역에서 살지 못하고, 보다 안전한 고산 지대에서 생활했습니다. 오랜 시간이 지나면서 사람들은 돌과 나무로 연장을 만드는 법을 알게 되었고, 불을 발견하게 되었지요.

연장과 불을 발견한 사람들은 자연과 짐승들에 대한 두려움이 점점 사라졌고, 그에 따라 고산지대에서 평지로 삶의 터전을 바꾸기 시작했답니다. 게다가 사람들은 개별적으로 행동하기 보다는 집단으로 힘을 모아 살아가기 시작하면서 자연을 지배하기 시작했지요. 그들이 암벽이나 동굴 안에 남겨놓은 그림을 보면 여러 명이 힘을 합해 몽둥이로 멧돼지나 순록을 때려잡는 것을 종종 볼 수가 있지요. 그리고 흑요석黑曜石을 단 작살로 고래 같은 큰 동물을 잡기도 했다는 것을 알 수 있습니다. 이러한 그림들이 집단생활을 했다는 것을 잘 보여주고 있습니다.

그리고 사람들의 기원에 대하여 이런 이야기도 있습니다. 아시아 대륙의 한 가운데에 있는 파미르 고원에 마고麻姑[264]라는 신이 있어 인간의 시조가 되었다고 전합니다. 마고는 슈멜족이 바빌로니아에서 최고신으로 모신 마알둑 신과 같은 존재로 생각됩니다. 마고가 살던 마고성에서 아만과 나반이 살았다고 하는데, 이들이 최초의 남자와 여자라고 합니다. 세월이 흐르면서 이들의 자손이 번성하고, 사람들의 수가 많아지자 점점 영역을 넓혀가게 되었고, 사방으로 흩어지게 됩니다. 이때 일부 무리를 이끌고 동쪽으로 이동한 청궁씨靑穹는 동이족이 되었고, 백소씨白巢는 서쪽으로 진출해서 슈멜족이 되었다고 합니다. 남쪽으로 나간 흑소씨黑巢는 마간에서 셈족의 칼데아인이 되었다고 하고요. 황궁씨黃穹는 권속을 거느리고 티엔샨을 넘어 중원으로 들어가 묘족이 되었다 합니다. 지금까지 알려진 사람의 근원은 대강 이와 같다고 전해 옵니다."

　　"신기하면서도 재미있는 이야기로군요. 그렇다면 지금 세상에 존재하는 모든 사람이 원래는 한 조상을 가졌다는 이야기가 되는군요."

　　마야부인이 대사의 설명을 듣고 고개를 끄덕이며 말했다.

　　"예, 그렇습니다. 따지고 보면 우리 모두 한 가족이나 마찬가지지요."

　　"예, 대사님 학문의 깊이와 넓이가 대단하다고 들었는데, 역시 많은 것을 가르쳐주시는 군요. 오늘 제가 새로운 것을 또 배웁니다. 하하하. 그런데 대사께서는 금관가야의 김수로왕을 돕고 계신다고 하셨는데, 김수로왕의 내력과 인물에 대해서 알고 싶습니다. 보옥이 말하기로는 대사께서 김수로왕의 배필을 찾아 이곳에 오셨다고 하는데, 우리로서는 아직 뭐라 말하기 어렵습니다."

허성이 홍차를 한 모금 마시면서 부드러운 목소리로 말했다.

"예, 마마. 보옥선사에게 이미 소상히 설명했지만, 다시 간추려 말씀드리도록 하겠습니다. 김수로왕은 올해 나이가 스물 셋 입니다. 영특하고 위풍이 당당한 청년이지요. 삼황오제의 하나인 소호 김천씨의 후손이기에 그의 가문이 보잘 것 없다고 할 수는 없지요. 더 상세하게 말씀드리자면 소호 김천씨의 후예인 휴도왕이 시황제始皇帝265의 통일 진나라 시대에 북쪽의 기마 민족 국가인 흉노에 가세한 적이 있었습니다.

그 이후 흉노족의 세력 확장에 위협을 느낀 한나라 무제는 흉노족을 토벌하기 위해 군사를 보내게 되었죠. 이 과정에서 휴도왕은 같은 흉노족 왕이었던 곤사왕의 꾀임에 빠져 죽게 되고, 그의 태자와 가족들이 한나라에 잡혀가게 됩니다. 하지만 휴도왕의 태자는 한나라에 가서 공을 세우고, 무제로부터 김씨 성을 하사 받았습니다. 이 태자가 뒤에 공신이 된 거기장군 김일제입니다. 세월이 흘러 그의 후손인 이미가는 정견모주와의 사이에 뇌질주일, 뇌질청예를 비롯한 여러 아들을 두었습니다. 이 뇌질청예가 바로 뒤에 김수로왕이 된 것입니다.

김수로왕은 키가 아홉 자에 위풍당당한 체격을 갖고 있기도 하지만 속으로도 대단히 영민하고 생각이 깊은 청년이었습니다. 제가 산동반도에 있을 때부터 육도삼략과 주역 등 많은 학문을 가르쳐왔는데, 한 번 일러 주면 결코 잊어버리는 일이 없고, 글을 읽어도 깊은 뜻을 새길 줄 아는 신중함이 있었습니다. 무술에도 능해 칼과 활을 잘 쓰는데 특히 말을 타면서 활을 쏘는 기사騎射에 능해, 거의 백발백중으로 신궁이라는 소리를 듣곤 합니다. 게다가 그는 쇠부리를 익혀서 치우천왕 때의 제련, 제철 기술을 터득하고 있습니다.

이제 김수로왕이 세운 금관가야도 안팎으로 안정이 되었고, 날로 국력이 강성해지고 있습니다. 다만 아쉬운 것은 아직도 혼자 계시니 장차 나라를 이어받을 후사가 걱정됩니다. 그래서 모든 신하와 백성들이 왕비를 모시고 싶다는 청을 드렸던 것입니다. 이에 대해 김수로왕은 황옥낭자를 모시고 싶다고 은밀하게 저에게 부탁해서, 제가 여기까지 오게 된 것입니다.

이 혼인은 아유타왕가와 금관가야 왕가의 가연일 뿐 아니라, 아유타왕가의 축적된 해운력과 금관가야의 제철력을 결합하면 많은 사람들에게 도움을 줄 수 있고, 좋은 세상을 함께 만들어 나갈 계기가 될 것으로 믿습니다. 원컨대 김수로왕의 청혼은 허락하시어, 좋은 결과가 있기를 기대합니다.”

명견대사가 진지하면서도 호소력 있는 목소리로 설명을 했다.

“예, 잘 알겠습니다. 대사의 말씀을 잘 들었고, 충분히 이해했습니다. 그리고 김수로왕이 어떤 분인지도 알게 되었습니다. 그리고 금관가야에 대해서도 어느 정도 국력을 가지고 있는지 알겠습니다.

우리 가문은 현재 200보 길이의 3층 거선인 행루선 세 척과 물소 가죽으로 장갑을 한 쾌속선인 몽충蒙衝266 열 척이 있고, 보다 작으면서도 빠르게 뱃길을 오갈 수 있는 주가走舸를 수십 척을 확보하고 있습니다. 모두 수십 개의 상앗대를 저어 가는 도선櫂船267이지요. 여기에 원양을 항해할 수 있도록 돛을 단 범선 한 척을 건조 중이지요. 이것은 예전에 페니키아 인이 인도로 올 때 썼던 탈시시선을 참고로 행루선을 개조하여 돛과 키를 달 수 있게 설계했지요. 유월 중순에 진수하려고 건조에 박차를 가하고 있답니다. 우리의 이런 강력한 선단을 활용하면 금관가야를 중심으로 한반도와 왜국, 그리고 나아가서는 우리의 잔예를 연결해서 교역을 할 수 있고, 보다 살기 좋은 나라를 만들 수 있을 것으로 생각됩니다. 대사님의 말씀이나 김수로왕의 의도를 충분히 반영할 수 있을 겁니다.

하지만 이번 혼사를 쉽게 결정할 수는 없습니다. 이는 우리 가문에 매우 중요한 일이니 지금 이 자리에서 무어라 말할 수는 없고, 우리 가족들끼리 의논을 해봐야겠군요. 상의한 내용은 내일 저녁까지 결과를 말씀드리기로 하겠습니다. 그동안 잠시 쉬시면서 먼 여행길에 누적된 피로를 말끔하게 푸셨으면 좋겠습니다."

허성이 자리를 마무리하면서 명견대사에게 공손하게 말했다.

저녁 식사를 하면서 나눈 술로 인해 보기 좋게 취기가 오른 사람들의 표정은 밝아 보였다. 마침 중천에 떠오른 보름달도 모든 사람들을 축복하는 듯 환하게 웃고 있었다.

5 인드라의 계시

허성은 수미산須彌山[268]을 올라가고 있었다. 바위를 하나씩 뛰어넘을 때마다 숨이 턱까지 차올랐으나 쉼 없이 올라가고 있었다. 바로 뒤에는 마야부인이 바짝 뒤쫓아 오고 있었다. 제법 큰 바위가 앞을 가로막을 때는 자신이 먼저 올라가서 부인의 손을 잡고 끌어 올렸다.

바다 한 가운데 우뚝 선 이 산은 높이가 팔만 유순由旬[269]이나 되는 세계의 중심이 되는 산이었다. 주위에 아홉 개의 산과 여덟 개의 바다가 있었고 해와 달과 별들이 그 바깥을 돌고 있었다. 중턱에 살던 사천왕四天王[270]의 도움을 받아 가까스로 꼭대기의 도리천忉利天[271]에 도착했다. 이곳에 있는 선견성善見城[272]에 인드라가 살고 있었다. 인드라는 제석천이라고도 했는데, 우주를 창조한 브라마

와 함께 인도 신화에 나오는 신으로 인간계를 감시하는 무신이었
다. 벼락을 무기로 아수라阿修羅273와의 싸움에서 승리를 주도했으
며, 동방천을 수호하는 신으로 나찰羅刹274로 변신해서 설산동자雪
山童子275의 도를 구하는 마음을 시험하기도 했던 일이 있었다. 동
이족에게는 하느님을 공경하면서 두려워하는 사상과 일치하기 때
문에 석제환인釋帝桓因276이라 불리기도 한다.

　인드라 상제가 설산동자를 시험했다는 것은 열반경涅槃經277에
그 내용이 적혀 있는데, 부처가 전생에 눈으로 덮인 설산에서 보살
행을 닦을 때의 일이었다. 설산대인 또는 설산동자라는 이름은 부
처의 전생에서 불리던 이름이었다. 그 당시에 인드라 신은 설산동
자의 도를 구하는 마음이 얼마나 높은지 시험하려고 했었다. 그래
서 설산동자가 세상 이치를 깨닫고자 절벽 위 바위에서 가부좌跏趺
坐278하고 명상에 빠져 있을 때, 은근한 목소리로 '제행무상 시생멸
법'279이라고 말했다. 이 말 뜻은 '세상의 모든 일은 변하지 않는
것이 없기에 한 번 나면 반드시 없어진다'는 뜻의 게송偈頌280이었
다.·설산동자는 그 게송을 듣고 문득 깨닫는 것이 있어, 누가 이런
귀한 노래를 들려주는가 하고 주변을 두리번거렸으나 붉은 머리,
푸른 눈에 검은 피부를 한 식인귀인 나찰 밖에 보이지 않았다. 설
산동자는 이 나찰이 게송을 부른 것이 틀림없다고 생각하고 물었
다.

　"그대가 이제 막 노래를 한 것이오?"

　"맞소, 내가 지금 노래를 했소."

"그렇다면 원래 게송은 네댓 자로 된 시구 넷으로 읊는 것인데, 나머지 부분마저 불러보시오."

"나는 지금 배가 고파 더 이상 노래를 할 수 없소."

"그럼, 당신이 배고프지 않도록 도와주면 나머지 부분을 노래하겠소?"

"그렇소. 나의 배고픔을 없애준다면 나머지를 불러보겠소."

"그럼, 당신의 배고픔을 없애주려면 어떻게 해야 되는지 말해보시오."

"나는 사람고기를 먹어야 배고픔을 잊을 수 있소."

이 말을 들은 설산동자는 마지막 시구를 얻기 위해서 자기의 몸을 던져 줄 결심을 했고, 나찰은 설산동자의 약속을 받고 나머지 구절을 마저 읊었다.

"생멸멸이적멸위락."281

이 노래의 뜻은 '나고 죽음에 끌려가는 마음이 없어지면, 적멸 또한 즐거우리라'는 것이었다. 여기에서 말하는 적멸이란 모든 번뇌에서 해탈해서 불생불멸의 높은 경지에 도달하는 열반涅槃282을 뜻하는 말이었다.

설산동자는 그 구절을 듣고 크게 기뻐하면서 자신이 들은 게송을 돌벽, 나무, 길바닥 등에 새겨서 사람들에게 널리 알릴 수 있도록 한 뒤에, 약속대로 나찰의 먹이가 되기 위해 절벽 위에서 뛰어내렸다. 나찰은 그 모습을 보고 재빨리 인드라 신으로 변해서 설산동자의 몸을 받아 구했다. 인드라는 설산동자가 목숨을 버리면서까지 참된 게송을 얻으려고 자신을 희생하는 마음가짐에 감동했던 것이다.

네 구절로 된 게송 가운데에서 앞의 두 구절을 들은 설산동자는 뒤의 두 구절을 마저 얻기 위해서 자신의 몸을 귀신의 먹이로 내놓을 정도로 구도 정신이 철저했다. 그는 이미 시간과 공간 그리고 생사를 초월한 부처의 경지에 이른 것이었다. 이런 정성으로 도를 닦은 설산동자는 후세에 석가모니불로 환생하였다.

오늘 허성은 인드라의 부름을 받고 선견성을 찾아 온 것이었다. 마침내 선견성에 들어서니 중앙 정전에서 인드라 신이 직접 일행을 맞이했다.

"먼 길을 오느라 수고가 많으시오. 내가 두 분을 오시라고 한 것은 전할 말이 있어 이렇게 직접 부른 것이오. 내가 오래 전에 동이의 변진 땅 금관가야에 새로운 임금을 보낸 적이 있소. 이제 때가 되어 혼인을 시켜주려 하는데, 마땅한 배필을 찾다 보니 그대의 딸이 떠오른 거요. 두 사람이 짝을 이뤄 나라를 다스린다면 뭇 중생들에게 큰 도움을 주게 될 것이오. 금관가야의 임금과 그대의 딸은 인간들이 사는 사바세계를 두루 보살필 수 있도록 선택된 사람이니 인연을 맺을 수 있도록 도와주시오. 내가 하려고 했던 말은 이것이오."

"예, 잘 알겠습니다. 분부대로 거행하겠습니다."

허성은 머리 숙여 대답한 다음, 부복해서 공손히 절을 했다. 마야부인도 옆에서 두 손을 머리 위로 모아 엎드려 절을 했다.

"그대가 이곳을 찾아 올 때는 힘들고 어렵게 왔으니, 내려가는 길은 편히 갈 수 있도록 구름을 내어 주겠소."

그렇게 말하자 허성 내외는 오색구름에 휩싸여 지상으로 한참을 내려왔다. 마침내 자신의 집까지 데려다 준 구름이 한 순간 사라지며, 갑자기 주변이 환해졌다.

깜짝 놀란 허성이 벌떡 일어나보니 모든 것이 꿈속의 일이었다. 그러나 인드라 신이 살고 있는 선견궁에서 느꼈던 향긋한 냄새는 아직도 은은하게 느껴졌다. 그는 상쾌한 기분으로 자리에서 일어났다. 모든 것이 생생하게 기억되었지만 깨어 보니 그것이 꿈이었다.

아침을 먹으면서 허성은 지난밤에 자신이 꾼 꿈에 대해 가족들에게 이야기했다. 그러자 마야부인이 신기한 표정으로 말했다.

"저도 어제 비슷한 꿈을 꾸었어요. 아마 인드라 신께서 우리 황옥을 김수로왕에게 출가시키라고 계시를 내린 것 같아요."

허성의 집안은 옛날부터 브라만교[283]를 믿다가 근래에 와서는 불교의 영향도 받게 되었다. 오백 년 전쯤에 인도의 샤카족 출신인 싯다르타가 해탈하면서 포교를 시작한 불교가 넓은 지역을 퍼졌었다. 당시 불교를 믿기 시작한 사람들은 브라만교를 완전히 저버리지 못했고, 브라만교의 신들을 함께 믿고 있었다. 따라서 인드라는 브라마와 함께 석가모니불釋迦牟尼佛[284]을 수호하는 양대 주신이 되었다. 허성의 집안에서도 브라만교와 불교를 둘 다 믿고 있었고, 어제 인드라 신의 계시를 받았던 것이다. 그것은 절대적인 영향을 미치는 사건이었다. 부모의 이야기를 모두 들은 태옥도 자신이 반대했던 뜻을 거두고 청혼을 받아드리기로 했다.

"인드라 신께서 그렇게까지 말씀하셨다면 어쩔 수 없군요. 황옥을 금관가야로 출가시켜야 하겠습니다. 제가 동생을 위해 도움이 될만한 사람들을 골라 시종으로 붙이겠습니다. 그리고 우리 가문의 위신을 위해 그럴듯한 폐백을 갖추어 보내도록 해야겠습니다. 이번에 건조하는 탈시시 범선으로 가면 한 달이면 다녀 올 수 있을 겁니다. 이 모든 일을 보옥 아우가 주재하는 것이 좋겠습니다."

"그러면 점심식사 때에 명견대사를 모시고 오겠습니다. 아버님께서 직접 말씀해 주시고, 잘 돌보아 달라고 부탁하시는 것이 좋겠습니다."

보옥선사는 가족들이 이번 혼사를 찬성하고 나서자, 얼굴에 기쁜 미소를 가득 띄우며 밝은 목소리로 말했다.

"그래, 우리 의견이 결정됐으니까, 오래 기다릴 필요 없지, 그럼 보옥아 네가 대사님을 점심식사에 초대하려무나. 그리고 황옥아, 먼 이국땅으로 시집간다고 서운하지 않겠니? 나는 그래도 네가 걱정된단다. 아무쪼록 마음 단단히 먹고 잘 살아야 한다."

마야부인이 걱정스러운 표정으로 황옥을 돌아보며 손을 잡았다. 그리고 눈물이 금방이라도 흐를 듯한 얼굴로 딸에게 다짐을 했다.

"예, 어머님."

황옥낭자는 발갛게 상기한 얼굴을 숙이면서 짧게 대답했다.

점심시간이 되자, 보옥선사가 명견대사를 모시고 왔다. 모두 자리에 앉자 허성이 먼저 말을 시작했다.

"어젯밤 꿈에 우리 내외가 인드라 상제를 뵈었답니다. 상제의 말씀이 '가야왕 수로는 하늘이 내려 보낸 임금이니, 이 사람이야말로 신성한 분이다. 아직 배필을 정하지 못했으니, 그대들은 공주를 보내어 짝을 삼게 하라'고 하셨습니다. 아무래도 김수로왕과 우리 황옥과의 혼인은 하늘이 정해주신 것 같습니다. 전생에 깊은 인연을 맺었던 것으로 생각되니 우리 가족들도 더 이상 반대하지 않기로 했습니다. 우리 쪽에서 준비되는 대로 가야국으로 출발하도록 하십시오. 황옥이와 함께 둘째 보옥이 동행할 겁니다. 그리고 기술자들과 시종들도 보내드릴 테니 우리 딸아이를 잘 보살펴 주시기 바랍니다."

"예, 감사합니다, 마마. 수로왕이 이 소식을 듣는다면 얼마나 기뻐할지 모르겠습니다. 그러면 저도 보옥선사와 상의해서 황옥낭자를 모시는 일에 추호도 실수가 없도록 준비하겠습니다."

명견대사는 이제야 한시름 놓았다는 듯 양미간을 펴면서 밝은 목소리로 말했다.

보옥선사는 형 태옥과 상의해서 황옥과 함께 가야국으로 떠날 기술자들과 시종들을 골랐다. 배를 만드는 도편수인 신보申輔와 군사들을 지휘하는 장수인 조광趙匡이 우선 선발되었고, 두 사람의 아내인 모정慕貞과 모량慕良이 함께 뽑혔다. 그들 아래에 목수, 베를 짜는 여자, 음식과 옷을 짓는 사람, 차를 재배하고 다릴 줄 아는 사람, 호위를 할 군사와 노비까지 스무 명을 선발했다. 먼 길을 여행해야 하고, 가야국에 가서도 많은 일을 해야 되기 때문에 신체 건강하고 용모가 단정한 사람을 우선적으로 뽑았다. 이와는 별도로 배를 부릴 사람으로 서른 명의 뱃사공을 더 선발했다. 이들은 유월 중순에 준공할 탈시시 범선을 타고 가기로 했다.

이들이 유월 중순에 출발한다면 우송을 거쳐 샨동의 치청赤城에 이르렀다가 동쪽으로 방향을 틀어 황해를 가로질러 한반도로 건너가야 할 것이었다. 그곳에서 다시 남하해서 완도를 돌아 김해 근처까지 가려면 열흘은 족히 걸릴 것으로 보였다. 풍랑을 피하면서 항해하면 칠월 칠석 무렵이면 김해에 도착하게 될 것으로 생각되었다.

드디어 모든 사람이 기다리던 유월 보름이 되었다. 그동안 작업 중이던 탈시시 범선도 완성되어 진수식을 끝내고, 이제 출항만을 기다리고 있었다. 범선은 큰 돛대가 둘이고, 돛을 올릴 수 있게 활대가 여러 개 달려 있었다. 고물에 큰 키를 달아 뱃길을 조종할 수 있도록 만들었다. 바람이 없는 날에는 열두 쌍의 노를 저어 앞으로 나갈 수 있었다. 배에는 가야국으로 가져갈 예물을 미리 실어 놓았다. 금수 능라 수백 필과 죽로차와 그 열매, 금은 장식, 옥돌 노리개, 유리와 옥돌로 된 그릇, 비단으로 지은 옷가지 등을 준비했다.

　출항 날짜를 잡아, 무사 항해를 위한 제를 지낸 다음 명견대사와 그 일행이 드디어 허성 일가의 배웅을 받으며 출항했다. 그런데 우송을 떠난 배가 얼마 가지 못하고 돌아오는 일이 생겼다. 사공들의 말을 들으니 풍랑이 심해서 도저히 나아가지 못했다는 것이었다. 허성이 다시 인드라 상제에게 제사 지내고, 출항 날을 받기로 했다. 사원에 가서 허성이 기도를 하는 도중에 신탁을 받았다. 그에 의하면 바다의 신을 달래기 위해 파사석탑婆娑石塔을 싣고 가라는 내용이었다. 탑은 네모진 붉은 무늬가 있어 닭 벼슬의 피를 찍어서 바른 것 같았다. 돌을 5층으로 쌓은 것인데, 표면에 기묘한 조각을 했다. 명견대사 일행은 다시 이 석탑을 싣고, 이번에는 신의 가호를 받으며 먼 길을 떠났다.

6 가연佳緣[285]

명견대사가 서쪽으로 떠난 지 벌써 여러 달이 지나, 칠월칠석날 아침이 되었다. 수로왕은 새로 지은 궁궐의 정전에서 아홉 명의 간과 조회를 하고 있었다. 이 대궐은 농한기를 이용해 작년 시월부터 공사를 시작하여 여섯 달이 걸려 낙성한 궁전이었다. 둘레가 천오백 보가 되는 바깥 성의 안쪽으로 정전이 중앙에 자리 잡고 있었으며, 그 뒤로는 침전과 삼성각이 지어졌다. 정전의 좌우로는 객전, 행랑이 배치되었으며, 별도로 무기를 저장하는 호고虎庫와 갖가지 물건을 저장하는 내고內庫[286]를 여러 채 지었다.

수로왕은 우선적으로 처리해야 될 일들에 대해 논의를 하고, 조회를 끝내면서 유천과 신귀에게 명을 내렸다.

"유천 간은 잘 달리는 말로 군사 몇 명을 거느리고 포구로 나가,

그곳에서 가볍고 날랜 배를 타고 남쪽의 망산도望山島[287]로 가주세요. 신귀 간은 승호성乘岾城으로 가서 기다리세요. 그러면 서남쪽으로부터 좋은 소식이 있을 겁니다. 유천이 미리 약속한 대로 신호를 보내면 즉시 짐에게 알려주시오."

"예, 마마. 잘 알겠습니다. 그럼 명을 받들어 다녀오겠습니다."

유천과 신귀는 급하게 자리를 일어나 밖으로 나갔고, 각각 군사들을 챙기고 길을 나섰다. 두 사람이 일어서자 수로왕은 다시 여도에게 명을 내렸다.

"여도 간은 궁궐 서남쪽 산마루에 만전幔殿[288]을 지어 주세요. 멀리서 귀한 분이 오실 것이니 잠시 머무실 수 있도록 연보라색 천으로 천정과 네 벽을 치고 바닥에 붉은 융단을 깔아 교자상과 의자를 설치해 주세요. 그리고 잠시 몸을 쉴 수 있도록 침상도 마련하시구요."

"예, 알겠나이다. 그리 시행하겠습니다."

수로왕의 명에 신하들은 이유를 묻지 않은 채 그대로 시행하러 나갔다. 그동안 그의 탁월한 능력을 보아왔기 때문에 깊은 신뢰를 갖고 있었으며, 그의 명에 따르면 모든 일이 그대로 되었기 때문이었다.

유천이 군사를 거느리고 망산도에 도착하고, 반나절이 지나자 서남쪽에서 온통 붉은 빛 돛을 단 큰 배가 다가오는 것이 보였다. 그 배는 두 개의 돛으로 항해하고 있었으며, 점점 가까워지자 붉은 돛보다 더 높은 곳에 매단 붉은 기를 휘날리면서 자신이 기다리고 있는 방향을 향해 오고 있었다. 유천은 부하에게 급히 연기를 피워 신귀에게 알리도록 말했다. 신귀는 승호성에서 기다리고 있다가 연기가 올라가는 것을 보고 즉시 궁궐로 말을 달려 보고했다.

"마마, 큰 배가 망산도 서남쪽에서 북상하는 것이 보인다는 연락이 왔습니다."

"드디어 기다리던 손님이 오시는 모양이구려. 명견대사께서 함께 오실 것이니 반갑게 맞아 만전으로 안내하세요."

왕은 그렇게 말하고 여러 간과 군사를 거느리고 만전으로 나갔다. 한편 명견대사 일행은 수로왕이 기다리고 있는 만전에서 가까운 별포別浦 나루에 당도했다. 배가 뭍에 닿자, 명견대사는 앞서 뭍으로 내려가 안내를 했고, 그를 따라 보옥선사와 황옥낭자 일행이 차례로 뭍에 올랐다. 신귀가 나루에서 기다리고 있다가 그들을 맞이했다.

"마마께서는 저 위 만전에서 기다리고 계십니다. 이쪽으로 오소서."

신귀가 명견대사를 반갑게 맞이하며 길을 안내했다.

"잠깐만 기다려 주십시오. 이곳 산신령께 제가 온 것을 보고하는 예를 먼저 올려야 되겠습니다."

황옥낭자는 일행을 안내하는 신귀에게 잠시 기다리라는 말을 하고는 근처의 높은 언덕 위로 올라가 커다란 바위 앞에 제단을 차리도록 시종들에게 말했다. 준비가 끝나자, 먼저 제단 앞에서 큰 절을 네 번 한 다음에 황옥낭자는 입었던 진홍색 비단 바지를 벗어 바위에 걸쳤다. 산신령에게 예단으로 바친 것이었다. 황옥낭자가 예단을 바치고 자리에서 물러서자, 보옥선사가 다음 차례로 큰 절을 올렸다. 나머지 기술자들과 시종들이 차례로 큰 절을 하고 제를 끝낸 후에 언덕에서 내려와 수로왕이 기다리는 만전으로 올랐다.

황옥낭자 일행이 가까이 오자, 왕이 직접 앞으로 나아가 이를 맞아들여 만전 안으로 안내했다. 명견대사의 안내로 황옥낭자 일행이 왕에게 배알을 하자, 왕은 말했다.

"먼 길을 오시느라 고생이 많으셨습니다. 우선 이곳에서 잠시 쉬신 뒤에 궁으로 드십시오. 궁궐의 삼성각에서 공주와의 혼례를 준비하도록 미리 일러두었습니다. 천군 한울이 실수 없도록 모든 것을 준비하겠다고 말했으니 믿어도 될 겁니다. 대사께서는 그동안 공주 일행이 불편하지 않도록 조금만 더 보살펴 주십시오."

"마마를 이제야 배알하니 기쁘기 한량없습니다. 명견대사로부터 마마에 대한 말씀을 익히 들었습니다만, 이렇게 직접 만나 뵈오니 황공하여 몸 둘 바를 모르겠습니다."

황옥낭자가 다소곳하게 고개를 숙이며 수줍게 말했다. 작지만 낭랑한 그녀의 목소리는 듣는 사람들에게 호감을 받을 정도로 아름다웠다.

"공주를 잔예에서 뵌 지도 어언 칠 년이 지났군요. 부모님께서는 모두 강녕하시지요?"

왕이 허성 내외의 안부를 물었다.

"예, 모두 편안히 지내고 있습니다. 지금은 잔예에서 대 선단을 운영하고 있습니다. 저의 가문은 계속해서 여러 척의 선박을 만들고 있고, 해상 무역을 활발하게 하고 있답니다."

이번에는 보옥선사가 대답했다.

"우리가 샨동에서 명견대사에게 함께 만났던 일이 바로 엊그제 같았는데, 벌써 옛날 일이 되었구려. 다시 만나 뵈니 정말 반갑습니다. 그리고 이렇게 먼 나라까지 손수 오시다니, 얼마나 고마운지 말로 다 할 수 없겠습니다. 저 뿐만 아니라 우리 금관가야 사람들 모두가 환영합니다."

왕은 옛 일을 상기하듯 눈을 지그시 감고 말했다. 이어서 신보와 조광의 내외와 시종들 모두가 왕을 알현했다. 배를 몰고 온 서른 명의 사공들도 왕에게 큰 절을 올렸다. 왕은 이들 모두에게 따뜻하게 말로 노고를 치하했다.

"피도 간은 이곳에서 공주 일행을 보살피다가 때가 되면 객전으로 모시도록 하세요. 그리고 삼성각에서 사흘 뒤에 혼례를 치를 수 있게 진행하세요."

왕이 예부를 맡은 피도를 돌아보며 명을 내리고는 다시 황옥낭자를 보며 말했다.

"공주, 여기서 잠시 쉬십시오. 시원한 음료와 맛있는 과일 그리고 떡을 마련해 두었으니, 요기를 하시고 충분히 쉬신 뒤에 대궐로 들어오십시오. 여기 남아있는 피도가 안내하여 객전으로 모실 것입니다. 그럼 나중에 다시 뵙도록 하겠습니다."

왕은 말을 끝내고 피도와 몇 사람의 시종을 남긴 다음에 신하들과 함께 왕궁으로 돌아갔다.

반나절이 지난 뒤 피도는 공주 일행을 모시고 궁궐로 돌아왔다. 그는 객전에 마련된 세 개의 독방에 각각 보옥선사와 신보, 조광 내외가 쉴 수 있도록 안내를 했고, 황옥낭자를 위해서는 객전의 가장 화려한 남향 방을 따로 마련해 주었다. 다른 기술자와 시종들은 객전 옆에 마련된 별채에 머물도록 준비를 했다. 그리고 방마다 좋은 음료와 다과를 마련하고, 무늬를 곱게 수놓은 비단 이불과 요를 준비했다. 별도로 모든 사람에게 불편함이 없도록 여분의 의복을 나눠주었다. 객전의 주위에는 군사들을 배치하여 경호에 소홀함이 없도록 세심한 배려까지 했다.

황옥낭자가 잔예를 떠나 먼 길을 항해하고, 가야국에 도착한 지 사흘이 지났다. 사람들에게 예고한 대로 금관가야의 김수로왕과 아유타왕국의 후손인 황옥공주와의 혼례가 치러지는 날이었다. 많은 사람들이 두 사람의 화혼을 축하해주기 위해 삼성각에 모였다.

이윽고 시간이 되자, 천군 한울이 시녀들을 데리고 삼성각에 마련된 제단 앞으로 나섰다. 천군은 먼저 제단에 향을 피우고 큰 절을 네 번 하면서 아뢰었다.

"칠월칠석이 지난 지 사흘인 오늘, 환인, 환웅, 단군 삼성님과 치우천왕 그리고 소호 김천씨를 모시고 방년 스물셋의 금관가야 수로왕과 열여섯의 아유타국 황옥공주의 혼사 대례를 치릅니다. 천지신명께서는 이 두 사람을 돌보시어, 두 사람이 만수무강하고 다산다복 하기를 비나이다.”

천군 한울이 큰 소리로 축문을 외우고는, 시녀들의 북소리와 꽹과리 소리에 맞추어 너울너울 춤을 추었다. 한참을 추고 난 천군은 다시 제단을 향해 큰 절을 하고, 자리에 꿇어앉아 제단 앞에 마련된 화로에서 거북점을 쳤다. 거북점을 한참 들여다보던 천군 한울은 자리에서 벌떡 일어서며 모든 사람들을 향해 크게 외쳤다.

“점괘가 뇌천대장雷天大壯289으로 나왔소. 하늘의 운행을 닮아 높은 포부와 기상으로 천하를 호령하여, 새로운 세상을 추진하게 되십니다.”

마지막으로 천군이 큰 절을 하고 물러서자, 제단이 있던 자리는 치워지고, 그 자리에 교자상이 차려졌다. 뒤이어 대례복으로 갈아입은 수로왕과 황옥공주가 교자상을 가운데 두고 마주 섰다.

먼저 공주가 모정과 모량의 부축을 받으며, 수로왕에게 네 번 큰절을 했다. 이어서 왕이 두 번 부복해서 절을 했다. 그리고 합환주를 벽옥 술잔에 가득 따른 것을 공주가 세 번 입을 대어 마신 다음에 왕에게 건네주자, 왕이 세 번 입을 대어 마셨다. 대례에 참석했던 모든 사람들은 의식을 치르는 두 사람을 보고 천생배필이라며 입을 모아 칭송을 했다. 혼인 의식이 끝나자, 두 사람은 손을 마주 잡고 옥좌로 향해 나아갔다. 두 사람이 자리에 앉자 모든 사람들이 함께 만만세를 불렀다. 용녀가 이끄는 천군의 시녀들은 사방에 향수를 뿌리고 꽃잎을 흩뿌리며 분위기를 더욱 고조시켰다.

대례식의 모든 절차가 끝나자, 왕과 왕비를 비롯한 대소관료와 친지들은 왕궁의 연회석으로 이동했다. 그날 밤은 온 궁궐에 풍악이 울렸고 여기저기에서 웃음소리와 노래 소리가 끊이지 않았다. 왕과 왕비가 침전에 들 때까지 축하연은 계속 되었고, 밤이 이슥해서야 모든 잔치가 끝났다.

다음날 아침 조례에서 수로왕은 아도에게 명을 내렸다. 이날 조례에는 잔예에서 온 보옥선사와 신보, 조광 등도 함께 참석한 자리였다.

"왕비는 중궁에 거처하게 하고, 신보와 조광 두 분에게는 각각 큰 집 한 채와 충분한 녹읍을 내려 앞으로 가야국을 위해 힘써 일할 수 있도록 하시오. 그들이 싣고 온 귀한 물품들은 내고에 두어 왕비가 언제든지 쓰실 수 있게 하시오. 그리고 보옥선사가 돌아가는 편으로 아유타왕가에 답례로 보낼 폐백을 마련하시오. 모시 채단 스무 필과 금으로 상감을 한 환두대도 두 자루 그리고 자수정 목걸이와 팔찌 한 벌, 금귀고리 한 쌍을 드리는 것이 좋겠소. 그리고 이곳까지 오가는 동안 고생을 한 사공들에게도 각각 쌀 한 섬과 베 서른 필씩을 주도록 하시오."

"예, 마마. 말씀 하신대로 시행하겠나이다."

아도가 허리를 굽히며 대답을 했고, 곁에서 지켜보던 보옥선사가 말을 이었다.

"마마, 이제 저희들은 하직을 해야 할 때가 된 것 같은데, 이렇게 귀한 물건을 예물로 받아 가게 되니 황공하기 짝이 없습니다. 마마의 성은에 감격할 따름입니다."

왕은 그 말을 듣고 흐뭇한 미소를 지으며 보옥선사에게 말했다.

"하하하. 오히려 제가 감사할 따름이지요. 그런데 보옥선사는 이번에 가시면 또 언제 오실 것입니까? 가능하시면 명견대사와 함께 저를 도와 우리 금관가야를 더욱 부강하게 만들어 주실 수 없는가요?"

"마마, 심려 마시옵소서. 제가 반드시 다시 찾아뵙게 될 것입니다. 우선은 잔예로 돌아가서 대례가 성대히 치러졌고, 황옥이 잘 살고 있다는 이야기를 부모님께 전해야겠습니다. 두 분이 심려하지 않도록 한 다음에 다시 돌아오겠습니다. 만일 마마께서 저를 내치지 않고 받아주신다면, 앞으로 마마를 도와 해상무역을 개척하는 일에 저의 모든 힘을 다할 것이옵니다."

"고맙소. 나는 그대를 다시 돌아오기만을 기다리겠소. 부디 안전하게 다녀오시오. 가서 두 분에게 따님 걱정은 잊으셔도 된다고 말씀드려 주시고, 빠른 시간 내에 다시 볼 수 있기를 바라오."

다음날 아침 일찍 보옥선사 일행은 명견대사와 피도의 배웅을 받으며 배를 망산도 동남쪽을 돌아 서쪽으로 돌렸다.

제4장

두 개의 왕국

1 주몽朱蒙[290]

"빨리 가자. 저 강을 건너면 아무도 우리를 잡지 못할 것이다."

다갈색의 날랜 말 등에 몸을 꼿꼿이 세워 앉은 주몽이 외쳤다. 이미 하루 밤낮을 쉴 새 없이 달려 온 주몽 일행, 네 사람은 지칠 대로 지쳐 있었다.

"너무 힘듭니다. 잠깐만 쉬었다 가시죠. 저기에 강물이 보이니 말에게도 물을 먹이고 쉬도록 해야 됩니다. 이렇게 쉬지 않고 계속 달리기만 하면 십 리도 못 가서 모두 쓰러집니다."

주몽 바로 뒤에서 따라 오던 오이烏伊[291]가 말했다.

"그래, 저기 강가에 갈대밭이 보이니 그 옆으로 숨어서 잠시 쉬도록 하세. 합부陜父[292], 자네는 근처에 누가 있는지 잘 살펴보고 오게, 만일 조금이라도 이상한 낌새가 보이면 바로 떠나야 할 걸세."

주몽이 다소 지친 말투로 말했고, 네 사람은 말에서 내렸다. 오이는 타고 온 말 네 필에게 물을 먹이고는 갈대밭 근처 작은 나무에 묶어두었다. 벌써 해가 서쪽으로 기울기 시작하면서 하늘이 붉게 물들고 있었다. 하지만 여름 저녁의 마지막 더위는 아직도 기승을 부리고 있어, 모두 땀에 흠뻑 젖은 상태였다. 주변에 별다른 위험이 없다고 판단한 그들은 갑옷을 벗고 강물에 뛰어 들었다. '풍덩' 소리에 놀란 듯 갈대밭에 둥지를 틀고 있던 기러기들이 '끼루룩' 소리를 치면서 '푸드덕' 하고 날았다. 순간 그 가운데 한 마리가 '찍'하고 소리를 내며 떨어졌다. 어느새 활을 잡고 화살을 날렸는지 주몽이 일행을 보고 씨익 웃고는 활을 내려놓고 있었다. 주몽은 일곱 살 때 벌써 명궁으로 소문이 났고, 그가 쏘는 화살은 백발백중이었다. 그래서 주몽은 활 잘 쏘는 우두머리의 뜻으로 추모라고 불리기도 했다.

그때 멀리 북쪽 들판으로 수십 명의 군졸들이 이쪽 방향으로 말을 달려오는 소리가 들렸다. 그 소리에 놀란 일행은 부랴부랴 갑옷을 챙겨 입고, 말고삐를 풀었다. 제법 큰 함성소리가 가까워지면서 멀리 동부여의 대소帶素293왕자를 표시하는 깃발이 작게 보였다. 그들은 주몽을 잡으려고 빠른 속도로 추격해 오는 무리들이었다.

"대소의 무리들이 곧 여기까지 올 텐데 어떻게 하지? 강물에 막혀 건널 수가 없으니……. 하느님과 하백河伯294의 후손인 내가 이런 하찮은 강물을 건너지 못해 적들에게 잡히게 되다니……. 물의 신이신 외조부의 도움도 받지 못한다는 말인가."

주몽은 하늘을 우러러 보며 크게 탄식을 했다. 그때 망을 보러 갔던 합부가 헐레벌떡 달려 왔다. 합부의 뒤를 따라 상앗대를 손에 든 사내 세 명이 나타났다. 그들의 허리는 거북이의 등처럼 모두 굽어 있었다.

"저 사람들은 졸본부여卒本扶餘295사람인데 거북 사공이라 합니다. 고모서왕의 지시로 배 세 척을 갖고, 여기서 우리를 기다리고 있었답니다."

합부가 말했다.

"아, 하늘이 우리를 버리지 않았구나. 어찌된 사연인지는 나중에 듣기로 하고 우선 배를 타고 강을 건너세. 이제 곧 대소 무리들이 이쪽으로 들이닥칠 텐데, 어서 서두르세. 자, 출발하세."

일행은 타고 온 말을 끌고, 세 척의 배에 나누어 탔고, 거북 사공들은 능숙한 솜씨를 배를 부려 강을 건넜다.

"여기가 길림吉林296인가? 강 이름이 엄리수淹利水297라 했지? 분릉수坌陵水라고도 했던가."

주몽이 뒤를 돌아보며 말했다. 배가 건너편에 닿을 무렵 드디어 강가에 당도한 대소의 무리들이 고함을 치며 화살을 퍼 부었다.

"이 놈들, 이리 돌아와 항복해라. 항복만 하면 너희들 목숨은 살려줄 테니 어서 돌아와라."

"하하하. 여기까지 따라 오느라고 수고했다, 이놈들아. 우리를 잡아 보려면 잡아봐라. 언제 다시 만나면 너희들은 살아나지 못할 것이다. 오늘은 우리가 힘이 약해 피하지만 다음에 보면 가만 두

환단의 후예

지 않을 것이다, 이놈들아. 하하하."

주몽 일행 중에서 목소리가 제일 큰 마리摩離[298]가 삿대질하면서 대꾸했다.

북부여의 해모수解慕漱[299]천제의 후손이라는 고모수高慕漱가 유화를 만난 것은 오래 전의 일이었다. 유화는 내몽고 서 요하 상류에 있는 서 압록강을 다스리던 하백의 딸이었다. 그런데 유화와 하루 밤을 함께 지낸 고모수는 옥저沃沮[300]로 돌아가서 다시는 연락을 하지 않았다. 얼마 후 유화는 임신을 했고, 그 사실을 알게 된 하백은 어른들의 허락 없이 몰래 정을 통한 유화를 꾸짖고는 집에서 쫓아내었다.

유화는 집에서 나와 태백산 남쪽의 우발수優渤水물가에서 살게 되었고, 어느 날 동부여 왕 해부루解夫婁[301]의 아들인 금와왕金蛙王[302]이 우연히 그곳을 지나다가 유화를 만났다. 그리고 유화의 딱한 사연을 들은 금와왕은 그녀를 왕궁으로 데리고 와 별채에서 살게 했다. 그때부터 하늘에서는 유화를 향해 햇빛이 따라 다니며 비춰 주었다. 유화는 그 햇빛을 피해 다녔지만, 햇빛은 계속해서 유화를 따라다녔고, 심지어는 방안에 들어와도 그 빛은 유화를 감싸고 비켜나질 않았다. 그러다가 유화는 갑자기 해산 기미를 보이더니 이윽고 커다란 알을 하나 낳았다.

금와왕은 이를 매우 불길하게 생각해서 그 알을 돼지의 먹이로 주어 버렸다. 그러나 돼지가 그것을 먹지 않자, 이번에는 그것을

길에 버렸다. 그러나 지나가는 우마牛馬303조차도 이를 피해 지나
갔다. 또한 들에 버리면 새와 짐승이 알을 감싸 주었으며, 깨뜨리
려고 해도 깨어지지 않았다. 금와왕은 하는 수 없이 그 알을 낳은
어머니 유화에게 돌려주었다. 유화는 그 알을 이불로 싸서 따뜻한
아랫목에 놓아두었더니, 마침내 그 알을 깨고 씩씩한 아이가 나왔
다. 이 아이가 바로 주몽이었다.

당시 금와왕에게는 일곱 아들이 있었는데, 다들 주몽의 재주에
는 미치지 못했다. 주몽은 활쏘기, 말타기, 칼쓰기 등에서 일곱 왕
자들과 겨루었으나 한 번도 진 적이 없었다. 그러자 주몽을 시기
하던 일곱 왕자들 중에서 첫 째인 대소가 왕에게 말했다.

"주몽은 사람이 아닙니다. 신이 내린 것 같습니다. 일찌감치 없
애 버려야 뒤탈이 없을 것입니다. 잘못하다가는 나라를 빼앗길 수
도 있을 겁니다."

이에 금와왕도 주몽에 대한 경계심을 갖게 되었다. 그렇지만 주
몽을 자신의 아들처럼 돌보며 아끼는 마음은 여전하였다. 주몽의
재주도 뛰어났지만, 그의 어머니인 유화부인에 대한 책임감도 갖
고 있었기 때문이었다. 그래서 주몽을 위한 혼처를 마련해 다른
생각을 갖지 않도록 조처했다. 금와왕은 귀족의 자녀 중에서 품성
이 고운 예씨禮氏를 골라 주몽과 혼인을 시켰다. 그리고 주몽에게
는 마감馬監304을 맡겼다. 당시는 전쟁과 물자 수송을 위한 수단으
로 이용되는 말이 꼭 필요했고, 이를 기르고 관리하는 책임자가 된
다는 것은 대단히 중요한 직책을 맡았다는 이야기였다.

하지만 주몽은 자신이 동부여에서 살아간다면 너무나 험난한 미래가 닥쳐오리라는 사실을 알고 있었다. 대소를 비롯한 일곱 왕자들의 견제로 인해 지금도 매우 불안한 생활을 하고 있었으며, 언젠가는 대소가 왕위를 물려받게 될 것이고, 그 후에는 자신의 목숨까지도 위험하다는 것을 알고 있었다. 그런 이유로 주몽은 기회가 된다면 동부여를 떠날 생각을 갖고 있었다.

따라서 후일을 도모하기 위해 마감으로 있는 동안 좋은 말은 먹이를 적게 먹여 야위게 하고, 둔한 말은 잘 먹여 튼튼하고 날랜 말로 보이게 했다. 당시 왕궁에서 날랜 말을 골라 가져갔지만, 야윈 말은 쓸모가 없다고 하며 주몽에게 주었다. 주몽은 이 말을 숨겨 놓고, 다시 깊은 관심을 주면서 잘 먹이고 훈련을 시켰다. 그렇게 해서 어느 정도 시간이 지나자 주몽이 몰래 기르는 말은 부여에서 가장 날랜 준마가 되었다. 그리고 주몽은 자신을 따르는 세 명의 부하와 함께 시간이 날 때마다 사냥을 하며 심신을 단련했고, 부여를 떠나기 위한 준비를 착실해 해나갔다.

엄동설한이 지나고 동부여의 땅에 봄이 찾아온 어느 날이었다. 넓게 펼쳐진 들판에는 귀리가 자라서 제법 푸른빛이 온 누리를 덮었다. 그 날도 사냥을 마치고 집에 들른 주몽에게 아내는 발그레 상기한 표정으로 다가왔다. 그녀는 저녁 식사를 마치자, 주몽에게 할 말이 있다면서 다가왔다.

"여보. 아무래도 몸이 이상해요."

"왜 그러시오. 어디 아픈 데가 있는 건 아니오?"

"아니에요. 아픈 게 아니라 그냥 몸이 이상해요."

"아프지도 않다면서 몸이 이상하다니……. 허참, 그럼 나 보고 어쩌라는 거요?"

예씨는 쭈빗쭈빗하면서 말을 더듬었다.

"저, 제가요. 그거 있잖아요. 그거요."

"아니 답답하기는, 그게 뭐요. 어서 말해 봐요, 답답하게 하지 말고."

"아이 참. 어떡해……."

"어서 말해 봐. 어디가 이상한데?"

주몽은 애정 어린 눈으로 아내를 바라보며 살짝 웃어 보였다. 주몽이 웃음을 보여주자 다소 용기를 얻은 듯 예씨부인이 바짝 다가앉으며 주몽의 손을 잡았다.

"제가 말이에요. 제가요."

"그래요. 뭔지는 모르지만 괜찮으니까 속 시원하게 말해 봐요. 내가 다 들어 줄 테니까. 하하하."

"예, 그럼 말 할게요. 음……. 저, 제가 아기를 가졌나 봐요."

"뭐라 했소? 한 번 더 말해 봐요. 아기라 했소?"

"예. 그것 있잖아요. 달마다 있던 게 벌써 석 달째 없어요."

"정말이요. 그걸 가지고 그리 뜸을 들였소. 그렇다면 얼른 어른 들께 알아 봐야겠군. 정말 아기를 가진 것이라면 얼마나 좋겠소. 그렇게 좋은 소식을 이야기 하는 게 그리 힘들었소? 하하하."

주몽은 아기라는 소리에 눈이 번쩍 뜨이며 깜짝 놀랐다. 마치

하늘로 붕 떠올라 구름 위를 걷는 기분이었다.

'동기도 하나 없는 외로운 집안에 드디어 아기가 생기다니⋯⋯. 드디어 나도 내 집안을 가지고 이뤄나갈 수 있게 되겠구나.'

주몽은 지금까지 일가친척이나 자신과 마음을 주고받을 수 있는 동기가 하나도 없이 홀로 지내왔던 과거가 생각나 잠시 슬픈 감정이 솟았으나, 곧이어 자신의 아이가 태어난다는 기쁨으로 가득 찼다. 이제는 자신도 어엿한 가장이 된다는 생각에 책임감도 느끼고 있었다.

"예, 당신 말대로 어머님께 한 번 여쭈어 보겠어요."

"그러시오. 만약 아기를 가진 것이 맞다면, 태교에 좀 더 신경을 써야 될 것이오. 좋은 소리만 들어야 하고, 음식을 먹는 것도 한층 조심스럽게 해야 될 것이오. 음⋯⋯. 이왕이면 아들이 태어났으면 좋겠는데."

"아이 참. 벌써 아들부터 찾고 계시네."

그러면서도 예씨는 자신이 아기를 가진 것을 어렵게 얘기했는데, 주몽이 그 소식을 반가워하자 기쁨으로 가득 찼다. 주몽이 너무나 고마워 그의 품에 살짝 안기며 행복한 표정으로 눈을 감았다.

그리고 세 달이 흘렀다. 주몽이 말을 돌보러 나갔다가 새파란 안색으로 황급히 돌아 왔다. 동부여 왕궁 내의 공기가 심상치 않았기 때문이었다. 주몽이 안방에 들어서면서 예씨에게 말했다.

"여보. 아무래도 바깥 공기가 심상치 않소. 대소 왕자를 비롯한 일곱 왕자와 신료들이 나를 모함하여 해치려는 기운이 엿보였소.

되도록 이들을 피해서 사냥을 자주 나갈 생각이오. 만약에 급한 일이 생기면 바로 남쪽 나라로 피신할 생각이오. 졸본부여에 고모 서왕이 계시는데, 옛날 해모수 천제의 후예라고 하니 우리의 선조 이신 고두막高豆莫 한汗과도 혈통이 같지요. 그리로 몸을 피할 생각 이오."

"그러면 우리는 어떡하지요? 저는 이렇게 배가 불러 왔는데."

예씨는 근심이 가득 찬 얼굴로 남편을 보고 말했다.

"그들이 나를 해치려고 하는 것이지, 아녀자까지 해치지는 않을 것이오. 만일 위험이 닥치면 어머니께 찾아가시오, 그러면 반드시 도와주실 거요."

"그래도 당신께서 아무 말 없이 홀쩍 떠나시면 언제 또 만납니 까? 태어날 아기는 또 어떻게 하고요?"

"만약 태어나는 아기가 사내라면 이름을 유리라고 지으시오. 그 리고 이 보검을 둘로 잘라, 칼날 쪽을 일곱 모가 나는 돌 위 소나무 아래 숨겨 두고 갈 것이니, 뒤에 아기가 자라면 찾아보라고 말하시 오. 칼자루 쪽은 내가 갖고 있으리다. 언젠가 다시 만나게 되면 이 것을 증표로 삼아 서로 알아 볼 수 있을 것이오."

주몽은 마치 미래를 예견이나 한 듯이 또박또박 말을 했고, 예씨 는 고개를 끄덕이며 그렇게 하겠노라고 대답했다.

한편 유화柳花305부인이 동부여의 왕자들이 주몽의 재주를 시샘 해서 그를 죽이려고 음모를 꾸미고 있다는 사실을 알게 된 것은 하늘의 도움이었다. 자신을 모시고 있던 시종이 왕자들이 머물고 있는 궁으로 심부름을 갔다가 그런 이야기를 우연히 듣고 급하게 전해준 것이었다. 유화부인은 그 즉시 믿을 만한 시종을 불러 들였다.

"어서 빨리 가서 주몽에게 알려라. 궁으로 돌아오지 말고, 즉시 남쪽으로 달아나 엄리수를 넘어 졸본으로 가라고……."

"예, 마마. 제가 바로 알려드리겠습니다."

"주몽은 아마 사냥터에 있을 것이다. 매우 중요한 일이니 반드시 주몽에게 전해주어야 한다. 그리고 절대로 궁궐로 돌아오지 말라고 전해주어라."

시종은 유화부인에게 절을 하고는 말을 달려 궁을 빠져 나왔다. 때마침 주몽과 그를 따르는 세 명의 부하 오이, 마리, 합부는 사냥을 마치고 궁궐로 돌아오던 중이었다. 궁궐문을 막 나선 시종은 주몽을 만나 유화부인이 보내는 전갈을 건넸다. 그 전갈을 받은 주몽과 세 명의 부하는 그 즉시 말을 돌려 남쪽으로 달아나기 시작했다.

2 소서노召西奴[306]

"아바마마, 요즈음 동부여에서 이상한 소문이 들려옵니다."

졸본부여를 다스리고 있는 고모서왕의 둘째 딸인 소서노가 차를 마시던 중 불쑥 말했다. 고모서왕은 그 소리를 듣고 고개를 들어 소서노를 힐끗 쳐다보며 되물었다.

"그래 무슨 소문을 들었길래, 그리 야단이냐?"

"동부여의 주몽이 금와왕의 대소 왕자를 비롯한 일곱 왕자와 그들을 추종하는 무리들에게 핍박을 받아 난처해졌다고 합니다. 주몽은 무예 실력이 뛰어 날 뿐만 아니라 지략까지 겸비해서 훌륭한 인재라고 소문났던 사람입니다. 동부여에서는 그만한 인물을 다시 찾아내기는 힘들 거라고 합니다. 아마도 대소 왕자가 자신의 경쟁자로 주몽을 생각하고 있는 듯 합니다. 그만큼 동부여에서는 주몽에 대한 지지도가 매우 높다고 합니다. 그래서 대소는 주몽이 장차 동부여를 위험에 빠뜨릴 것이라고 생각하고. 그를 사전에 죽여 없애려고 하는 모양입니다. 우리가 보낸 세작細作307이 알아 온 바로는 며칠 안으로 주몽을 암살하려는 시도가 있을 거라고 합니다. 금와왕은 주몽의 재주를 아껴 귀족 출신인 예씨 딸과 혼인시키고, 마감이란 직책을 내려 곁에 두고 있지만, 아무래도 그 나라에 오래 있지 못할 것이라는 말이 많습니다."

소서노는 차를 한 모금 마시며 길게 설명을 했고, 잠시 침묵이 흐르는 가운데 고모서왕은 생각에 잠기었다.

그녀는 동부여왕 해부루의 후손이라는 우태優台와 결혼했고, 사이에 아들을 두 명 두었다. 그러나 우태가 병으로 죽자, 두 아들을 데리고 친정인 졸본부여 왕궁으로 들어와 아버지인 고모서왕과 함께 살고 있었다. 그녀의 키는 여덟 자가 넘었고, 어렸을 때부터 학문을 익히고, 무예를 배우는 등 남자들 못지않게 당당하게 자란 여장부였다. 그녀가 좋아했던 분야는 병법과 치세 등 군사에 관련된 것으로 손자孫子308병법 등을 꿰고 있었다. 또한 제철법에 관련된 학문도 많은 공을 들여 배우고 익혔다.

고모서왕은 그녀의 재주를 잘 알고 있었기 때문에 나라에 일이 있을 때마다 불러 조언을 듣곤 했었다. 소서노는 그때마다 현명한 판단을 내릴 수 있도록 갖가지 정보를 왕에게 들려주곤 했었다. 오늘도 동부여에서 보내어 온 세작의 정보를 분석해서 왕에게 보고하는 자리였다.

"북부여의 대통을 이어 받은 우리 졸본부여가 옛 단군 조선의 강토를 회복하려면 많은 인재들을 영입해야 합니다. 특히 뛰어난 통솔력을 지닌 장수가 많아야 전쟁에서 큰 힘을 발휘할 수 있습니다. 무용이 뛰어나고 지략까지 겸비한 장수는 그리 많지 않습니다. 주몽은 그런 면에서 훌륭한 장수가 될 소질을 갖고 있습니다. 우리 졸본부여에 가장 필요한 인재라고 말할 수 있습니다. 그는 또한 천제의 아들 해모수의 혈통을 이은 고모수와 서 요하를 다스리던 하백의 딸 사이에 태어났다고 합니다. 그만한 혈통이면 어느 누구 못지않게 고귀한 가문이라고 생각합니다.

그의 활쏘기는 신궁이라는 소리를 들을 정도이며, 게다가 명석한 두뇌로 뛰어난 계략을 세울 수 있고, 더 중요한 것은 그는 인품이 뛰어나 많은 사람들이 그에게 호감을 갖고 있다는 겁니다. 그래서 그는 사람들을 끌어 모아 자신의 편으로 만드는데 남다른 재주가 있습니다. 만일 지금 곤경에 빠진 주몽을 돕게 된다면, 그 사람을 우리 졸본부여로 데려올 수 있을 겁니다. 그가 우리 졸본부여로 와서 우리와 힘을 합하면 장차 강성한 나라를 이룩할 수 있을 것으로 생각합니다.

그리고 우리 졸본부여는 사철을 녹여서 쇠를 만드는 나라입니다. 주몽이 해모수 천제의 후손이라면 반드시 쇠를 다룰 줄 알 것입니다. 만일 주몽이 우리 졸본부여에 온다면 쇠부리 터를 크게 일으켜 좋은 농기구와 무기를 만들 수 있습니다. 그렇게 되면, 철갑과 창검으로 장비한 강력한 군사력을 갖게 될 수 있습니다. 게

다가 우리가 생산한 철물을 주변 각국과 교역해서 국력을 키울 수 있습니다.

그리고 이런 것들 보다 더 중요한 일이 있습니다. 지금 우리 졸본부여의 주변에는 골본의 현도군, 장춘 방면의 북부여, 길림의 동부여가 서로 자신들이 단군 조선의 적통이라고 주장하고 있습니다. 하지만 주몽왕자야 말로 진정한 단군 조선의 적통입니다. 우리가 그를 모시고, 주변의 여러 지역을 우리 땅으로 만들 수만 있다면 단군 조선의 옛 지위를 우리가 차지할 수 있을 겁니다. 당연히 단군 조선을 이어받은 정통성을 우리가 갖게 될 것입니다."

"그래, 네가 말한 내용은 잘 들었다. 주몽이라는 자가 그리 훌륭하다면 미리 손을 써 놓았어야 하는 건데. 이제 와서 서두른다고 되겠느냐? 그를 우리 졸본부여로 데려올 방도가 막연하군."

"아닙니다. 아직도 기회가 있습니다. 만일 주몽이 대소 왕자에게 쫓긴다면 분명히 분릉盆陵309에서 반드시 엄리수 쪽으로 도망 칠 것입니다. 우리가 미리 그곳에서 준비를 하고 있다가 어려움에 처한 주몽을 구해준다면 그도 우리를 고맙게 생각할 겁니다. 세작들을 보내 계속 동부여의 동태를 파악하고, 수시로 접경지역에 사람을 보내 만반의 준비를 갖추고 있어야 할 것입니다. 엄리수를 건너려면 배와 사공이 필요하니, 날랜 사공을 준비시켰다가 유사시에 곧바로 투입하는 것이 좋을 듯 합니다. 세작들의 보고에 의하면 이제 대소 왕자가 행동할 시기가 얼마 남지 않았다고 합니다. 우리 쪽에서도 서둘러 준비를 해야 할 것으로 압니다."

소서노가 세작들이 가져온 정보를 분석하고, 그에 대해 보충 설명을 하며 왕에게 자신의 의견을 말했다.

"음, 공주의 말이 틀림없을까? 아무튼 우리가 준비를 해두는 것이 좋겠다. 공주의 말대로 엄리수의 동부여쪽 강변에 배와 사공을 보내서 기다리고 있도록 해라."

왕은 공주의 말에 긍정적인 표정을 보이며, 즉각 그녀 말대로 시행하도록 윤허했다. 왕의 명이 떨어지자, 신하들은 정전을 나오며 바로 군사들에게 명을 내리기 시작했다. 소서노는 오늘 졸본부여의 운명을 가늠할 수 있는 큰 투자를 한다고 생각했다. 그리고 앞으로 강대한 국가를 만들어 갈 수 있다는 부푼 희망을 갖게 되었다. 그녀는 푸른 하늘을 보며 마음속으로 굳게 다짐을 했다.

'주몽왕자님 어서 오소서. 이 소서노가 힘껏 도와 왕자님의 원대한 꿈을 이룰 수 있도록 돕겠습니다.'

한편 주몽 일행은 대소의 추격을 가까스로 피하고, 엄리수를 건너서 졸본부여 땅으로 들어 왔다. 그들은 쉬지 않고 밤길을 재촉해서 계속 나아갔고, 마침내 모둔곡毛屯谷310에 이르렀다. 그때 멀리서 세 사람의 장골이 일행을 향해 다가오는 모습이 보였다. 한 사람은 삼베옷을 입었고, 다른 한 사람은 장삼을 입었는데, 세 번째 사내는 마름311으로 짠 옷을 입고 있었다.

"그대들은 누구인가? 어찌하여 우리에게 다가 오는가?"

오이가 다가서는 그들을 제지하며 물었다. 그러자 삼베옷을 입은 사람이 앞으로 나서며 세 사람을 대표해서 대답했다.

"저는 재사再思라 합니다. 이 사람은 무골武骨이라 해서 항상 장삼을 입고 다닙니다. 저 사람은 묵거默居입니다. 주몽왕자께서 이쪽으로 오신다는 소문을 듣고, 함께 일을 도모하고자 이곳에서 기다리고 있었습니다. 부디 저희들도 뜻을 함께 할 수 있도록 거두어주십시오. 후회하지 않도록 온갖 힘을 다해 왕자님을 받들겠습니다."

"그렇다면 그대들이 할 수 있는 일은 무엇인가?"

이번에는 재사의 대답을 들은 주몽이 세 사람을 둘러보며 물었다.

"저는 싸움이라면 자신 있습니다. 지금까지 누구한테도 져 본 적이 없고, 앞으로도 누구든지 이길 수 있습니다. 제가 잠깐 힘자랑을 하겠습니다."

세 사람 중에서 가장 덩치가 큰 무골이 앞으로 나서며 말을 하고는 장삼의 소매를 걷어 붙이더니, 길가의 커다란 바위를 머리 위로 들어 올렸다가 땅에 팽개쳤다. 그리고 다시 한 아름이 넘는 소나무를 뿌리째 흔들더니, '으랏차' 하는 소리와 함께 뽑아서 어깨 위에 메고 한 바퀴 횡하고 돌아 봤다. 주몽 일행은 그의 힘자랑을 보고는 감탄을 하며 손뼉을 쳤다. 그러자 이번에는 마름으로 짠 옷을 입은 묵거가 통발312과 조새313를 보이면서 앞으로 나섰다.

"저는 물에서 하는 일은 뭐든지 자신 있습니다. 특히 물고기나 조개 잡는 일은 누구보다 잘 합니다. 저를 쓰시면 절대로 굶어 죽지는 않을 겁니다. 그리고 제 친구인 재사는 사람들을 관리하고, 장부를 정리하는 일에는 누구 못지않게 탁월합니다. 그에게 어떤 일을 맡겨도 척척 해낼 겁니다. 지금까지 함께 지내면서 그가 못하는 일을 본 적이 없으니까요."

주몽은 세 사람의 재능이 뛰어난 것을 눈으로 확인할 수 있었다. 그리고 그들은 거짓으로 말하는 것이 아니고 진심이라는 것도 알 수 있었다. 동부여에서부터 자신을 따라온 오이와 마리는 부여 왕실의 정사를 살피던 사람이었고, 합부는 군사를 훈련시키는 장수였다. 주몽은 지금까지 세 사람의 도움을 받아왔으며, 그들을 깊이 신뢰하고 있었다. 하지만 하나의 나라를 건국하려면 더 많은 인재를 모아야 한다는 것을 알고 있었다. 지금 주몽 앞에 나타난 사람들은 하늘이 자신의 대업을 이루기 위해 보내준 인재들이라고 생각했다. 주몽은 흡족한 미소를 보이며 세 명의 장골에게 말했다.

"내가 지금 천명을 받들어 나라를 세우고자 하는데, 그대들과 같은 보배를 얻으니 어찌 하늘의 도움이라 하지 않겠소. 우리 다 함께 졸본부여로 갑시다. 지금은 내가 기댈만한 세력이 없으니 그곳으로 가서 새로 시작해야겠소. 처음부터 시작하는 것이라 힘들고 어려운 일이 많을 거요. 하지만 나는 자신 있소. 우리 다 같이 뜻을 모아 함께 합시다."

주몽의 말을 듣고, 재사가 덧붙여 말했다.

"졸본부여 왕 고모서에게는 세 명의 딸이 있습니다. 그 가운데 둘째가 소서노라고 하는데, 그야말로 남자 못지않은 대단한 여장부입니다. 어린 나이에 일찍 시집을 가 두 아들을 두었으나, 남편이 병사하여 지금은 친정인 졸본부여로 돌아와 있다고 합니다. 그녀는 지략이 비범하여 고모서왕의 총애를 받고 있답니다. 정사에도 깊숙이 관여하고 있는 것 같습니다. 왕이나 여러 신하들도 그녀의 지혜에 감탄하고 있다고 합니다.

특히 쇠를 잘 다룬다는 소문이 있습니다. 그녀를 소서노라고 부르는 것도 그 때문이 아닌가 합니다. 그녀는 쇠붙이를 단조해서 이웃 나라와 교역을 하고 있습니다. 그래서 졸본부여에서 자원의 절반을 좌지우지하는 힘도 갖고 있지요. 우리가 졸본부여로 간다면 반드시 우리 편으로 끌어들여야 할 사람입니다. 그녀가 우리 편이 되어준다면 앞으로 우리의 큰 뜻을 펴는데 많은 도움을 줄 수 있을 겁니다."

재사는 세상을 살피고, 분석하여 정확한 판단을 할 수 있도록 조언을 하는 재주가 있다고 말했는데, 주몽의 참모 역할을 벌써 시작한 것이었다.

"그래요? 그럼 우리가 먼저 만나봐야 할 사람인 듯 합니다. 우리 일행이 대소 왕자에게 쫓겨 강에서 어려움에 처했을 때, 도움을 주었던 거북 사공들의 말로는 소서노 공주가 시켜서 엄리수에서 기다리고 있었다고 했습니다. 아마도 우리와 인연이 있으리라 생각됩니다. 졸본천卒本川314으로 가면 아마도 반드시 만나게 될 것입니다."

이윽고 주몽의 일행이 졸본천의 흘승골성紇升骨城에 도착했다. 성을 지키는 수문장은 주몽이 온 것을 알고 즉시 왕궁에 알렸고, 왕궁에서는 그들을 맞이해 객전으로 안내했다. 그들이 객전에 들어서자, 시중을 드는 궁녀가 시원한 석빙고 얼음물을 대접했다. 주몽 일행이 얼음물을 마시며 땀을 식히며 쉬고 있는데, 왕의 시종이 들어와 정전으로 모시겠다고 전했다.

주몽은 일행 중에서 오이만 대동하고 시종을 따라 나섰다. 졸본부여에서 자신을 죽이든 살리든 이제 운명의 주사위는 던져진 것이었다. 주몽은 마음을 단단히 다져먹고 한 걸음씩 새로운 세상을 향해 나아가고 있었다.

졸본부여의 정전에는 왕과 왕비가 가운데 앉아 그를 기다리고 있었다. 왕의 바로 곁에는 팔척장신의 여인이 날카로운 눈매로 그를 바라보고 있었다. 주몽은 그 여인이 소서노라고 짐작했다. 눈빛이 예리한 것이 자신의 마음속까지 꿰뚫고 있는 듯했다. 얼굴은 살짝 가무스레하면서도 엷은 분홍빛 피부를 가지고 있으며, 전체적으로 이목구비가 뚜렷해 아름다운 모습이었다.

"어서 오시오, 주몽왕자. 얼마나 고생하셨소."

왕은 오랜 지기를 만난 듯이 반가운 기색으로 주몽을 맞았다.

"예, 마마 도움을 받아 이렇게 왔나이다. 저와 일행을 거두어 주신 것에 감사드립니다."

주몽은 왕에게 허리를 굽혀 인사를 하며 자신을 구해준 것에 대해 고맙다는 인사를 먼저 올렸다.

"하하하. 아니오, 이미 우리 공주를 통해 왕자에 대해 많은 얘기를 들었소. 그대의 재주가 참으로 많다고 들었는데, 이렇게 보니 참으로 대장부답소. 그리고 활쏘는 솜씨가 대단하다고 하던데, 백발백중이라지요?"

"마마, 황공하옵니다. 아직도 부족한 점이 많습니다. 그렇게 말씀하시니 몸 둘 바를 모르겠나이다. 그리고 엄리수를 무사히 건널 수 있도록 배편을 마련해 주시어 어려운 고비를 면할 수 있었습니다. 다시 한 번 충심으로 감사드립니다."

주몽이 공손히 두 손을 맞잡고 다시 허리를 굽혀 사의를 표했다.

"하하하. 내가 그대 재주가 많다는 소리를 듣고, 꼭 만나고 싶어 그리 한 것이오. 앞으로 그대가 우리 졸본부여를 위해 많은 일을 해 주리라 믿었기 때문에 그리 한거요. 공주가 말하기로는 왕자는 쇠부리를 잘 하신다면서요. 해모수 천제의 후손이라면 틀림없이 제철 기술을 지녔을 것으로 압니다만……."

왕이 인자한 미소를 보여주며 다정하게 물었다. 그때 옆에서 지켜보던 소서노 공주의 눈빛이 '반짝' 빛나는 것이 보였다.

"예, 마마. 저의 집안은 대대로 쇠부리를 익혀서 철제 농기구와 무기를 만들도록 사람들을 훈련시켜 왔습니다. 그래서 저도 조금은 그 쪽 일을 할 줄 압니다."

"우리 졸본부여는 졸본천에서 캔 사철을 녹여서 쇠를 만들고, 그것에 다시 열을 가하고 모루에 두들겨서 강철로 단련하여 많은 쇠부리를 만들어 이웃 나라에 팔고 있습니다. 주몽왕자가 이런 일에도 밝다 하니 앞으로 우리에게 힘이 되어 주리라 믿소. 먼 길을 오느라 피곤할 터이니 오늘은 객전에서 편히 쉬도록 하시오. 시간 날 때 우리 졸본부여를 두루 살피고, 그 다음에 어떻게 힘을 합해서 일할 것인지 논의합시다."

왕은 주몽과의 첫 대면이 만족스럽다는 표정으로 환하게 웃으면서, 시종장에게 주몽 일행을 잘 대접하라고 다시 이르고는 자리를 떴다. 주몽은 왕에게 허리를 굽혀 배웅한 뒤, 소서노 공주 쪽을 가만히 살펴보았다. 소서노 공주도 미소를 품고 있는 것이 싫지 않은 눈치였다. 주몽과 오이는 정전에서 인사를 마치고 객전으로 돌아 왔다. 왕성 안의 뜰에서 하늘을 쳐다보니, 초승달이 진 밤하늘에 북두칠성이 길게 뻗어 있었다. 그 끝에서 북극성이 한층 더 휘황하게 느껴졌다.

　다음날 아침이었다. 그동안 객전에서 휴식을 충분히 취한 주몽은 재사를 불렀다.
　"소서노 공주를 한 번 만났으면 하는데 시종과 상의해 주시오."
　"어떤 일로 만나고 싶다고 말할까요."
　"세 가지 목적이 있다고 말해 주시오. 먼저 졸본부여의 지세를 살펴보고 싶다는 것이 그 하나요. 또 하나는 공주가 운영하고 있는 쇠부리 터를 보고 싶다고 말하시오. 마지막으로 졸본부여를 다스리는 데 어떤 어려움이 있고, 그에 대한 대책은 마련되어 있는지 알고 싶다고 하시오."
　"예, 알겠습니다. 그대로 전하고 오겠습니다."
　한참 후에 재사가 왕궁에 다녀와서 말했다.
　"마마, 제가 공주님을 만나 뵙고 말씀드렸더니, 이곳으로 직접 오시겠다고 합니다."

"아니 공주가 이 객전으로 직접 오신다고? 음, 조금 당황스럽군. 아무튼 이쪽으로 오신다니 기다릴 수밖에……."

주몽은 소서노의 적극성에 내심 놀랐다.

이윽고 소서노가 몸종 하나만 데리고 객전에 나타났다. 그녀는 여장부답게 말을 타고 온 것이었다. 주몽은 여섯 명의 부하와 함께 객전 앞으로 나가 그녀를 맞이했다.

"어찌 몸소 예까지 나셨습니까? 제가 찾아뵈어야 하는 것을……."

주몽이 공손히 허리를 숙여 절을 하며 말했다.

"왕자님께서 소첩에게 알아보실 게 있다고 하셔서 왔습니다. 저는 좁은 집안에서 말씀을 나누기보다는 바깥구경도 할 겸 이렇게 나왔습니다. 어떻습니까, 소첩과 말을 몰아 비류수沸流水315까지 다녀오시지 않겠습니까? 오는 길에 쇠부리 터도 구경하시고, 졸본부여 강토를 살펴보면 될 듯 합니다만……."

"예, 저는 좋습니다. 공주만 괜찮으시다면 이 보다 좋은 일이 또 있겠소?"

주몽은 동부여에서 타고 왔던 말을 끌어내었고, 몸을 날려 말 등에 올랐다. 여섯 명의 부하들도 일제히 채비를 마치고 말에 올랐다. 모두 떠날 준비가 끝나자 기다리고 있던 소서노 공주가 먼저 길을 나섰다. 말고삐로 조종하면서 발로 박차를 가하니 말은 질풍처럼 달리기 시작했다. 그녀는 웬만한 남자들이 따라가지 못할 정도로 말을 잘 몰았다. 주몽 일행도 이를 놓칠 새라 뒤따라 말을 달렸다.

그들은 졸본천을 따라 펼쳐진 너른 들판을 가로 질러 한참을 달렸고, 동북쪽 끝머리에 보이는 높은 산을 목적지로 삼았다. 산 정상 가까이 말을 달렸고, 드디어 위에 올라보니 그곳은 고원지대였다. 편평한 것이 수 천의 군사와 백성을 함께 수용할 수 있는 넓이였다.

"저 아래 들판에 무엇을 심고 있습니까?"

주몽이 공주에게 물어 보았다.

"귀리와 콩, 수수 등을 재배하고 있습니다. 그리고 이곳은 사방을 한 눈에 감시할 수 있는 곳입니다. 이곳으로 접근하는 주변 산세가 험준해서 함부로 침입하기도 어렵습니다. 이곳만 장악하고 있으면 어떤 무리들의 도발도 마땅히 제압할 수 있으리라 생각됩니다. 만일 이곳에 산성을 축조하고 왕궁을 세우면 천혜의 요새가 될 것입니다."

공주가 발아래 멀리 퍼져 있는 들을 내려다보며 말했다.

"물을 충분히 얻을 수 있는지요? 지역이 험준하여 적으로부터 방비하는 것도 좋지만, 가장 중요한 것이 물이지요. 그것이 없으면 오래 버틸 수 없답니다. 사람과 가축을 위해서 가장 필요한 것이지요."

주몽이 걱정스러운 듯 다시 물었다.

"물은 많습니다. 산 위 분지 구석에 천지라는 연못이 있고, 그곳 말고도 다섯 곳에서 샘을 발견했습니다. 그래서 이곳을 오녀산五女山이라 하지요. 물이 맑아 그대로 마셔도 된답니다."

공주가 걱정할 필요 없다는 듯 자신 있게 말했다.

그곳을 한 바퀴 둘러본 그들은 산을 내려 와서 서쪽으로 나갔고, 곧 비류수 가에 이르렀다. 말에 물을 먹이고, 물가에서 잠시 쉬고 있는데, 위쪽에서 채소 같은 먹거리가 둥실 둥실 떠내려 오는 것이 보였다.

"이 강 상류에도 사람들이 살고 있는 모양이지요?"

주몽이 그것을 보고 물었다.

"예, 마마. 그곳에는 비류국 사람들이 살고 있습니다."

이번에는 가까운 곳에서 쉬고 있던 재사가 대답했다. 그때 조금 멀리 있던 공주가 다가오며 말했다.

"왕자님, 이제 조금 쉬었으니, 제가 운영하는 쇠부리 터로 출발하지 않으시렵니까?"

"그럽시다. 이곳은 볼만큼 돌아봤으니 이제 출발해도 됩니다."

그 말이 끝나자, 공주가 자신이 타고 온 말의 고삐를 잡고 훌쩍 뛰어올라 말 등에 자리를 잡았다. 주몽과 일행들도 몸을 날렸고, 다시 졸본천으로 말을 달렸다. 벌써 저녁노을이 물들기 시작했고, 온 하늘이 붉은 빛을 띠기 시작했다. 한참을 달리니 저 멀리서 연기가 오르는 곳이 보였다. 소서노 공주가 아끼는 쇠부리 터였다.

입구에 당도해보니 솟대가 높이 올라 그들을 마주하고 있었다. 솟대 끝에는 세 발 까마귀 조각이 올려 있었다. 해를 숭상하는 부여 사람들은 하느님과 교신을 할 때 세 발 까마귀인 삼족오三足烏316가 심부름을 해준다고 믿고 있었다. 이들 뿐만 아니라 환웅의 배달국, 단군 왕검의 고조선, 대부여, 북부여, 동부여, 졸본부여 모두가 공통적으로 이를 믿고 있었으며, 삼족오는 해를 숭상하는 신앙의 상징을 나타내는 표식이었다.

쇠부리 터에 들어가니 두 개의 큰 가마와 그 곁에 대장간이 하나 있었다. 마침 사람들이 졸본천에서 캐어 낸 사철을 녹이고 단련해서 철제 무기와 농기구를 만들고 있었는데, 주몽 일행은 공주의 안내를 받아 두루 살펴보았다.

'아직은 본격적인 쇠부리 터로 발전하지 못했군. 이제 막 시작하는 단계야. 하지만 이곳을 잘 관리하면 좋은 제철소로 키울 수 있겠어. 여건이 아주 좋아. 쇠부리에는 물과 나무가 쉽게 구할 수 있어야 하는데, 졸본천과 비류수가 가까이 있어 물은 충분히 댈 수 있고, 조금 전에 올라갔던 오녀산과 남쪽의 산들을 보니 나무가 울창하여 숯을 대기에도 충분해 보인단 말이야. 정말 천혜의 조건을 가진 곳이군.'

주몽은 마음속으로 졸본부여의 제철 능력을 분석하고 있었다. 왕궁으로 돌아오는 길에 주몽과 소서노는 말머리를 나란히 하면서 애기를 나누었다.

"공주님이 지금 걱정하고 계시는 것이 무엇인지 알고 싶습니다. 졸본의 지형이나 산세가 참으로 잘 갖추어져 적들로부터 나라를 보호하는 데는 아주 좋아 보입니다. 그리고 제철능력은 아직 충분하지는 않지만 앞으로 발전할 가능성이 매우 크군요. 잘만 관리하면 훌륭한 능력을 갖게 될 겁니다. 저는 그밖에 공주님이 갖고 계신 애로사항이 있는 지 궁금하군요."

주몽이 공주를 돌아보며 가볍게 물었다.

"왜, 애로가 없겠습니까. 왕자께서 말씀하신 대로 이곳 지형이 나라를 지키는데 유리한 점은 있습니다. 그리고 제철능력이야 앞으로 더욱 노력하면 되는 것이고요. 하지만 이러한 외적인 문제보다는 안으로부터 걱정거리가 많습니다. 솔직히 말씀드리면 아바마마께서 연로하신데다가 요즈음은 건강이 좋지 않으십니다. 슬하에 딸이 셋 있으나, 첫째 사위와 둘째 사위가 모두 병사해서 의지할 사람이 없습니다. 게다가 우리 졸본부여 주변으로 말갈 부족, 홀본의 옥저, 요동의 낙랑, 북부여와 동부여가 있습니다. 그들은 언제든지 우리 졸본부여의 땅을 차지하려고 호시탐탐 기회를 엿보고 있습니다. 나라를 다스리려면 유능한 인재가 많이 있어야 하는데, 아직 많이 부족한 형편입니다. 제가 여러 모로 신경을 쓰고 있는데도 쉽게 사람들이 모이지 않습니다."

"그렇군요. 저는 오늘 많은 곳을 돌아보면서 느낀 점이 몇 가지 있습니다. 그 한 가지는 오녀산에 산성을 쌓아 그곳으로 왕궁을 옮기면 지키기도 수월하고, 다른 나라로 진격하기도 쉬울 것이라는 생각을 했습니다. 그리고 오녀산과 졸본천 사이에 쇠부리 터를 크게 만들면 창검, 화살 등 무기를 많이 만들 수 있을 겁니다. 쇠부리에 꼭 필요한 물과 나무가 충분하지 않습니까? 그리고 그곳 너른 평야지대에서 군사를 훈련하면 어느 나라도 감히 침범하지 못할 강병을 기를 수 있을 것입니다.

공주께서 걱정하시는 외부의 침략에 대비하려면 날랜 군사 삼백 명을 뽑은 다음 기병으로 삼아 사방을 순찰하면서 나라의 동태를 살피게 하면 됩니다. 그리고 만일 비상사태가 발생하면 이곳으로 즉시 연락할 수 있도록 봉화체제를 갖추면 될 것입니다. 그리고 나라를 지키기 위해서는 기마병과는 별도로 창과 칼로 무장한 보병 오천과 활과 쇠노로 무장한 궁병 일 천을 확보하고, 세 명의 군사가 타는 전차 이백 량을 준비해야 되리라 생각됩니다. 이정도 병력만 갖추고 있다면 어떠한 적이 침범하더라도 충분히 대응할 수 있을 겁니다. 만일 공주께서 동의하시면 제가 데리고 온 합부를 지휘관으로 임명하여 이들을 훈련시킬 수 있습니다. 그는 충분한 자격을 갖고 있으니까요. 아마 한 달 정도 시간을 주면 얼추 모양새를 갖출 수 있을 것입니다."

소서노는 자신이 말했던 애로사항에 대해 주몽이 구체적인 대응책을 말하자, 회심의 미소를 띠우며 고개를 끄덕였다. 주몽은 그러한 공주의 태도를 보고는 말을 계속 이었다.

"그리고 나라의 위용을 갖추려면 우선 왕실의 체제를 정비해야 합니다. 이런 일을 하는 데에는 오이와 마리만큼 경험이 있는 사람도 없을 것입니다. 이 두 사람은 동부여 왕실의 고관으로 있으면서 국정을 살피다가 대소 왕자와 마음이 맞지 않아 자리를 물러난 인재들입니다. 그 후로 저하고 뜻이 맞아 사냥으로 소일하며 기회를 찾던 사람이랍니다. 이들을 등용하시면 졸본부여의 의식 제례 등 모든 일처리에 대한 형식과 절차를 단군 조선의 수준으로 끌어 올릴 수 있을 것입니다.

또한 제가 보아하니 이 나라 지세는 산이 많고, 농사지을 땅이 부족합니다. 하지만 예로부터 모든 일은 사람 하기 나름이라는 말이 있습니다. 백성들이 의욕을 갖고 증산에 힘쓰면 곧 넉넉한 살림살이를 가진 부자 나라가 될 수 있습니다. 그렇게 만들기 위해서는 백성들이 의욕적으로 일하게 해주어야 합니다. 즉, 열심히 일해서 얻는 수확물이 자기 것이 될 수 있도록 제도를 마련해 주어야 합니다. 이를 위해 단군 조선에서는 정전법井田法[317]을 썼답니다. 농지를 우물 '정'자 모양으로 나눈 다음 여덟 명이 아홉 마지기의 농토를 가꾸고, 그 중에서 한 마지기의 소출을 나라에 바치도록 하는 것입니다. 만약 혼자서 아홉 마지기를 짓는다면, 자신의 수확물 중에서 구분의 일만 나라에 조세로 바치는 것이지요. 이렇게 하면 사람들이 일한 만큼 자기 몫이 크게 돌아오니 열심히 일을 할 것입니다. 이런 제도를 쓴다면 나라에서 농사를 장려하지 않아도 자연스럽게 농업이 발전한답니다."

소서노는 주몽의 치세 전략에 탄복했다. 그가 끊임없이 토해내는 방안들은 자신의 귀에 쏙쏙 들어오고 있었고, 졸본부여에 큰 도움을 줄 수 있는 실제적으로 유용한 방안들이었다. 소서노는 점점 주몽에게 호감이 더해지는 것을 느끼고 있었다. 그녀는 주몽을 꼭 자기 사람으로 만들고 싶었다.

"공주님, 어떻습니까? 제가 공주님을 도울 테니, 우리 한 번 힘을 합하여 옛 단군 조선의 땅을 수복하고, 큰 나라를 세워 보지 않으시렵니까?"

주몽은 말고삐를 당기면서 말을 세우고 말했다.

"예, 저는 주몽왕자의 말씀에 찬성합니다. 제가 아바마마께 말씀드릴 테니 우리 힘을 모아 한 번 해 봅시다."

다음날 아침에 공주로부터 주몽의 생각을 전해들은 고모서왕은 한참을 고민하더니 결론을 내린 듯 단호하게 말했다.

"다 좋다. 하지만 한 가지 조건이 있어. 공주와 주몽왕자가 혼인을 한다면 내가 모든 것을 허락하겠다. 그래야만 그를 확실히 우리 편이라고 믿을 수 있지 않겠느냐. 하지만 왕자의 나이가 스물둘이라고 들었는데, 공주와는 여덟 살 차이로구나. 그리고 공주에게는 이미 비류와 온조의 두 아들이 있는데, 주몽이 이 혼인을 승낙할지 모르겠구나."

"아바마마, 그건 저에게 맡겨 주십시오. 제가 알고 있는 한 주몽왕자님은 충분히 승낙하실 것입니다. 제가 당장 알아보고 오겠습니다."

공주는 즉시 고모서왕에게서 물러나와 주몽을 내전으로 모셔오도록 시종을 보냈고, 그가 들어오자 공주가 말했다.

"아바마마께서는 다 좋은데 한 가지 조건이 있다 하십니다."

"그게 무엇이지요?"

"왕자님과 제가 혼인을 하라는 말씀이십니다. 그렇다면 이 나라를 왕자님과 저에게 물려주신다고 했습니다. 그런데 제게는 전 남편 소생의 비류와 온조의 형제가 있고, 제 나이 서른이라 왕자님보다 여덟이 많습니다. 왕자님 생각을 듣고 싶습니다."

"하하하. 나이가 무슨 상관입니까? 그리고 아들이 둘이 있다면 저의 아들로 삼으면 되는 것을……. 저는 그러한 것은 문제가 된다고 생각하지 않습니다. 제가 가장 중요하다고 생각하는 것은 제가 말씀드린 계책을 실행할 수 있도록 고모서왕이나 공주께서 믿고 맡겨주시는 일입니다. 이러한 일은 저 혼자 할 수 있는 것이 아닙니다. 그리고 제가 데리고 온 인재들을 중용해서 쓰실 것을 부탁드리고 싶습니다. 그들은 충분한 능력을 갖고 있습니다. 왕께 말씀드려 주십시오. 공주님과 혼인을 하겠으니, 제가 일을 할 수 있는 여건을 만들어 주시기를 바란다고……."

이런 대화가 오고 간 후 이레 뒤, 주몽은 소서노와 혼례를 치렀다. 두 사람은 뜻을 모아 한 마음이 되었고, 주몽은 뜻대로 나라를 경영할 수 있는 위치에 오른 것이었다. 그런데 고모서왕은 주몽을 사위를 얻자 마음이 놓였는지, 앓던 병이 한꺼번에 도지며 열흘 뒤에 붕어했다.

주몽은 공주를 비롯하여 여러 신하들의 지지를 받아, 고모서왕의 뒤를 이었다. 그는 왕으로 즉위하자 오녀산에 새로 왕궁을 지어 졸본성이라고 이름을 지었다. 주몽은 졸본성으로 왕궁을 옮기고 국호를 고구려高句麗로 고치고, 왕가의 성을 고씨로 선포했다. 이때가 서기전 37년의 일이었다. 북부여의 해모수왕이 세운 나라도 일명 고구려高九黎318라 했는데, 이를 본 딴 것이다. 구려는 졸본부여 말로 '골짜기'를 뜻했다. '고'는 '하늘'을 뜻하니, 고구려는 '하느님의 골짜기'라는 뜻이 되기도 했다.

3 증표

주몽이 왕으로 등극하자, 왕비 소서노는 졸본부여의 모든 역량을 신생 고구려의 국력을 키우는데 쏟아 넣었다. 두 사람은 수시로 전국을 방방곡곡 돌아다니며 백성들을 격려하여 생업에 최선을 다하도록 독려했다. 특히 소서노는 여자의 몸으로 주몽과 함께 힘든 여정을 끝까지 해냈다. 그렇게 함으로써 신생국 고구려는 점차 안정을 찾아갔다.

두 사람이 가장 힘쓴 분야는 강력한 군사력을 보유하는 것이었다. 그 목적을 위해 먼저 시작한 것이 쇠부리 터를 확대한 것이었다. 주몽은 즉위하는 즉시 졸본천변의 쇠부리 터 규모를 열 배가 넘게 키웠다. 이곳에서는 기존에 생산하던 농기구와 무기 외에도 전차까지 만들 수 있는 강철을 생산했다. 그리고 이렇게 만든 무기들은 새로 모집한 병사들에게 공급되었으며, 특히 강철로 만든 3인승 전차는 군사력을 배가시켰다.

또한 주몽은 합부로 하여금 군사제도를 개편하도록 명을 내렸고, 합부는 수만 명의 군사를 새로 모집하여 밤낮을 가리지 않고 훈련시켰다. 기본 훈련이 끝난 병사들은 다시 각자 칼, 창, 활, 노弩319 등을 휴대하여 훈련을 받았으며, 이들은 공통적으로 청동 방패로 무장하였다. 모든 훈련이 끝난 이들은 각자 무장한 무기에 의한 부대 편성을 받았다. 그리고 이들 중에서 특별히 건장하고 날랜 군사 300명을 뽑아 말타기 훈련을 별도로 시킨 다음 정찰부대로 편성하였다. 합부는 이들 경기병을 세 부대로 나눠 전국을 순찰하면서 사방의 적 동태를 감시하는 임무를 맡겼다. 그들은 정찰임무를 마친 다음에 그 이상 유무를 하루 세 번에 걸쳐 왕궁으로 직접 보고했으며, 이러한 체제로 인해 고구려의 군사력이 한층 높아졌으며, 다른 나라들로부터의 침략에 철저하게 대비할 수 있게 되었다.

이처럼 나라의 체제가 어느 정도 자리를 잡고, 막강한 군사력을 갖게 되자, 주몽은 그 다음 단계로 영토 확장을 위해 노력하기 시작했다. 그는 가장 먼저 비류국沸流國320을 병합하기로 생각했다. 이곳은 주몽이 처음 졸본으로 와서 소서노와 함께 나라를 둘러보다가 비류수 상류에서 채소가 떠내려 오는 것을 보고, 사람이 살고 있다는 이야기를 들었던 나라였다.

주몽은 직접 300명의 기병을 거느리고 사냥을 핑계로 비류국을 방문했다. 비류국 왕 송양松讓은 사냥을 핑계로 자신의 영토를 침범한 주몽에 대하여 고구려가 건국한지 얼마 안 된 나라라며 깔보았다. 그리고 송양은 주몽에게 곱지 않은 태도로 짐짓 모르는 체하며 물어보았다.

"과인은 이곳에서 오랫동안 나라를 다스렸으나 그대를 본 적이 없었소. 그래도 오늘 만나게 되니 서로 인사나 나눕시다. 그대는 어디서 온 누구인가?"

"나는 천제의 아들로 이곳 졸본에 와서 고구려를 세운 주몽이오."

이에 주몽은 당당하게 대답하며 송양을 두려워하지 않았다. 그러자 송양이 다시 말했다.

"우리는 여러 대에 걸쳐서 이곳을 다스렸소. 땅이 좁아서 두 왕을 용납하기에 부족하오. 그대는 도읍한 지 얼마 되지 않으니 나의 부하가 되는 것이 어떠한가?"

"하하하. 그렇게 하지 말고, 우리 두 사람이 경합을 벌여 지는 쪽이 부하가 되는 것은 어떻소?"

송양은 주몽의 말을 듣고, 나이가 어린 그가 자신에게 도전하는 것을 가소롭다고 생각했고, 자신이 쉽게 이길 수 있다고 믿었다. 이에 송양은 활쏘기로 승부를 겨루자고 제안했고, 주몽은 흔쾌히 받아들였다. 두 사람은 많은 사람들이 보는 앞에서 활쏘기로 재주를 겨뤘으나 주몽의 일방적인 승리로 끝이 났다. 송양이 승부에서 주몽을 이기지 못하고, 창피를 당하자, 자리를 박차고 왕궁으로 돌아갔고, 주몽은 의기양양하게 고구려로 돌아왔다. 결국 1년이 지난 서기전 36년 여름 6월에 송양이 주몽에게 항복했고, 나라를 바쳤다. 주몽은 그 땅을 다물도多勿都로 이름 붙이고, 송양을 우두머리로 삼아 그 지역을 다스리도록 하였다. 고구려 말에 옛 땅을 회복하는 것을 '다물'이라 하였으므로 그렇게 이름 지은 것이었다.

그 이후로 고구려의 영토확장 전쟁은 계속 되었다. 주몽은 자신의 휘하에 있는 합부, 무골, 오이, 부분노, 부위견의 다섯 장수들에게 각각 군사를 주어 이웃나라인 말갈靺鞨321을 정복하고, 백두산 남동쪽의 행인국荇人國322과 두만강을 사이에 둔 북옥저까지도 정벌해서 국토를 넓혀 나갔다. 요동 반도와 발해만渤海灣323을 면한 지역에는 소서노의 아들인 비류와 온조를 보내어 비류족과 위족324을 다스리게 했다.

비류족과 위족은 모두 부여족과 마찬가지로 동이 구족의 하나였다. 그들은 환인, 환웅, 단군 시절부터 파미르 고원에서 몽골의 초원을 지나 요녕遼寧325으로 이동해 왔으며 목축을 생업으로 삼는 기마민족이었다. 이들은 발해만에서 배를 만들어 해운을 일으키고, 북중국과 한반도 사이의 교역을 돕고 있었다. 비류와 온조의 형제들이 십여 년 째 이들과 침식을 함께 하며 민심을 수습하여 고구려를 섬기고 있었다. 소서노도 두 아들을 따라 이곳에서 생활하고 있었다.

주몽이 고구려를 건국한 지 10여 년이 흐르자, 나라는 안정되어 기틀이 잡혔고, 그동안 확장한 영토도 주변 강대국과 맞설 정도가 되었다. 그렇지만 고구려에 완전한 평화가 정착된 것은 아니었다. 서쪽으로는 한나라와 흉노, 선비鮮卑326의 여러 나라와 갈등관계가 지속되었다. 그들은 시시때때로 고구려의 국경지역을 침범하여 곡물을 약탈해 갔다. 게다가 북으로는 요서 동쪽의 북부여나 송화강 부근의 동부여가 여전히 강대한 세력으로 버티고 있었고, 남쪽으로는 한사군을 비롯한 중원세력이 있어 고구려에 압박을 가해오고 있었다. 주몽왕은 이런 주변 정세 속에서도 여전히 전 국토를 순회하며 백성들을 격려하고, 제철산업 등 각종 산업을 일으켜 부국강병의 기틀을 다지고 있었다.

주몽이 즉위한 지 19년이 지난해의 4월 어느 날이었다. 동부여에서 한 청년이 오녀산성으로 찾아 왔다. 그는 성안으로 들어오자 곧바로 왕궁 수문장에게 주몽왕을 뵙고 싶다고 말했다. 수문장은 어이없다는 듯이 말했다.

"당신은 누군데, 다짜고짜 임금님을 만나겠다고 하는 거요? 무엄하지 않소? 그리고 임금님은 아무나 만날 수 있는 분이 아니오."

"저는 동부여의 서울 가엽원迦葉原에 살던 유리類利라고 합니다. 임금님을 뵙고 보여드릴 것이 있어서 예까지 찾아 왔습니다."

"안되오. 임금님을 찾아오는 사람이 한 둘이 아닌데 아무나 들여보낼 수 없소."

"저는 임금님을 꼭 뵈어야 합니다. 임금님께서도 저를 알아보실 겁니다. 제가 꼭 전해드려야 할 것이 있습니다. 제발 저를 왕궁 안으로 들여보내 주십시오.”

“한 번 안 된다면 안 되오. 그리고 오늘은 날도 저물었으니 더 이상 왕궁 출입을 할 수 없소.”

수문장은 막무가내였고, 더 이상 들을 말이 없다는 듯 문을 닫아 걸고는 안으로 사라졌다. 다음날 아침 수문장이 왕궁 문을 열자, 어제 그 청년이 다시 나타났다.

“저는 임금님을 꼭 봐야 할 일이 있습니다. 정 저를 못 믿으시겠다면, 이 물건을 임금님께 보여주십시오. 그러면 무슨 말씀이 있을 겁니다.”

“아니, 그렇게는 할 수 없소.”

수문장은 어제와 마찬가지로 청년의 말을 들은 체도 하지 않았다. 청년은 다시 수문장에게 사정을 하며 하얀 보자기로 싼 상자를 건넸다.

“그렇다면 저는 임금님을 못 만나도 좋으니, 제발 이 상자만이라도 전해주시오. 내가 그에 대한 보답은 꼭 하겠습니다.”

그러면서 청년은 수문장에게 옥가락지 하나를 슬쩍 손에 쥐어 주었다. 수문장은 잠시 머뭇거리다가 옥가락지를 살펴보았다. 그것은 흔히 볼 수 있는 것이 아닌 귀한 물건이었고, 값이 많이 나갈 듯싶었다. 수문장은 옥가락지를 받고는 짐짓 못이기는 체 하며 청년에게 상자를 받았다.

“그럼 이곳에서 잠시 기다리시오. 내가 안으로 들어가서 이 상자를 전하고 답을 받아오리다.”

그리고 수문장은 부하를 시켜 보자기에 싼 상자를 왕이 계시는 정전으로 들려 보냈다. 이를 받은 시종은 시종장에게 다시 전해주었고, 마침내 주몽에게까지 전달되었다.

　"마마, 어떤 청년이 보자기에 싼 이 상자를 전해주며, 마마 뵙기를 청한답니다. 상자를 열어 보시면 무슨 말씀이 있으실 거라면서 왕궁 문밖에서 지금 기다리고 있답니다."

　"그래? 그럼, 어디 내가 먼저 보자. 혹시라도 마마께 해가 되는 물건인지 모르겠다."

　마침 곁에서 주몽을 호위하고 있던 오이가 먼저 상자를 받아 열어보았다. 상자 안에서는 붉은 비단으로 정성껏 싼 딱딱한 물건이 있었는데, 비단을 펼쳐 보니 녹슨 쇠 조각이 하나 나왔다.

　"마마, 이것이 무엇인 지 잘 모르겠습니다. 녹이 슨 것이 쇠 덩어리 같기도 하고, 부러진 칼날 같기도 합니다. 저는 이것이 무엇을 의미하는지 모르겠습니다."

　오이가 수상쩍은 듯이 말했다.

　"어디 보자. 무슨 사연이 있겠지. 이리 가까이 가지고 오게."

　주몽은 호기심이 가득한 눈초리로 오이를 바라보며 말했다.

　"예, 마마 여기 있습니다."

　"음, 이건 녹슨 칼날이 맞군. 그렇다면 내가 짐작 가는 일이 있는데, 혹시 이것을 가지고 온 청년이 다른 말을 하지 않던가?"

　"예, 마마. 청년은 동부여에서 왔다고 했으며, 이름이 유리라고 했습니다."

"무엇이라고? 동부여에서 왔다고, 이름이 유리라고……?"

"그렇습니다. 청년이 그렇게 말했다고 합니다. 그리고 그 물건을 보시면 무슨 말씀이 계실 것이라고 했습니다."

"그래, 내가 잘 알고 있다. 시종장은 짐의 방에 보관되어 있는 상자를 가져오너라. 빨간색 비단으로 싸둔 것이 있을 걸세. 그 상자를 가져오면 확인 할 수 있을 거네."

"예, 마마. 그렇게 하겠나이다."

시종장은 곧바로 왕이 말한 상자를 가져왔고, 주몽은 그곳에서 한 자루 단검을 꺼냈다. 그 단검은 중간에서 칼날이 반쯤 부러져 있었고, 나머지 조각은 보이지 않았다. 왕은 자신이 보관하고 있던 부러진 단검과 청년이 가져온 칼날을 맞춰보았다. 녹이 슬었지만 두 개의 물건은 한 치의 오차도 없이 딱 들어맞았고, 왕은 순간 감격에 온 몸을 부들부들 떨고 있었다.

"그 아이가 틀림없어. 내가 떠나올 때 두고 온 아이야. 아, 벌써 세월이 그렇게 흘렀단 말인가. 어서 그 청년을 이리로 데리고 오라. 그 아이는 나의 아들이다. 빨리 보고 싶구나."

왕은 갑자기 허둥대기 시작했다. 시종이 즉시 왕궁을 지키는 수문장에게 연락했고, 잠시 후 그 청년이 정전으로 들어오는 모습이 보였다. 그러자 왕은 자리에서 벌떡 일어나서 온 몸으로 반가움을 표시하며 청년을 맞이했다. 마치 신하들이 보고 있지 않았다면 버선발로 뛰어 나갈 기세였다. 청년이 정전으로 걸어 들어와 왕 앞에 부복했다. 왕은 당황한 모습을 애써 감추고는 목소리를 가다듬

고 청년에게 질문을 던졌다.

"그래, 너의 이름은 무엇이고, 어디에서 왔는고?"

"예, 마마. 저는 유리라고 하며, 동부여의 가엽원에서 왔습니다."

"그래, 네가 이 녹슨 칼날을 짐에게 보여준 이유는 무엇이더냐?"

"예, 마마. 저는 아버지 없이 어머니와 단 둘이 살고 있었습니다. 저는 아버지가 일찍 세상을 떠나신 줄만 알고 있었습니다. 하루는 소자가 새총으로 새를 잡다가 잘못해서 물 긷는 부인의 물동이를 깨뜨렸습니다. 그랬더니 이 부인이 '애비 없는 호로 자식이라 어쩔 수 없군' 하고 저를 욕하며 꾸짖었습니다. 그 말이 가슴을 날카롭게 찌르고 아파, 대체 아버님이 어떤 분인가 궁금해졌습니다. 그래서 어머니에게 아버님에 대해서 자세히 말해달라고 했더니, 어머니는 제 아버님은 훌륭한 분이시라면서 돌아가신 게 아니고, 지금은 남쪽 나라의 왕이 되었다고 말씀하셨습니다. 그리고 제가 훌륭한 청년으로 성장하면 아버지를 찾아갈 수 있다고 말씀했습니다.

그래서 저는 그때부터 학문을 익히고, 무예를 수련하며 때를 기다리고 있었습니다. 그리고 제가 스무 살이 되자, 어머니는 때가 되었다며, 아버지를 찾아가라고 말씀하셨습니다. 아버님이 어머니하고 헤어질 때, '일곱 모가 난 돌 위 소나무 아래에 증표를 두고 가셨다'고 하시면서 저에게 그 증표를 찾아 떠나라고 하셨습니다다."

"그래서? 어떻게 이 칼날을 찾게 되었는고?"

왕이 매우 궁금해 하며 말을 재촉했다. 유리는 자세를 바로 세우며 왕을 한 번 똑바로 쳐다보고는 다시 차근차근 말했다.

"저도 처음에는 이 수수께끼를 풀 수가 없었습니다. 몇 달 동안 온 산하를 뒤졌지만 '일곱 모가 난 돌 위에 소나무'를 찾을 수가 없었습니다. 그러던 중 설날이 되었고, 저는 깊은 잠을 자면서 이상한 꿈을 꾸었습니다. 높고 큰 누각 아래에서 '끼잉' 하며 쇳소리가 울리는 것이었습니다. 저는 깜짝 놀라 깨었고, 이 꿈이 하느님의 계시라고 생각했습니다. 그래서 동부여 왕궁의 큰 누각을 찾아 갔습니다. 그랬더니 그 누각의 소나무 기둥이 일곱 모가 나 있는 주춧돌 위에 서 있었습니다. 저는 여러 기둥을 살피다가 그 중 하나의 주춧돌에 작은 구멍이 있는 것을 발견했습니다. 결국 그곳에서 찾아낸 것이 바로 그 녹슨 칼날이었습니다.

저는 그 토막 난 칼날을 들고, 어머니에게 가서 보여드렸습니다. 어머니는 그것을 보시고는 드디어 아버님이 남겨주신 증표를 찾았다고 기뻐하시더니, 그것을 가지고 아버님을 찾아가라고 하셨습니다. 그리고 어머니는 그것을 가지고 가면 아버님이 저를 아들로 인정할 것이라는 말씀을 해 주셨습니다.

그 전까지는 동부여의 금와왕이 저와 어머니를 항상 돌봐 주셨으나, 대소왕자가 태자가 된 후로는 저를 감시하며 구속하기 시작했습니다. 그래서 기회를 엿보다가 며칠 전 새벽에 몰래 그곳을 빠져 나와 이곳으로 도망쳐 온 것입니다."

유리는 지금까지 있었던 일들을 조리 있게 말했다.

"맞다. 이 칼날은 짐이 갖고 있는 칼자루와 하나였던 것인데, 짐이 동부여를 떠나면서 단검을 부러뜨리고, 그 칼날을 증표로 남기고 온 것이다. 그리고 그것을 숨겨놓으면서 수수께끼를 주었는데, 그것을 풀고 찾아온 것은 그만큼 지혜가 있다는 뜻이다. 지금까지저 청년이 하는 말은 틀림이 없다. 짐은 오늘부터 유리를 내 아들로 삼겠노라."

주몽은 모여 있는 모든 신하들에게 지난 일을 이야기하며 유리를 공식적인 아들로 맞아들였다. 동부여에서 찾아온 유리가 주몽왕의 적자로서 신분을 확인 받았다는 소문은 순식간에 온 나라에퍼졌다. 그 소식은 요동에 나가 있던 소서노와 비류, 온조 형제에게도 즉각 알려졌다.

4 소서노의 선택

"온조야, 아무래도 우리 처지가 어색하게 된 것 같다."

비류가 유리의 소식을 들은 다음에 아우인 온조와 상의를 하기 위해 모인 자리에서 불쑥 말을 하였다.

"형님, 그렇지요? 아바마마의 아들이라고 유리가 찾아 온 것이 지난 4월인데 벌써 대궐의 분위기가 달라지고 있다고 합니다."

"왕자들아, 이 어미 말을 잘 들어 보거라. 주몽왕께서 20여 년 전 처음 졸본부여로 왔을 때에는 아무 것도 없었단다. 신하 여섯 명만 거느리고 동부여에서 탈출했지. 그때만 해도 우리 졸본부여 가 큰 나라가 아니었단다. 당시 왕이셨던 고모서왕은 연세가 많아 서 후계자를 찾고 있었지. 졸본부여는 작은 나라였기 때문에 늘 주변 국가들에게 부당한 대우를 받고 있었기 때문에 나라를 더욱 키우기 위해서는 뛰어난 자질을 갖춘 인물이 필요했던 거야. 그래서 이 어미가 선대왕에게 지금의 주몽왕을 추천했단다. 당시에는 주몽왕 만큼 뛰어난 인물도 없었고, 그 분만이 졸본부여를 강대국으로 만들 수 있다고 믿었던 거야. 그래서 이 어미는 여덟 살이나 손 아래인 왕에게 시집을 갔고, 드디어 우리 두 사람은 졸본부여를 지금처럼 강력한 국가로 만든 것이란다. 이렇게 큰 나라로 키우는데 근 이십 년이 걸린 셈이지. 그리고 이때까지만 해도 너희 두 사람에게 이 나라를 물려주려고 했지.

그런데 지난봄에 유리가 동부여에서 도망쳐 오자 왕의 생각이 달라지는 것 같구나. 지금 돌아가는 형세를 보면 왕은 유리를 태자로 삼을 것 같아. 그렇게 되면 너희 두 형제는 그동안 고구려를 위해 헌신을 한 보상을 받지 못할 수도 있단다. 아마 유리가 왕이 된다면 형제들 간에 권력 다툼이 시작될 수도 있을 거야. 그렇게 되면 유리는 너희 두 사람을 매우 부담스러워 하겠지. 어쨌든 너희들이 유리로 인해 어려움을 겪게 되겠구나. 이제부터 우리는 우리가 살아가야 할 길을 스스로 찾아야겠다. 이 어미가 생각하기에는 앞으로 험난한 여정이 우리를 기다리고 있을 것 같구나."

소서노는 두 아들을 앞에 놓고, 긴 한숨을 쉬어가며 지난날을 회고했다. 그리고 앞으로 펼쳐질 운명에 대해 걱정을 하면서도 강한 결의를 다졌다. 소서노는 주몽과 함께 갖은 고난을 겪으면서 고구려를 세웠는데, 이제 자신과 두 아들이 밀려날 것을 생각하니 가슴 깊숙한 곳에서 억울함과 원통함이 섞인 오기가 밀려오고 있는 것을 느꼈다.

'어디 두고 보자. 우리가 앉아서 당할 수만은 없지.'

소서노와 비류 그리고 온조는 주몽왕이 유리를 왕자로 받아들이고, 그를 태자로 삼으려고 한다는 이야기를 듣고 자신들이 앞으로 대처해야 할 방법을 찾아야 했다. 먼저 비류가 말을 꺼냈다.

"우리가 대책을 논의하자고 했는데, 도대체 어떻게 해야 되는 겁니까? 우리가 주몽왕과 맞서서 싸우기라도 해야 된다는 겁니까? 싸워서 그 자리를 힘으로 뺏어야 한다는 겁니까?"

"싸움을 해서 승리할 수만 있다면 싸울 수도 있지. 하지만 중국 춘추시대의 오나라 사람 손자孫子[327]는 '상대를 알고 나를 알면 백 번 싸워도 위태롭지 않을 것이다'라는 말을 했단다. 이번 우리가 겪고 있는 위기를 극복하려면 여러 가지를 검토해서 우리가 승산이 있다고 판단이 되어야만 움직일 수 있어. 그렇지 않다면 때를 기다릴 수밖에……."

소서노가 자신의 경험을 바탕으로 그동안 병법을 연구한 자료를 가지고 비류의 물음에 대답하였다.

"그렇다면 어떤 점을 고려해야 될까요?"

"음, 여러 가지 조건이 있지만 다섯 가지 정도를 생각할 수 있지, 첫 번째가 상대방과 우리의 전력을 비교해야겠지. 그것을 가지고 싸울 것인 지, 아니면 참을 것인 지를 결심해야 된다. 두 번째는 만약에 싸움을 한다면 우리 전력에 맞는 전략과 전술을 갖춰 싸울 수 있는 지 알아봐야 한단다. 그리고 세 번째는 민심을 얻어야 한다는 것이다. 무릇 전쟁뿐만 아니라 국가대사를 이루려면 지도자와 백성의 마음이 하나가 되어야 한다. 그렇게 못한다면 어떠한 일도 성공할 수 없단다. 네 번째가 일단 전쟁을 시작하면 우리 쪽은 충분한 방어태세를 갖춘 다음에 상대방의 약점을 골라서 부실하고 약한 곳을 공격해야 한다. 마지막으로 전투 현장에 나갈 유능한 장수를 골라서 지휘권을 맡겨야 하는 것이다. 지도자는 장수의 지휘권을 일일이 간섭하지 않아야 한다는 것이란다. 이런 다섯 가지 조건이 갖추어 져야 필승한다고 했다. 그래서 우리도 이런 조건을 면밀하게 검토해야 하는 것이다.”

　소서노의 말을 듣고 있던 온조가 자신이 분석한 자료를 꺼내 들고는 두 사람에게 말을 시작했다.

　“지금까지 분석한 자료에 의하면 주몽왕의 고구려는 24명의 군사가 지키는 대부서大扶胥라는 큰 전차가 180대, 창검을 갖추고 쇠뇌를 연달아 발사할 수 있는 부서扶胥라는 작은 전차가 360대, 방패를 단 장갑차 720대를 갖고 있습니다. 이러한 전차부대야 말로 최강의 전력을 갖추고 있는 셈이지요. 게다가 창검, 쇠뇌, 활, 천방, 사각 철봉, 큰 도끼, 철퇴, 갈고랑이, 긴 자루낫 등 갖가지 무기로 무장한 군사 5만이 있습니다. 그리고 이들 군사들에게 무기를 제조하고 수리해 주는 쇠부리 터와 대장간이 벌써 열 곳이 넘습니다. 이에 반해 우리가 갖고 있는 병력은 겨우 3천 명에 지나지 않으니 수적으로는 어찌할 수 없는 열세입니다. 어마마마께서 말씀하신 다섯 가지 조건 중에서 첫 번째 조건부터 상대가 되지 않으니 나머

318 환단의 후예

지 조건은 비교할 가치도 없지요."

온조가 양 쪽의 전력을 비교했다.

"음, 손자는 싸움을 할 때 10배의 병력이면 포위하고, 5배의 병력이면 공격하며, 2배의 병력이면 상대방을 갈라 쳐서 하나씩 공격하라고 했다. 상대방과 엇비슷한 병력이면 용감하게 싸우는 방법 밖에는 없고, 병력이 모자라면 퇴각하여 다음기회를 엿보라고 했단다. 승산이 없는 싸움은 결코 하지 말라는 것이지. 현재 우리 상황을 보면 전혀 승산이 없다는 것을 인정해야 돼. 지금은 때를 기다릴 수밖에……."

소서노가 두 아들을 돌아보며 굳은 표정으로 말했다.

"어마마마, 그러면 우리가 죽은 체 하며 아바마마와 유리의 처분만 기다리자는 것입니까?"

비류는 분한 기색을 보이며 큰 소리로 외쳤다.

"할 수 없단다. 그렇게 할 수밖에 없지. 우선은 왕과 유리의 비위를 건드리지 않는 것이 상책이야. 상대방으로 하여금 의심을 갖지 않게 하고, 방심하도록 만들어야지. 먼저 사신을 보내어 왕에게 아들을 찾은 일을 축하한다는 말을 전하자. 그러면서 비밀리에 우리가 이 땅을 떠날 준비를 하는 거야. 새로운 곳을 찾아서 처음부터 다시 시작하는 거지.

남쪽으로 내려가면 한반도 중간에 미추홀彌鄒忽328이라는 곳이 있는데, 기자 조선箕子朝鮮329의 마지막 준왕이 위만衛滿330을 피해서 배를 타고 건너간 곳이란다. 준왕이 그곳에서 목지국目支國331을 세우고 큰 나라의 임금이라는 뜻의 진왕이라 칭한 지도 벌써 수십 년이 되었어. 전해지는 말에 의하면 그곳 사람들은 우리들과 달리 농사를 짓는데 익숙하다고 전해진다. 반면에 군사력은 보잘 것 없다고 하니 우리가 그곳으로 간다면 새로운 터전을 마련할 수 있을 것이다.

우리가 보유한 이곳의 3천 명의 군사들은 몽골 평원을 거쳐 요하의 동쪽까지 온 기마민족이지. 말을 잘 타는 것뿐만 아니라 요즈음에는 배도 잘 운용하고 있어 전력이 막강하지 않니. 우리가 정보를 더 수집해서 목지국에 갈 수만 있다면, 먼저 비류가 3백 명 정도를 이끌고 미추홀로 가서 자리를 알아보는 것이 좋을 것 같다. 그런 뒤에 목지국 왕에게 이곳에 남아있는 우리가 간다는 것을 알리고 거기서 살 수 있도록 도와 달라고 하는 거야."

소서노는 자신이 구상하고 있던 계획을 두 아들에게 상세하게 설명했다.

"다른 곳은 없습니까? 꼭 남쪽으로 가야 하나요?"

비류가 물었다.

"그럼 네가 생각하고 있는 곳은 어디 따로 있느냐? 그곳보다 더 나은 곳이 있다면 어딘들 못 가겠니? 하지만 북쪽은 이곳보다도 훨씬 추운 지방인데다가 황무지가 많아 살기 어렵지. 게다가 북부여, 말갈, 흉노 등 우리와 비슷한 처지인 기마 민족들이 세력 다툼을 하고 있잖니. 그들과 다투어 한 자리를 차지하려면 힘이 많이 드는데 비해 얻는 것은 적을 거야. 서쪽의 황하 주변은 한 나라가 천하를 통일한 뒤 세력이 점점 커져서 우리 고구려와도 충돌이 빈번하고, 바로 남쪽은 한사군 중에서도 세력이 큰 낙랑이 버티고 있지 않니. 그 나라는 고구려의 힘으로도 이기지 못하고 있는데, 우리 세력만으로 어쩌겠느냐. 아무래도 바다를 건너 더 멀리 남쪽으로 가는 것이 내 생각에는 좋을 것 같구나."

"형님, 어마마마의 말씀이 옳으신 것 같습니다. 아무래도 목지국이 좋을 것 같아요."

온조가 소서노의 주장에 찬성을 표하면서 담담하게 말했다.

"그래, 온조 말이 맞다. 우리가 할 수 있는 일은 이제 남쪽으로 가는 것 밖에는 없는 것 같다. 이러한 준비도 철저하게 계획해서 차질 없도록 해야 한다. 특히 우리가 하는 일은 절대로 고구려 왕궁에서 알아서는 안 된다.

손자 말씀에 '전쟁을 준비하는 데 가장 어려운 것은 필승의 조건을 만드는 것이란다. 이를 군쟁軍爭이라 하는데, 군쟁의 어려움은 우직지계迂直之計332를 취해야 하는데 있단다. 일부러 돌아가면서, 어려움을 이롭게 만드는 재주가 있어야 한다. 일부러 시간이 걸리게 움직여 적이 방심하도록 한 뒤에 질풍처럼 쳐 들어가는 것을 우직지계라 해서, 이것이야 말로 남보다 뒤쳐진 사람이 앞선 자를 이길 수 있는 법이다'라고 하셨단다. 우리가 지금 고구려의 왕실을 방심하게 만들고 은밀히 준비하다가 호기를 만나면 질풍노도처럼 빠르게 작전하는 게야. 그러면 반드시 성공할 것이다.

손자는 또 '빠르기가 질풍 같고, 고요할 때는 숲과 같으며 침략

할 때에는 불과 같고 움직이지 않을 때는 산과 같아야 한다'고 말
씀하셨다. 풍림화산風林火山333의 행동지침이지. 남이 쉽게 알 수 없
게 은밀히 준비하여, 일을 시작하면 질풍처럼 빠르고 힘차게 추진
하면 결코 실패할 수가 없는 게야. 풍림화산의 행동 지침을 철칙
으로 삼으면 반드시 목적을 달성할 것이다."

소서노는 한 번 더 손자병법을 들먹이며 아들들을 격려했다.

"알겠습니다. 그러면 우선 제가 먼저 배로 목지국으로 가보겠습
니다. 어마마마께서는 온조와 함께 이곳 요동에 남아서 고구려 왕
실에 충성을 다하고 있다는 것을 보여주셔야 합니다. 그리고 제가
소식을 전할 때까지 기다려 주십시오. 여섯 달 안에 어마마마를
모실 수 있도록 일을 꾸며 보겠습니다."

"그래, 네가 먼저 미추홀로 떠나면 우리는 남아서 준비를 하고
있으마. 우리가 침식을 함께 하면서 고락을 같이 해 온 이곳 사람
들 가운데 믿을 수 있는 사람 천 명을 골라 말과 함께 데리고 가려
면 큰 배가 백 척은 필요할 게야. 배를 더 건조해야 하고, 물자를
충분하게 준비하려면 지금부터 서둘러야 할 거다. 게다가 비밀이
새어나가지 않도록 은밀하게 진행하려면 충성심이 강한 사람들을
잘 골라서 준비해야 할 게야."

소서노가 자신감 있는 말투로 두 아들에게 힘주어 말했다.

목지국 왕은 비류의 부탁을 받자, 미추홀 일대의 백 리 땅을 할
애해 주기로 했다. 목지국 왕으로서는 손해 볼 일이 없다고 믿었

다. 북쪽의 말갈과 낙랑의 침범에 대비해서 비류가 데리고 온 기마족을 접경에 배치하면 그들이 방패막이가 될 것이라고 생각했다. 그래서 서로 돕고 살 것을 전제로 이 땅을 비류가 차지하도록 허락했다. 이 소식은 즉각 요동에 남아있던 소서노왕비에게 전해졌다.

5 별이 떨어지다

"아바마마, 용안이 어두우신데 무슨 일이 있으십니까?"

유리가 아침 문안을 드리면서 걱정스러운 듯이 말했다.

"음, 그래 짐이 밤새 꿈자리가 사나웠구나. 아무래도 요동에 나가 있는 소서노왕비에게 무슨 일이 있는 것 같은데, 사람을 보내야겠다. 아무래도 소서노와 비류, 온조 두 왕자의 근황을 살펴보라고 해야겠어."

"예, 아바마마. 그렇게 하시옵소서."

왕은 유리의 말이 끝나자, 곁에 있던 합부에게 요동에 있는 세 사람의 근황을 살펴보도록 일렀다.

최근 유리가 주몽왕의 정식 아들로 받아들여진 후부터 왕궁내 모든 관심이 유리에게 쏠리고 있었다. 유리는 매일 아침 왕에게 문안을 드리는 것으로 시작해서 정전에서 벌어지는 조회에 참석하는 등 나라 안팎의 모든 정사에 참여하고 있었다. 왕궁내 분위기는 유리를 태자로 여기는 듯했다. 주몽왕도 그 분위기가 무르익자 조회를 하는 자리에서 신하들에게 의견을 물었다.

"유리왕자가 이곳으로 온 지도 벌써 달포가 지났고, 짐의 적자가 틀림없으니 이제는 짐의 후계로 삼았으면 하는데, 경들의 의견은 어떠하오?"

"예, 마마. 자고로 적자가 대를 잇는 것은 마땅한 일입니다. 나라의 근본을 바로 잡기 위해서는 어서 태자로 책봉하는 것이 좋을 듯 합니다."

어전에 모인 신하들이 이구동성으로 말하니, 왕은 알겠다는 듯 고개를 끄덕이고는 당당한 말투로 명을 내렸다.

"경들의 의견이 그러하다면 서둘러 일을 진행하도록 하시오. 후계자를 세우는 것은 장차 있을지 모르는 사태에 대비하는 것이니, 한 치도 소홀함이 없도록 예식을 집전하도록 하시오."

"예, 마마. 5부의 대가大加334를 모시고 태자 책봉의 절차를 논의하도록 하겠습니다."

좌보 오이가 머리를 조아리며 아뢰었다.

유리는 조회를 마치고 정전에서 객전으로 물러나와 자신을 따르는 신하 옥지屋智, 구추句鄒, 도조都祖 세 사람을 불렀다. 그들은 동부여로부터 자신을 따라 이곳까지 함께 온 동지들이었다.

"아무래도 이상하단 말이야. 내가 아바마마의 정식 아들로 인정받고, 곧 태자로 책봉된다는 사실을 알고 있을 텐데, 요동에 나가 있는 소서노왕비와 비류, 온조왕자들은 아무런 움직임이 없단 말이야. 분명히 그들은 생전 듣도 보도 못한 내가 이곳에 오자마자 태자로 책봉된다는 것에 불만이 많을 텐데……. 물론 축사를 보내기는 했지만 아직 요동을 떠나 이곳으로 오지 않으니, 무슨 다른 생각을 갖고 있는지 모르겠어. 그들을 잘 살펴봐야 할 것 같아.

지금까지는 아바마마께서 고구려를 건국하시고, 세력을 확대하는 일에 전념하셨기 때문에 다른 일에는 신경을 많이 못 쓰셨지. 특히 소서노왕비와 두 왕자까지도 아직 변방에 나가 국경을 지키고 있다는 게 마음에 걸려. 물론 고구려에 저항하는 세력이 곳곳에 있기 때문에 믿을 만한 사람들을 요소요소에 배치하는 것이겠지. 하지만 이 고구려를 세우기까지 가장 공이 컸던 그들을 이곳으로 불러들여 주요 직책을 맡기지 않은 것은 그들에게 불만스러울 것이 분명해. 게다가 이번에 내가 태자로 책봉된다는 소식이 전해졌다면 불만이 더욱 커졌을 수도 있을 거야. 아무래도 그들의 움직임을 잘 감시해야 될 거야."

"그렇다면 제가 요동으로 가서 살펴보고 오겠습니다."

유리의 말을 듣고 있던 도조가 나섰다.

그로부터 보름이 지나자 요동에 갔던 도조가 돌아와 유리에게 다녀온 소식을 보고했다.

"태자마마, 소서노왕비와 온조왕자를 뵙고 왔습니다. 비류왕자는 변경으로 순찰 나가있었기 때문에 만나지 못했습니다. 두 분께서는 마마께서 태자로 책봉된 일을 자기 일처럼 기뻐하시면서, 앞으로 마마를 도와서 나라를 크게 이룩하시기를 축원했습니다. 조만간에 소서노왕비께서 몸소 이곳으로 찾아오신다고 말씀하셨습니다. 그곳에 며칠 머무는 동안에 살펴보니 요동은 조용한 분위기였습니다. 다만 발해만에서 수백 척의 상선을 건조하고 있기는 했습니다. 소서노왕비의 말씀은 동서 교역을 촉진하기 위해서 그렇다고 했습니다.

그리고 올해 교역에서 나온 이익 대부분도 왕궁의 재정으로 사용할 수 있도록 보냈다고 했습니다. 그리고 앞으로 벌어들일 이익에 대해서는 일정 부분을 떼어내어 태자 책봉을 축하하는 뜻으로 바치겠답니다. 제가 돌아오는 길에 우선 비단과 곡식을 마련해 주셔서 가지고 왔습니다."

"그렇다면 크게 걱정하지 않으셔도 될 듯 합니다. 소서노왕비가 태자마마를 위해 비단과 곡식을 보냈다면 아마도 태자마마의 책봉에 대해 반대하지 않는다는 뜻이라고 생각됩니다. 이제 그쪽 일은 한 시름 놓으셨습니다."

곁에서 도조의 보고들 듣고 있던 옥지가 기쁜 마음으로 한 마디 거들었다.

"과연 그럴까? 나는 아직도 확실한 믿음이 가질 않는군. 아바마마가 나라를 세운 뒤로 부여 사람들이 많이 들어오긴 했지. 원래 이곳에는 토착 세력인 소노부가 있었는데, 그 세력은 소서노왕비를 지지하고 있었고, 그녀의 지배 하에 있었지. 소서노왕비는 아바마마를 지지하는 계루부와 힘을 합쳐 고구려를 건국한거야. 계루부와 소노부가 힘을 합치자, 강력한 세력이 되었고 다른 부족을 제압하게 된 거지. 고구려의 건국에는 사실 소서노왕비의 도움이 절대적인 영향을 발휘하게 된 거야. 그런데 이제는 소노부와 계루부뿐만 아니라 나머지 부족 모두가 아바마마께 복종하고 있지. 그리고 내가 그 뒤를 잇게 된 것이지. 아마 누구라도 소서노왕비의 입장이 되면 불만이 생길 수가 있겠지. 나는 그러한 것을 염려한 거야. 더 시간을 두고 살펴봐야 하겠어."

유리 태자가 그래도 약간은 걱정이 되는 듯 말했다.

"예, 마마. 저희들도 계속 그들을 감시하겠습니다."

옥지, 구추, 도조 세 사람이 태자를 향해 절을 하고는 동시에 말했다.

주몽왕은 유리를 태자로 책봉한 뒤에도 평소와 다름없이 업무를 이끌어 나갔다. 그리고 그는 시간이 날 때마다 몸소 군사들을 이끌고 사냥을 자주 다녔다. 그것은 신생국인 고구려의 안정을 위하여 주변 지역을 순찰하는 의미를 저변에 깐 의도적 행동이었다. 그렇게 함으로써 고구려에 반항하려는 지방 세력을 견제하고, 더불어 일반 백성들에게는 왕의 당당한 모습을 보여줌으로써 민심을 얻는 두 가지 효과를 가져왔다.

9월의 청명한 가을 날, 주몽왕은 또다시 소노부 지역으로 일상적인 사냥을 나갔다. 첫 날은 지역을 순시하면서 백성들을 위로하였고, 그 다음날은 일부 신하와 호위하는 십 여 기의 군졸들만 데리고 혼강 근처까지 사냥을 나갔다. 그런데 군졸들이 짐승들을 몰기 위해 사방에 흩어져 소리를 지를 때, 갑자기 멧돼지 한 마리가 왕에게 달려들었다. 깜짝 놀란 왕은 화살을 날렸으나 그 멧돼지는 화살을 맞고도 계속 왕이 타고 있는 말에게 부딪칠 듯이 달려들었다. 왕이 타고 있던 적토마가 엉겁결에 이를 피하려다가 낭떠러지에서 굴러 떨어졌고, 왕은 말에서 떨어져 큰 바위에 머리를 부딪치고 정신을 잃었다. 순식간에 벌어진 일이라서 주변에 있던 호위무사들도 미쳐 손을 쓸 틈이 없었다. 신하들은 부랴부랴 왕을 모시고 왕궁으로 돌아왔지만, 주몽왕은 이미 숨을 거둔 뒤였다. 고구려 왕궁이 갑자기 혼란스러워졌다.

특히 태자로 책봉된 유리는 모든 것이 당황스러웠다. 유리는 태어날 때부터 아버지 없이 홀어머니 밑에서 자랐기 때문에 무척이나 아버지의 정에 굶주렸던 사람이었다. 숱한 고생과 수모를 겪으며 소년기를 보냈고, 이제야 아버지를 만나 부자간의 정을 느끼기 시작한 것이 겨우 다섯 달 남짓 밖에 안 되었다. 유리에게는 하늘이 무너지는 것 같았다. 그는 자신의 처소에 들어가 침식을 잊고 슬퍼했다. 여러 날을 그렇게 출입을 하지 않자, 주몽왕을 모시던 신하들이 다급해졌다. 주인을 잃은 나라 일이 걱정이 되었기 때문이었다. 좌보 오이와 우보 마리를 비롯한 고위 관료들이 유리의 처소 앞에 모여 들었다.

"태자 마마, 국사가 막중합니다. 그만 애통해 하시고 왕위에 오르시어 국정을 살피소서."

그들은 한결 같은 목소리로 계속해서 유리에게 빈 옥좌에 올라 나라의 대를 잇도록 간청했다.

"마마, 어서 기운을 차리시고 국정에 임하셔야 합니다."

유리 태자의 심복인 옥지, 구추, 도조도 거듭해서 유리에게 진언했다. 이렇듯 여러 신하들이 사흘 밤낮을 계속해서 읍소해 나가자, 태자는 겨우 눈물을 거두었다. 결국 오부의 제가회의諸加會議335의 추대를 받아 태자가 왕위에 오른 것은 주몽왕의 국상이 치러 진 이레 뒤의 일이었다.

주몽왕은 아직 사십 대 후반의 혈기 왕성하게 한창 일할 나이였다. 불의의 사고를 당하고, 고구려 왕궁이 혼란스러운데도 좌보 오이에 의해 큰 탈 없이 국상이 진행되었다. 동시에 왕의 사고에 대한 책임을 묻는 일이 진행되었다. 이번 사고로 호위 군사들이 처벌을 받았고, 특히 소노부 사람들이 이번 사태의 책임을 지고 갖가지 지위를 박탈당했다. 오이는 이번 기회를 이용해서 소노부의 세력을 꺾고, 자신들의 계루부가 주도권을 확실하게 잡도록 의도적으로 행동한 것이었다. 그렇게 함으로써 소서노왕비와 비류, 온조왕자의 반발을 사전에 방지하려고 했다.

아무튼 주몽왕의 국상은 성대하게 치러졌다. 오녀산성 밖에 언덕을 파서 석실을 쌓고, 제일 안쪽에 왕을 모신 뒤, 그 바로 옆 동쪽 칸에는 왕의 시녀와 종자 열 명을 순장殉葬336했다. 입구 쪽에는 문지기 네 명을 순장했고, 서쪽 칸에는 왕의 애마와 왕이 쓰던 갑주와 신검을 묻었다. 그 위에 돌을 쌓고 흙으로 덮었다. 높이가 세 길에 동서와 남북이 각각 100보가 되는 큰 무덤이었다. 국상을 준비하는 데 한 달이 걸렸으며, 그동안 왕의 시신은 석관 속에 얼음을 채워 부패하는 것을 방지했다. 그리고 시호를 동명성왕東明聖王으로 했는데, 북부여의 고두막 한이 졸본 왕이 되면서 동명왕이라 스스로 불렀기에 그의 후예로써 더욱 빼어난 왕이라는 뜻이었다.

6 백제의 건국

　한편 요동에서는 소서노가 온조와 함께 목지국으로 떠날 채비를 하고 있었다. 마침 미추홀로 먼저 떠났던 비류에게서 좋은 소식이 들려왔다. 목지국 왕으로부터 그곳에 거주할 수 있다는 허가를 받아냈다는 소식이었다.

　그런데 그때 주몽왕이 사냥을 갔다가 낙마해서 붕어했다는 소식이 전해졌다. 소서노는 주몽왕의 붕어가 안타까우면서도 하늘이 돕는 기회라고 여겼다. 그는 온조에게 떠날 채비를 서두르라고 말했다. 고구려가 혼란스러운 틈을 타서 떠난다면 아무런 제지를 받지 않을 것이라는 계산이었다.

　"자, 마침 기회가 왔다. 그리고 비류가 교두보를 마련했다고 전해졌으니, 우리도 떠나도록 하자."

"예, 어마마마. 이곳에서도 준비가 마무리 되었습니다. 떠날 날만 기다리고 있었습니다. 이제 제가 사람들을 모을 테니 마마께서 한 말씀을 하시고 바로 떠나지요."

온조는 즉시 자신을 따르는 무리들을 항구에 모이도록 조치했다. 모든 준비가 끝나고 사람들이 모이자, 소서노가 연단에 올라 사람들에게 말했다.

"우리는 드디어 새로운 땅으로 간다. 이곳에 모인 사람들은 우리와 뜻을 함께 하기로 약조한 사람들이다. 우리 모두 온조왕자를 모시고 남쪽으로 나가자. 그곳에는 먼저 떠난 비류왕자가 터를 잡고 있을 것이다. 우리는 새로운 땅에서 우리들만의 나라를 이룰 것이다."

소서노왕비가 천 명의 군사들에게 큰 소리로 외치자, 군사들은 항구가 떠날 듯이 큰 소리로 함성을 외쳤다.

"가자, 남쪽으로. 미추홀에서 신천지를 개척하자."

"가자. 새로운 나라를 만들자. 가자. 가자."

군사들은 온조의 선창에 따라 한 목소리로 함성을 지르며 창을 높이 들었다. 타고 있는 말들이 함성에 놀라 소리를 지르며 윗몸을 일으키고 발로 땅을 찼다. 항구 전체가 들썩들썩 할 정도로 큰 함성의 물결이 일었다.

그러고 나서 군사 천 명과 친지 가족들을 합해 약 3천 명 가까운 사람들이 백여 척의 배에 나뉘어 탔다. 짐들은 이미 배의 창고에 실려졌기 때문에 사람과 말들이 배에 옮겨 타는 데에는 많은 시간이 걸리지 않았다. 부녀자와 어린아이들이 먼저 배에 올랐고, 그 다음에는 군사들이 겁을 먹고 버티는 말을 달래며, 말고삐를 잡고 배에 올랐다. 마지막으로 소서노왕비와 온조왕자 일행이 배에 오르자, 곧바로 돛이 올려졌다. 배마다 북소리를 내며 출발 신호를 알렸고, 수십 개의 노들이 북소리에 맞추어 저어 나갔다. 뭍에는 요동에 남은 사람들이 이별을 아쉬워하며 떠나는 배를 전송했다. 이때 함께 떠나지 않은 사람들은 오랫동안 북백제로 남았다.

한편 동명성왕의 장례를 마치고 왕위에 오른 유리는 요동에 있던 소서노왕비와 비류, 온조왕자들이 배를 타고 남쪽으로 떠났다는 소식을 보름 정도 지난 후에 들었다. 천 명의 군사들과 그 친지들을 합해 삼천 명 가까이 떠났다는 것이었다. 유리는 이 소식을 듣고도 크게 놀라지 않았다. 신하들이 그 이야기를 전할 때, 미리 짐작하고 있었던 것처럼 말없이 고개만 끄덕이며 표정의 변화를 주지 않았다. 다만 합부를 요동으로 보내어 민심을 살피고, 안정시키도록 조치했을 뿐이었다.

소서노와 온조에 앞서 미추홀에 정착한 비류는 그곳에 성채를 쌓고 사람들로 하여금 아산만에서 소금을 만들게 했다. 아산만은 조수간만의 차가 심했기 때문에 썰물 때 둑을 쌓아 놓으면, 밀물 때 들어 온 바닷물이 바다로 다시 흘러가지 않도록 막을 수 있었다. 그 다음 썰물 때에 다시 둑을 더 높이 쌓아 가두어 놓은 바닷물만 분리해 놓았다. 그리고는 이 바닷물이 햇볕과 바람에 자연적으로 증발해서 하얀 소금이 수북이 쌓일 때까지 기다리면 되는 것이었다. 당시 소금은 매우 귀한 물자였다. 음식을 보존하거나, 음식의 간을 맞추는 데에 필수적인 식품으로 공급하는 물량이 한정되어 있기 때문에 비싼 값에 거래되는 생산품이었다. 비류는 이러한 소금을 생산해서 판매한 자금으로 재정을 확보했고, 특히 군사력을 증강하는 데 사용했다.

비류는 목지국과의 경계인 곰내熊川337에 성채를 구축했다. 당시 목지국은 마한으로 이름을 바꾸어 54개국의 제후국을 통괄하고 맹주 역할을 하고 있었다. 마한왕은 비류가 군사력을 증강하고, 성채를 쌓는 행위를 보고는 서로 화친하겠다는 선약을 어겼다며 성채를 허물라고 했다. 비류는 아직 마한에 대항할 수 있는 세력을 갖지 못했기 때문에 마한왕의 말을 들어 성채를 허무는 척만 했다. 그리고 비밀리에 군사력 증강에 더욱 많인 힘을 기울였다.

이런 상황에서 소서노와 온조 일행이 요동을 출발하여 미추홀에 당도한 것이었다. 원군을 얻어 세력이 커진 비류는 더욱더 남쪽으로 세력을 확대하기 시작했다. 따라서 마한왕과의 갈등도 더욱 심해졌다.

한편 비류가 미추홀에서 근거를 마련하고 아산만으로 남진하면서 마한과 세력을 다투고 있는 것을 본 온조는 오간烏干, 마려馬黎 등 자신이 데리고 온 열 명의 부족장들과 앞으로의 대책을 논의했다.

"형님께서는 해안을 따라 남쪽으로 영토를 넓히고 계시니, 우리는 다른 방향으로 알아봐야겠소. 어느 쪽으로 자리를 잡는 것이 좋겠소?"

온조의 명을 받들어 미리 한산漢山의 부아악負兒嶽338까지 올라가 지형을 살피고 돌아온 오간이 경과를 보고하며 답했다.

"제가 부아악에 올라 남쪽을 바라보니 큰 강을 끼고 너른 평야를 가진 땅이 있었습니다. 그 큰 강을 따라 지형을 살피다가 우리의 뜻을 이룰 수 있는 도읍지로 아주 좋은 곳을 발견 하였습니다. 그곳은 북쪽으로는 한수漢水339가 있어 방어하기 쉬우며, 동쪽은 높은 산으로 막혀 있어 또한 적군이 쉽게 쳐들어 올 수 없는 지형입니다. 서쪽으로는 비류왕자께서 버티고 있으면서, 큰 바다가 있어 방비하기도 좋지만 교역하기도 이로운 점이 있습니다. 게다가 남쪽으로 너른 들판이 연이어 있어 곡식을 가꾸기 좋은 곳입니다."

"그렇다면 그곳을 한 번 돌아보는 것이 좋겠군. 우리 다같이 그곳을 가 살펴보고 결정하기로 합시다."

온조와 부족장들은 오간이 안내하는 곳을 돌아보고 모두들 흡족해 하였다. 그곳은 천혜의 지형을 갖춘 곳으로 한 나라를 이룩하는 데 부족함이 없는 곳이었다. 마려가 그곳을 둘러보고는 감탄을 하며 말했다.

"내가 생각하기에는 이곳이야말로 좋은 도읍 터가 되겠습니다."

"좋은 생각입니다. 저 곳이 좋겠습니다."

"그렇습니다. 이 보다 더 나은 곳을 찾기 힘들겠습니다."

다른 장수들도 이구동성으로 그곳을 가리키며 말했다.

"그럼 이곳에 성을 쌓고 도읍을 이룩하도록 합시다."

온조가 명을 내리자 사람들은 그곳으로 옮겨 와 성을 쌓기 시작했다. 온조가 쌓은 성은 하남河南 위례성慰禮城340이라 이름 지어졌고, 국호를 열 사람의 부족장이 돕는 나라라는 뜻으로 십제十濟라 했다.

온조가 내륙으로 진출해서 십제를 세우고, 나라의 기틀을 잡으려고 노력하는 동안에도 비류는 계속 남쪽으로 영토를 확장했다. 그리고 요동으로부터 발해만을 건너 미추홀로 많은 선단이 계속해서 건너왔다. 배마다 많은 기병들과 부녀자가 타고 있었으며, 이로 인해 비류의 세력은 날로 보강되었다. 비류는 자신의 세력이 점점 강력해지자, 이제는 마한과 세력을 다툴 수 있다고 생각했고, 마한 왕과의 약속을 파기하고 곰나루에 성채를 축성했다. 그리고 마한 왕과 전쟁을 벌여 계속 공격했다. 마한 왕의 군대는 소수의 병력과 빈약한 무기 등 열세한 군사력을 극복하지 못했다. 비류는 계속 공격을 하여 원산성圓山城341과 금현성錦峴城까지 점령했고, 마한 왕은 결국 비류왕자에게 항복하고 말았다.

그 후 비류는 마한의 도성이었던 거발성居拔城에 고사부리성古沙夫里城342을 축조해서 수도를 옮기자, 옛 마한의 속국들이 앞을 다투어 항복해 왔다. 비류는 자신에게 항복해 오는 고연자국古誕者國, 목지국 등 12국의 진계 부족국가들의 족장을 신지臣智로 임명해서 계속 그 지역을 다스리게 함으로써 이들을 포섭했다. 비류는 그동안에도 여러 번 북쪽으로부터 침범해오는 말갈과 낙랑의 군대를 격퇴했고, 남쪽으로는 마한의 옛 장수인 주근周勤이 반란을 일으킨 것을 진압했다. 이처럼 비류는 오랜 투쟁으로 마한 땅 전체를 휘하에 넣은 것이었다.

소서노 일행은 마침내 북으로는 온조가 건국한 십제에서, 남으로는 비류가 쟁취한 마한의 진왕계 12개국을 아우르는 큰 세력이 되자, 국호를 백제百濟로 고쳐 부르기로 했다. 이제 주몽왕의 고구려에 못지않은 세력을 갖게 된 것이었다.

그런데 백제 초기에는 온조가 머물고 있는 위례성과 비류가 머물고 있는 미추홀로 수도가 나뉘어져 공존했다. 온조는 위례성을 도읍지로 삼을 때, 미래를 내다보고 방비력과 경제력 등 여러 조건을 따져본 후 신하들과 의논하여 정했다. 하지만, 비류는 해상교역을 통한 대외교역을 통해 강대국으로 성장하려고 했으며, 특히 소금을 생산할 수 있는 지역을 고집했다. 두 형제가 이처럼 각각 자신의 지역을 다스리다가 비류는 동생 온조에게 백제를 온전히 넘겨주고 왜국으로 건너가기로 했다. 그는 하나의 나라에 두 명의 왕이 존재하는 것은 옳지 않다며 자신은 새로운 왕국을 건설하겠다고 결심했다.

비류는 일명 구태仇台라고도 했는데, 오래전에 대방帶方343에서 일할 때 요동 태수 공순도公孫度의 눈에 들어 그의 딸인 히미고卑彌乎와 결혼했었다. 비류는 온조와 함께 백제의 건국을 위해 많은 공을 세웠지만 이제 모든 것을 동생 온조에게 물려주고 새로운 왕국을 건설하기 위해 떠나려는 것이었다. 그는 아내인 히미고와 함께 한반도를 동남으로 가로 질러 변진의 고령을 거쳐 동해안으로 나가 배편으로 이즈모로 건너갔다. 이렇게 바다를 건너 왜국으로 떠난 비류는 왜국에서 새로운 나라를 세웠다. 그의 후손으로 왜국의 건국신화에 등장하는 스사노오는 비류가 처음 건너와 나라를 세운 이즈모에서 탄생했다. '스사노오'와 소서노는 그 음이 비슷하면서, 뜻은 모두 '쇠를 부리는 사람 또는 땅'을 뜻하는 부여계 이름이었다. 그래서 후세 사람들은 이 두 사람을 모두 철을 다스리는 신으로 알고 사당에 모셔서 제사를 지내고 있었다. 소서노는 이렇게 고구려와 백제의 두 나라를 건국하는데 지대한 공을 세운 여장부로서 역사에 기록되었으며, 죽어서는 '제철의 신'으로 섬김을 받는 존재가 되었다.

7 황조가

　유리가 주몽의 뒤를 이어 고구려의 왕으로 등극하자, 혼란스러웠던 왕궁이 점차 안정을 찾아갔다. 유리는 동부여를 떠나 고구려에 자리를 잡은 지가 얼마 안 되었기 때문에 모든 정사를 신하들과 의논하여 결정했다. 특히 고구려를 구성하는 각 부족들을 통제하고 다스리기 위해 주몽왕을 모시던 오이와 마리, 합부, 재사, 무골, 묵거 등의 신하들을 그대로 중용했다. 그리고 동부여에서 자신을 따라온 옥지, 구추, 도조 등에게도 주요한 직책을 맡겼다. 그들은 유리에게 고구려의 현 상황에 대해 자상하게 일러주면서 모든 정사를 올바르게 처리하도록 충심으로 도와주었다.

　"이곳 압록강 중류 지역에 모인 사람들은 다른 지역과는 크게 다릅니다. 산세가 급박하고 땅이 메마르기 때문에 사람들은 강가나 계곡에 모여 살지요. 그래서 이들을 냇가에 산다 해서 나那라고 불렀습니다. 여러 나 가운데 조나藻那, 주나朱那, 소노消奴, 관노灌奴, 절노絶奴, 순노順奴, 계루桂樓 등이 지역을 대표할만한 큰 세력으로 주변 지역을 다스리고 있었습니다. 이들은 점차로 분열과 통합을 거쳐 소노, 절노, 순노, 관노, 계루 등의 5개의 부만 남게 되었고, 고구려의 핵심 세력이 되었습니다. 특히 소노부는 소서노왕비를 지지하는 세력으로 주도권을 잡고 있었지요. 그러다가 선왕이신 동명성왕을 지지하는 계루부와 힘을 합치면서 고구려가 탄생하게 된 겁니다. 이제는 계루부가 주도권을 잡고 있지요."

옥지가 신생 고구려의 세력 분포에 대하여 그 나름대로의 해석을 했다.

"사실 이 지역에는 백 년쯤 전에 이미 예군남여濊君南閭344가 28만 명을 거느리며 지역을 다스리고 있었지요. 여기서 요동까지는 서쪽으로 천 리 길이고, 남쪽으로는 낙랑과 예맥이 있으며, 동쪽은 옥저가, 북쪽에는 부여가 있습니다. 사방 2천리에 3만 호가 살고 있는데, 큰 산과 골짜기가 많으나 언덕과 연못이 별로 없기 때문에 좋은 밭이 적어 항상 곡식이 모자랍니다. 따라서 사방으로 돌아다니며 식량을 확보해야 하기 때문에 강력한 군사력을 길러야 합니다. 선왕이신 주몽왕께서도 이런 사실을 잘 알고 있었습니다. 그래서 나라를 세우신 이래로 군사력을 증강하는 일에 분골쇄신 노력하신 것입니다. 우리 고구려가 서쪽의 한나라와 전투를 자주 하는 것은 그들과 싸우면서 우리의 터전을 지켜나가야 한다고 생각하기 때문이지요."

구추가 옥지의 말에 맞장구를 치면서 이렇게 설명을 덧붙였다.

"그렇군, 우리 고구려의 현 상황에 대해서 잘 알게 되었소. 그리고 우리가 앞으로 어떻게 국가경영을 해야 되는지도 생각할 수 있겠소. 아직은 미흡하더라도 모든 신하들은 짐을 도와 고구려를 이 지역 맹주로 키워나갈 수 있도록 도와주시오. 짐이 반드시 선왕의 뜻을 이어 강대국을 건설하겠소."

유리는 조회에서 모든 신하들과 함께 고구려를 강대국으로 이끌어가겠다고 굳게 다짐했다.

유리왕은 즉위한 이듬해에 다물도주 송양의 딸을 왕비로 맞아들였지만, 왕비는 일년 만에 병이 들어 죽고 말았다. 그 다음에는 골천鶻川 출신 화희禾姬와 한인漢人치희稚姬를 계비로 맞았다. 왕은 이 두 여인에게 동쪽과 서쪽에 각각 궁을 따로 지어 머물게 하고, 번갈아 찾아가 휴식을 취했다. 그런데 두 여인은 왕을 사이에 두고, 총애를 다투며 투기를 하게 되었고, 걸핏하면 싸워 왕실을 시끄럽게 만들었다.

유리왕은 선왕과 마찬가지로 자주 사냥을 나갔다. 이는 전국을 돌면서 백성을 격려하는 한편 지방을 다스리는 제후들을 관리하는 목적으로 이루어지는 주기적인 행사였다. 한 번은 기산箕山으로 사냥을 나가 오랫동안 머물게 되었다.

유리왕이 왕궁을 떠나자, 사이가 나쁜 화희와 치희의 오래 계속

된 갈등이 폭발하게 되었다. 그 원인은 왕이 오랫동안 왕궁을 비우게 된 것을 서로 오해하여 두 궁에서는 서로 상대 탓이라고 한 궁녀들 간의 사소한 말싸움으로 시작되었다. 화희와 치희 두 사람의 사이가 나쁘다 보니, 그 밑에 있는 궁녀들도 견원지간이 되었고, 결국 감정싸움으로 번져 두 궁 사이에 큰 싸움이 일어난 것이었다. 화희는 치희가 한나라 사람이라는 트집을 잡아 무시하면서 자신의 나라로 돌아가라고 윽박질렀다. 치희는 결국 울며불며 궁을 떠나 친정으로 도망쳤다.

왕이 사냥을 마치고 궁에 돌아와 보니 치희가 사라지고 없었다. 그 연유를 알아 본 왕은 치희가 달아난 친정으로 가서 치희를 달래 데려오려고 했다. 하지만 그녀는 막무가내였고, 다시는 고구려로 돌아가지 않겠다고 고집을 부렸다. 결국 왕은 혼자 돌아 올 수밖에 없었다. 돌아오는 길에 잠깐 길가의 나무 곁에 쉬게 되었는데, 꾀꼬리 두 마리가 나뭇가지에 나란히 앉아 정겹게 우짖는 것을 보게 되었다. '꾀꼴 꾀꼴, 꾀꼬르르. 꾀꼴 꾀꼴, 꾀꼬르르.' 두 마리가 서로 주고받으며 우는 소리에 감정이 치받친 왕은 그들을 물끄러미 바라보다 시를 한 수 읊었다. 이 시가 후세에 전해진 황조가黃鳥歌라는 애절한 서정시였고, 많은 사람들의 심금을 울렸다.

"꾀꼬리 마구 날며
암수가 의지하는데
외톨이 된 내 신세여

누구와 함께 돌아가리."³⁴⁵

　그 후 왕은 나라의 수도를 홀본에서 국내성國內城으로 옮기고, 위나엄성尉那巖城을 축조했으나, 국정에 전념하기보다는 사냥 등으로 소일하며 시간을 보냈다. 이에 대보로 있던 합부가 국정에 전념할 것을 간하다가 쫓겨나 백제로 도망을 치는 사건이 있었다. 그리고 서기 전 9년에는 선비를 쳐서 항복을 받았다. 그리고 중국의 왕망王莽이 흉노를 정벌하기 위하여 고구려 군사의 출동을 요구하였으나, 이를 거절하고 오히려 한나라를 공격하기도 했다. 또한 부여가 침범하였으나 대패시켰으며, 이듬해에는 양맥梁貊³⁴⁶을 쳐서 멸망시키고, 한나라의 고구려현高句麗縣을 빼앗았다.

　유리왕은 처음에는 왕자 도절都切을 태자로 삼았으나 1년 만에 사망하여, 다시 왕자 해명解明을 태자로 삼았다. 그러나 그가 외국과 분쟁을 일으키므로 자결시켰다. 그 뒤에 왕자 무휼無恤을 태자로 책봉하였는데, 유리왕이 사망하자 그가 대무신왕으로 즉위하였다.

8 단군 조선에서 동부여에 이르는 동이족의 변천사

여기서 잠시 시간을 거슬러 올라가 고구려가 건국하기 이전, 동부여에 이르는 동이족의 변천을 살펴본다.

요녕遼寧[347]의 아사달阿斯達[348]에서는 곰을 토템[349]으로 숭상하던 부족과 호랑이를 토템으로 삼던 부족이 함께 어울려 살고 있었다. 서기 전 2350년 경 중국에서는 요堯[350]임금이 자리에 올라 태평성대의 세월을 보내고 있었고, 저 멀리 메소포타미아 지방에서는 아카드인[351]이 통일 왕국을 세웠던 때였다. 그런데 배달국의 18대 환웅인 거불단이 이끄는 천신족이 서쪽에서부터 이곳으로 몰려왔다. 14대 치우천왕이 붕어한 뒤로 세력이 약해진 배달국은 몇 대를 걸쳐 환웅이 즉위했지만 다시 예전과 같은 세력을 회복하지 못했다. 점차로 약해진 배달국은 중국의 산동에서 동북쪽으로 서서히 밀려나다가 이곳까지 이동한 것이었다.

18대 환웅인 거불단은 일명 단웅檀雄이라고 했다. 단웅 곁에는 천부인이 새겨진 거울과 창검 그리고 기치와 북을 들고 호위하는 풍백, 우사, 운사 등의 중신이 있었다. 그들은 각각 곡식, 생명, 질병, 형벌, 선악 등에 관한 업무를 나눠 주관하였고, 그 외에도 나라를 다스리는 모든 일을 책임지고 있었다.

단웅은 사람들에게 말하기를 '나는 하느님의 아들이다. 앞으로 나를 따르면 살기 좋은 세상을 만날 것이다'라고 소문을 내었고, 이에 많은 부족들이 그에게 복종하며 따랐다. 어느 정도 세력이 커지고, 나라가 안정되자 단웅은 자신의 배필을 맞아들이기 위해 여러 부족들에게 마땅한 여자를 추천하도록 했다. 이에 각 부족들은 단웅의 천신족과 혈연을 맺기 위해 앞 다투어 여자를 보냈고, 여러 가지 자질을 고려하여 웅씨족 여인과 호씨족 여인이 최종적으로 선택되어 단웅 앞으로 나서게 되었다. 그는 마지막으로 두 여인을 시험하여 왕비로 삼기로 했다.

"그대들은 나라의 국모가 될 사람이오. 많은 고통과 시련을 겪어야 백성들의 진정한 어머니가 될 수 있소. 지금까지는 규수로서의 행실과 지혜 등을 보았으나, 오늘 짐이 그대들에게 내리는 시험은 참기 힘든 과제가 될 것이오. 이 과정을 반드시 마쳐야만 간택될 수 있을 것이오."

"예, 마마. 그렇게 하겠나이다. 하명 하시옵소서."

두 여인이 동시에 대답을 했고, 단웅은 고개를 끄덕이며 여인들을 한 번씩 쳐다보고는 말을 이었다.

"그렇다면 짐이 직접 과제를 내리겠소. 그대들은 앞으로 스무하루 동안 동굴에서 쑥과 마늘을 먹으며 국모의 자질을 갖추는 수련을 할 수 있어야 하오. 나라의 법도부터 세상의 이치까지 모든 것을 배워야 할 것이오."

"예, 마마. 알겠나이다."

두 여인은 단웅에게 절을 하고 곧바로 동굴로 들어갔고, 이날부터 쑥과 마늘만 먹으면서 국모로서 해야 하는 일들에 대한 수련을 시작했다. 하지만 참을성이 부족했던 호씨족의 여인은 결국 중도에서 포기하고 말았고, 웅씨족 여인만 끝까지 수련을 마쳤다. 이로써 단웅은 웅씨족 여인을 왕비로 맞아들이게 되었다.

단웅은 풍백을 돌아보며 말했다.

"짐은 웅씨족의 여인을 아내로 삼겠으니, 예를 갖추어 모시도록 하시오."

"예, 알겠습니다. 그대로 시행하겠나이다."

모든 수련이 끝난 다음날 이른 새벽에 아사달의 백악白岳에서 단웅과 웅녀의 혼례식이 성대하게 거행되었다. 먼저 풍백이 천부인이 새겨진 거울을 모시고 나와 모든 사람이 볼 수 있는 곳에 우뚝 세웠다. 그리고 우사가 북을 '두둥둥, 두둥둥' 치며 주위를 돌았다. 이것은 모든 잡귀를 물리치고 천지신명께 제를 지내는 의식을 시작한다는 뜻이었다. 그는 혼례가 준비된 식장 주위를 크게 돌면서 북소리에 맞추어 춤을 너울너울 추었다. 운사는 시퍼렇게 번쩍이는 신검을 들고 중앙에 버티어 서있었고, 그를 중심으로 무사들이 식장 안팎을 철통같이 호위하고 있었다.

마침내 준비한 제단 가운데로 단웅이 나와서 웅녀와 마주 섰다. 앞에는 청동으로 만든 제기에 수수, 기장, 조, 보리, 콩의 다섯 가지 곡식을 수북이 담았고 밤, 대추, 잣 등을 곁들였다. 양과 사슴 고기를 삶아 동쪽과 서쪽으로 나눠 배치했고, 그 앞에 양젖을 빚어 만든 신선주를 청동 주전자에 가득 담았다.

"지금부터 구이九夷를 다스리는 천제 단웅과 웅녀의 천년해로 혼례를 올립니다. 하느님과 온 천하의 신령께서 이를 축복하시어 만수무강하시고 자손 대대로 번창하도록 도와주소서."

풍백이 천부인이 새겨진 거울에 반사하는 햇빛으로 두 사람을 골고루 감싸면서 큰 소리로 축원했다.

그로부터 한 해가 지나자 웅녀는 옥동자를 낳았고, 이름을 왕검王儉이라 지었다. 왕검이 서른일곱 살이 되던 해, 송화강이 있는 하얼빈 지역 아사달의 박달나무 아래에서 단군檀君으로 추대되었다. 그는 그곳에 신시神市를 다시 열었고, 드디어 오가五加의 우두머리가 되어 팔백 명의 무리를 이끌고 나라를 세웠다. 그는 자신이 세운 나라의 이름을 조선이라 했으며, '홍익인간弘益人間352'을 건국이념으로 삼았다. 후세에서 단군 조선 또는 고조선이라 부른 것이 이 나라를 말하는 것이며, 이때가 서기 전 2333년이었다.

건국 초기에 단군 조선은 왕검 단군 아래 우현왕右賢王과 좌현왕左賢王을 두어 전국을 진한辰韓, 번한番韓, 마한馬韓 삼부로 나누어 다스렸으며, 뒤에 이들을 진조선, 번조선, 막조선이라 불렀다. 단군이 진조선을 직할로 다스렸고, 두 왕이 각각 번조선과 막조선을 다스렸다. 초대 왕검 단군으로부터 47대의 고열가 단군에 이르기까지 단군 조선은 서북쪽의 흉노족, 선비족, 몽고족과 싸우거나 화친을 도모하기도 했고, 서남의 은殷나라, 주周나라, 연燕나라, 제齊나라의 화샤족華夏族 등 여러 나라와 교역과 전쟁을 되풀이 하면서 왕통을 이어 나갔다.

　마지막 단군인 고열가 시대에 들어서서 단군 조선의 세력이 약해지는 반면, 휘하 제후국들의 세력이 점점 커졌다. 마침내 제후국의 하나로 요하 상류 내몽고 지역에 있던 고리국高離國에서 단군 조선에 반기를 드는 사건이 일어났다. 그 반란의 주동자인 해모수는 수유왕須臾王 기비箕丕와 동맹을 맺고 군사를 일으켜, 단군 조선의 옛 도읍인 백악산白岳山을 점령했다. 해모수는 천제의 아들이라고 자칭했는데, 우람한 체격에 신과 같은 눈빛으로 사람들의 마음속을 꿰뚫어 보았다. 또한 그는 항상 까마귀 깃털로 만든 모자를 쓰고 용광龍光의 칼을 차고 있었다. 거동을 할 때에는 다섯 마리의 말이 끄는 오룡五龍의 수레를 타고 다녔다. 단군 조선의 옛 수도를 점령한 해모수는 드디어 나라 이름을 북부여라 선포하고 제위에 올랐다. 당시 장당경藏唐京에 있던 단군 조선을 대부여라고도 불렀기 때문에 그 북쪽에 있는 나라라는 뜻으로 북부여라고 한 것이었다. 또한 해모수의 나라를 고구려高九黎라 부르기도 했다. '고'는 하느님을, '구려'는 동이 구족을 뜻하니 '하느님의 아들이 통치하는 동이 구족의 나라' 라는 뜻이었다.

이에 장당경의 왕궁에 있던 고열가는 스스로 제위를 내놓고 산으로 들어가 자취를 감추었다. 이렇게 단군 조선의 왕통이 끊기게 되자, 다섯 명의 족장들인 오가가 6년 동안 나라를 다스리다가 해모수에게 단군 조선을 바치고, 그에게 단군 자리를 계승하게 하였다. 이때부터 해모수는 자기를 도운 기비를 번조선의 왕으로 임명하고, 단군 조선 전역을 북부여라 부르고 통치해 나갔다. 단군이라는 칭호는 왕을 거느리는 제왕이라는 뜻으로 단군 왕검 이래 오랜 세월 써왔던 '왕중의 왕'이라는 칭호였다. 한편 번조선 왕 기비가 죽자 아들 기준이 왕으로 봉해 졌으며, 번조선은 기씨 일가가 왕위를 계승했기 때문에 기자 조선奇子朝鮮이라고도 불렸다.

서기 전 210년 중원 천하를 통일했던 진시황秦始皇353이 붕어하자, 중원 각지에 전란이 일어났고, 여러 세력이 일어났다가 몰락하는 가운데 한나라와 초나라가 패권을 다투게 되었다. 각축전을 벌이고 있던 혼란 속에 번조선은 연나라에 빼앗겼던 땅의 일부를 되찾았다. 그러나 얼마 지나지 않아 한나라가 초나라를 물리치고 중국을 다시 통일하게 되었고, 한나라 고조는 제후였던 노관盧綰에게 연나라를 다스리도록 하였다. 하지만 노관은 한나라에 반란을 일으켰고, 그의 부장으로 있던 위만은 연나라의 망명자 1천여 명을 이끌고 번조선의 준왕準王에게 거두어 줄 것을 요청했다.

준왕의 신임을 얻어 서쪽 변방을 지키게 된 위만은 점차 연나라의 피난민 등과 결탁하여 자기 세력을 키웠다. 마침내 위만은 준왕에게 사람을 보내어 거짓으로 한나라의 병사가 쳐들어오니 들어가 왕을 호위하겠다고 하고는 갑자기 군사를 몰아 준왕을 쳐서 왕위를 빼앗고 왕검성王儉城에 도읍을 정한 다음 나라 이름을 위만조선으로 바꾸었다.

위만에게 나라를 뺏긴 준왕은 신하들을 거느리고 배로 남쪽으로 도망해서 목지국目支國 금마군金馬郡354으로 가서 진왕辰王이 되었다. 그리고 위만 조선이 생긴 뒤 해모수가 건국한 북부여에서는 이에 맞서기 위해 해모수의 후손인 고진高辰을 고구려 후로 봉해 압록에서 대치하도록 했다. 그 후에 고진의 손자 고모수는 옥저를 다스리는 옥저 후가 되었다. 뒤에 이 고모수가 하백의 딸 유화와 정을 통하여 주몽을 낳았다.

북부여의 4대 단군 고우루 때에는 한나라 무제의 조선 정벌이 있었다. 한 무제가 평나平那에 침범하여, 위만 조선을 멸망시키고 낙랑, 현도, 임둔, 진번의 4군을 설치했다가, 임둔과 진번을 폐지하고 이를 낙랑과 현토에 병합했다. 한 사군이 설치되자 이에 대항하여 북부여의 고두막이 의병을 일으켜 졸본에서 왕위에 올랐다. 그는 해모수 천제의 지손으로 스스로 동명왕東明王이라 칭했으며, 요동의 서안평西安平을 공격해서 이를 수복했다.

세력이 커진 동명왕 고두막은 사람을 북부여로 보내어 자기가 해모수 천제의 아들 고두막 한이라면서 북부여의 고우루 단군에게 동쪽으로 옮겨 갈 것을 요청했다. 고우루는 이를 고민하다 병이 나서 죽었고, 그 뒤를 이어 동생인 해부루解夫婁가 왕위를 계승했다. 그리고 결국 고두막의 압력에 굴복하여 통하通河의 가엽迦葉으로 서울을 옮기고는 국호를 동부여로 고쳐 불렀다. 이후 동부여는 북부여의 제후국이 된 셈이었다.

맺는 말

〈환단의 후예〉를 쓰기 시작 한 지 어언 일년 반이 넘었다. 부지 런히 자료를 읽고 모르는 것은 다시 인터넷으로 여러 나라의 블로 그나 홈페이지를 뒤졌다. 자료를 검색하는 데에 네이버, yahoo, Google의 도움을 많이 받았다.

동북아의 선사 시대와 고대에 관한 논문과 자료가 이렇게 많을 것이라고는 미처 상상하지도 못했다. 많은 학자, 동호인들의 오랜 연찬의 결실을 접할 수 있어서 얼마나 고맙게 느꼈는지 모른다. 권말에 저자, 자료명, 출판사, 간행 연도를 열거했지만 다 담지 못 한 것 같아 죄송하게 생각한다.

많은 자료를 소화하면서 고대의 수수께끼를 풀어 나가는 재미가 참으로 좋았다. 서로 모순 되고 얽히고설킨 얘기를 합리적으로 정리 해 나가다 보니 나름대로의 전개가 가능해 졌다. 소설이라 비교적 자유롭게 신화와 전설을 재편성할 수 있어 좋았다. 사람들이 마을을 형성하고 살다가 부락 국가가 되고 왕국으로 성장하는 과정을 그리다가 보니 영웅도 나오고 여걸도 등장하게 되었다.

이제부터 역사의 시대로 들어가게 되는데 한반도는 신라, 고구려, 백제, 가야의 왕국들이 낙랑, 대방 등의 중국계 군현을 몰아내고 한반도의 영도권을 쥐기 위해 각축전을 벌이게 된다. 일본도 야마도와 와노구니로 이원화 된 시대에서 일본 천황조로 통일되는 과정에 많은 변란과 소용돌이가 있게 된다. '연오랑과 세오녀'나 '박제상과 망부석'과 같은 일화를 통해서 한일 관계를 회고해 보는 것도 또 하나의 재미로 생각된다.

신라가 한반도를 통일하고 외세를 몰아낼 때까지가 이 소설에서 다루는 무대가 된다. 동북아의 사람들의 성장 과정을 이해하는 데 조금이라도 도움이 된다면 좋겠다.

2006년 10월
글 쓴 이

■ 주

1 배의 뒷부분.
2 군에서 쓰는 암호.
3 고위 관직중 하나로 현재 장관 격에 해당함.
4 무사들이 상반신을 보호하기 위해 철판을 앞뒤에 통으로 붙여 입은 갑옷.
5 倭 또는 大和.
6 옛 나라 이름. 후일의 일본 시마네(島根) 현의 동부.
7 고기의 경상도 사투리.
8 마을의 촌장 또는 족장.
9 서기 전 239년 해모수가 건국한 나라.
10 고조선을 무너뜨리고 위만 조선을 세운 인물.
11 중국 한나라가 위만 조선을 무너뜨리고 설치한 행정구역.
12 진한(辰韓) 12국 중 경주에 위치한 나라.
13 단군 조선 이전 중국, 러시아, 몽고 등 북방지역을 지배하던 나라.
14 지금의 경주지방.
15 경기도, 충청도, 전라도 지역을 포함한 한반도 중부 이남에 위치한 삼한 중 하나.
16 中國華北地區 북동부. 黃海와 渤海灣에 돌출한 반도.
17 서기 전 202년에 항우를 타도한 유방(劉邦:高祖)에 의해 건국한 중국의 통일국가.
18 한(漢)나라가 설치한 사군(四郡)중 하나.
19 서라벌(지금의 경주)의 남, 서, 북 세 방향으로 흐르는 강.
20 서라벌(지금의 경주) 서쪽 양산(揚山)에 위치한 우물.
21 상서로운 기운.
22 서라벌(지금의 경주) 북쪽에 위치한 우물.
23 쇠를 부리는 우두머리.
24 신라시대의 회의제도로 주요 국사를 논했다.
25 남해=남게=나무, 차차웅=차웅=춤추는 무당 : 나무를 잘 다스리는 제관을 뜻함.
26 사로국의 관직으로 현재의 국무총리와 비슷함.
27 태양을 모시는 제관(祭官).
28 태양을 모시는 제관(祭官).

29 제사(祭祀)에 관한 일을 맡아보는 관원.

30 현재의 경상남도 일대에 산재한 소 국가들로 삼한의 하나.

31 일본 나가사키현(長崎縣)에 속해 있는 섬.

32 일본의 4대 열도 중에서 가장 남쪽에 위치한 열도.

33 제관이자 신녀의 직책을 가진 여인을 부르는 호칭.

34 경상북도 고령군 일대의 삼한 시대 변진에 속한 나라.

35 숯불을 피우기 위해 바람을 일으키는 풀무.

36 주나라 태공망이 지은 병법서.

37 경상남도 김해시에 있는 높이 200미터 산으로 가야의 시조 수로왕이 태어난 곳

38 김해평야를 중심으로 생긴 변한 12개국의 하나. 아랫가야라고도 함.

39 진한(辰韓) 12국 중 경주에 위치한 나라.

40 치우천왕의 이름을 딴 놀이로 두 사람이 서로 잡고 힘과 재주를 부려, 먼저 넘어 뜨리는 사람이 이기는 놀이.

41 서기 전 2707년 대단군(大檀君)으로서 자오지(慈烏支)천왕으로도 불리우며, 고조 선 14대 천왕임.

42 군인의 무운(武運)을 지켜 준다는 신.

43 상고 때에 옥을 반달 모양으로 다듬어서 끈에 꿰어 장식으로 쓰던 구슬. 구옥(勾 玉).

44 무기의 일종으로 작은 도끼와 큰 도끼를 말함.

45 구리로 만들어진 머리와 철로 만들어진 이마, 즉 구리로 만든 투구에 철판으로 이 마를 보호한 것.

46 제관이자 신녀의 직책을 가진 여인을 부르는 호칭.

47 빗죽이나무라고도 하며, 차나무과의 상록소교목으로 해안지대와 섬에서 주로 자 란다.

48 '하기요'는 시작하기요의 준말.

49 '다갔다'는 다가가라, 가까이 가라는 뜻.

50 방어를 목적으로 하거나 경계를 나타내기 위해 땅을 파서 도랑처럼 만든 지형.

51 과녁에서 붉은 칠을 한 동그란 부분.

52 한족(韓族)의 근간이 되는 민족으로 예맥이라 칭하였으며, 서기 전 100여년 무렵 중국 북동부와 한반도의 동부 및 중부에 정착하였다.

53 고구려에서 만든 쇠붙이나 동물의 뿔로 만든 각궁(角弓).

54 소나 양의 뿔로 만든 활로 2종류로 나눌 수 있다. 전쟁이나 사냥에 쓰인 것은 궁

간상(弓幹桑)·뿔·힘줄·아교·실·칠 등 6가지로 만들고, 운동이나 오락으로 쓰인 것은 궁간상·참나무·대·벚나무·뿔·힘줄·아교 등 7가지로 만들었다. 남녀 누구나 자신의 힘에 맞는 것을 쓸 수 있었다.

55 활 쏘는 곳에서 과녁 쪽으로 부는 바람.

56 화살이 과녁의 한복판에 맞음.

57 화살이 과녁에 못 미쳐 떨어졌다가 다시 튀어 올라 과녁에 맞는 일. 또는 그 화살.

58 해장죽(海藏竹)이라고도 하며 다년생 대나무의 일종.

59 화살의 머리를 활시위에 끼도록 에어 낸 부분.

60 활을 쏠 때 손으로 잡은 활의 가운데 부분.

61 오늬를 먹일 수 있도록 실로 감은 활시위 부분.

62 동개살이라고도 하며, 깃을 크게 댄 화살로 말 위에서 메어서 쏘는 화살.

63 꿩의 수컷.

64 끝이 뾰족한 삼각형 형태로 턱밑으로 끈을 매어 쓰는 모자.

65 청동제 방울.

66 중국 태고 때에 있었다는 다섯 성군의 하나. 보통 복희, 신농, 황제, 요, 순을 오제라고 하나 복희, 신농, 황제 대신에 소호, 전욱, 제곡을 들기도 함.

67 동서남북과 중앙의 5방위를 지키는 신 중에서 가을을 맡은 서쪽 방위의 신.

68 표면에 여러 가지 무늬를 새기고 금, 은, 옥 등 보석을 박아 넣은 칼.

69 서기 전 6세기~서기 전 3세기경 남부 러시아의 초원지대에서 활약한 최초의 기마 유목 민족.

70 검은 털에 흰 털이 섞인 말.

71 안장을 달리 이르는 말로 모양이 다리와 비슷한 안장.

72 활과 화살을 꽂아 넣어 등에 메는 물건.

73 서기 전 3세기 말부터 서기 1세기 말까지 몽골고원과 만리장성 지대를 중심으로 활약한 유목기마민족.

74 Parthia 射法 : 서기 전 247년부터 서기 226년 까지 융성한 고대 이란 왕국의 활 쏘는 법

75 고개를 숙이고 엎드림.

76 화성암 속의 자철석(磁鐵石)이 모암(母岩)의 분해와 유수(流水)나 파도에 의하여 파쇄되고 도태되어 모래 모양으로 된 것.

77 몸길이 30~38mm인 황록색 또는 황갈색 메뚜기로 논이나 경작지 근처의 풀밭에 서식한다. 벼의 주요 해충으로 취급한다.

78 몸길이 28~42mm인 녹색 또는 갈색 빛깔의 메뚜기로 논밭이나 풀밭에서 볼 수 있으며, 각종 풀잎이나 꽃잎 등 식물질을 먹는다. 때로는 벼 · 보리와 같은 여러 농작물을 해치는 해충으로 취급한다.

79 몸길이 35~65mm인 녹색 또는 갈색 메뚜기로 앞가슴 등판 가운데가 둥글게 높이 솟았고 앞뒤 가장자리도 뾰족하게 튀어 나왔다. 노란 뒷날개에 짙은 검정 띠 무늬가 뚜렷하다. 풀숲이나 산길, 무덤가, 버려진 산밭 자리에서 많이 산다.

80 곱구슬이라고도 하며, 옥 등을 반달 또는 초승달 모양으로 다듬어 끈에 꿰어서 장식으로 쓰던 구슬.

81 신령(神靈)에게 제사(祭祀)를 올릴 때 쓰는 도구나 그릇을 말하며, 일본 왕실의 세 가지 신기는 거울, 칼, 곡옥을 뜻함.

82 한민족(韓民族)의 근간이 되는 민족으로 맥 또는 예맥이라 칭하였으며, 서기 전 100여 년 무렵 중국 북동부와 한반도의 동부 및 중부에 정착하였다.

83 거리의 단위로 오 리나 십 리가 못 되는 거리를 일컫는 우리말.

84 현재의 경상남도 밀양시 일대.

85 기운이 세고 큼직하게 생긴 뼈대. 또는 그런 뼈대를 가진 사람.

86 우두머리, 제철소장.

87 공장의 두목, 일정 분야를 책임지는 우두머리.

88 빛깔은 맑지 못하고 흰 듯하며 화력이 매우 센 참숯.

89 용광로(鎔鑛爐) 또는 고로(高爐) 라고 높은 온도로 철광석을 녹여 선철(銑鐵)을 만드는데 사용되는 가마.

90 정련로(精鍊爐)라고 하며 광석이나 기타의 원료에 들어 있는 금속을 뽑아내어 정제하는 가마.

91 단조로(鍛造爐)라고 하며 고체인 금속재료를 망치 등으로 두들기거나 압력을 가하는 방법으로 일정한 모양을 만드는 가마.

92 주물로(鑄物爐)라고 하며 쇠붙이를 녹여 거푸집에 부은 다음, 굳혀서 형태를 만드는 가마.

93 11개 정도.

94 Anatolia : 소아시아의 별칭. 터키 일대.

95 Hittite : 서기 전 2000년 경 소아시아에 이동해 온 인도 유럽계의 민족과 그 왕국으로 말과 철기, 전차 등을 사용해서 군사적으로 우월했다. 서기 전 16세기에 소아시아, 메소포타미아, 시리아를 정복하고 대 제국을 건설했다가 서기 전 12세기에 해양족에게 망했다.

96 Ramses II : 고대 이집트 제19왕조의 제3대 왕(재위 서기 전 1279~서기 전 1213).

97 Scythai : 서기 전 6~3세기에 흑해 북안의 초원지대에 강대한 유목국가를 건설한 이란계 유목민족.

98 제사에서 술을 따르는 그릇에 담은 모래와 거기에 꽂은 띠의 묶음.

99 부싯돌을 쳐서 불이 일어나게 하는 쇳조각.

100 대장간에서 불린 쇠를 올려놓고 두드릴 때 받침으로 쓰는 쇳덩이.

101 쇳물을 파헤치거나 떠서 던지는 기구.

102 어떤 물질을 그러모으고 펴거나, 고르거나 긁어모으는 데에 쓰는 정(丁) 자 모양의 기구.

103 유월절(逾越節, Passover)이라고도 하며 서기 전 13세기 이스라엘 사람들의 조상이 이집트에서 탈출한 것을 기념하는 유대인의 축제일.

104 질병 방제를 해 주는 신의 이름. 부적의 일종으로 나무로 6각 또는 8각으로 탑 모양으로 부적을 만들어 "大福長者蘇民將來子孫人也"등을 적어 둠.

105 두 번 절함.

106 석회동(石灰洞)이라 하며 석회암이 분포하는 지역에 용식(溶蝕)으로 생긴 동굴.

107 석회암 동굴 속에 생기는 탄산석회의 주상(柱狀) 침전물.

108 석회 동굴의 천장에 고드름 비슷하게 달려 있는 횟돌.

109 귀신 얼굴 형상을 한 가면.

110 자루머리가 큰 고리 모양의 큰 칼.

111 거문고와 비슷하고, 줄이 일곱으로 되어 있으며 손가락으로 뜯어서 소리를 내는 악기.

112 동이(東夷) 사람으로 본명은 강상(姜尙)이다. 주나라 문왕(文王)의 초빙을 받아 그의 스승이 되었고, 무왕(武王)을 도와 은(殷)나라 주왕(紂王)을 멸망시켜 천하를 평정하였으며, 그 공으로 제(齊)나라에 봉함을 받아 그 시조가 되었다.

113 利而勿害, 成而勿敗, 生而勿殺, 與而勿奪, 樂而勿苦, 喜而勿怒, 愛民六政.

114 환웅(桓雄)의 아버지이며 단군의 조상인 천제(天帝)로, 인간 세상을 바라는 다음 세대의 환웅에게 천부인(天符印) 3개를 주어 세상에 내려 보내 다스리게 하였다.

115 천제(天帝)인 환인의 다음을 이은 임금으로, 천부인 3개와 무리 3천 명을 거느리고 태백산 신단수 밑에 내려와 신시를 베풀고, 인간의 360여 가지 일을 맡아서 세상을 다스렸다.

116 환웅(桓雄)이 천제(天帝) 환인(桓因)으로부터 받아 가지고 내려왔다는 3가지 인수(印綬)로, 풍백(風伯), 우사(雨師), 운사(雲師)를 뜻하기도 한다.

117 널리 인간세계를 이롭게 한다는 뜻으로, 단군(檀君)의 건국이념.

118 의례(儀禮)를 맡아보던 관아.

119 고위 관직중 하나로 현재 장관 격에 해당함.

120 배달국(倍達國)의 제14대 천황인 자오지환웅(慈烏支桓雄)으로 군신(軍神)으로 불린다.

121 4대조 이상이 되는 조상의 신.

122 둔갑을 잘 한다고 알려진 꼬리가 아홉 개 달린 여우.

123 태양 안에서 산다는 세 발 달린 상상의 까마귀로 태양을 의미하기도 함.

124 환웅천황께서 환인의 명을 받고 태백산(백두산: 삼신산)에서 웅족(熊族)과 호족(虎族)을 결합하여 건국한 나라. 도읍은 태백산 꼭대기 신단수 밑의 신시에 정했고, 건국이념은 환인께 내려받은 '홍익인간, 재세이화, 광명개천'의 3대 정신으로 정했다.

125 현재 중국의 산동지역을 중심으로 치우천왕이 개척하여 세운 나라.

126 타악기로 작은 장구.

127 아직 성숙하지 않은 순수한 여자 아이.

128 은하수를 뜻하는 우리말.

129 왕이 나와서 조회(朝會) 등 주요 업무를 하던 궁전.

130 두 팔을 둥글게 모아 만든 둘레로 잴 수 있는 분량.

131 나무를 깎아 다듬는 연장으로 까뀌는 작고 한 손으로 사용하는 연장인데 반해 자귀는 선 채로 두 손에 쥐고 나무를 다듬는 큰 연장에 속한다.

132 한 손으로 나무를 찍어 깎는 연장으로 날이 가로로 나 있어 자루와 직각으로 되어 있고, 자귀보다 크기가 작다.

133 일본신화에서 천신의 명을 받아 이자나미노미고도와 함께 처음으로 국토와 신들을 낳고, 산과 바다, 초목을 다스렸다고 전해지는 남신(男神). 일설에는 대가야의 정견모주의 남편 이진아시와 같은 신이라고도 함.

134 지금의 부산 영도.

135 쓰시마(對馬島) : 한 반도의 동남에 위치한 섬. 두 개의 섬으로 보이기도 해서 두 섬이라 불렀다. 사실은 윗 섬과 아랫 섬이 가느다란 지협으로 이어져 있는 하나의 섬이다. 마한 사람들이 건너가는 섬이라 하여 대마도라 부르기도 했다.

136 쓰시마의 동남쪽에 위치한 섬. 쓰구시 규슈(九州)에 이르는 길목에 있다.

137 지금의 규슈(九州).

138 지금의 오사카(大阪) 서쪽에 있는 아와지섬(淡路島).

139 지금의 오키나와(沖繩) 지역으로 일본 열도의 남쪽지역.

140 지금의 시마네현(島根縣)의 동부.

141 일본 혼슈(本州), 규슈(九州), 시코쿠(四國)에 둘러싸인 바다로 크고 작은 3,000여 개의 섬이 흩어져 있으며 해상 교통의 중요한 교통로이다.

142 쿠로시오 난류를 말하며, 필리핀 동쪽 해역에서 발원하여 대만의 동쪽, 일본의 남쪽을 거쳐 북위 35도 부근에서 동쪽으로 굽어 흐르는 해류.

143 佐護 佐須奈

144 바다와 만을 아울러 이르는 말로 여기서는 두 개의 섬 사이에 만들어진 만을 뜻함.

145 지금의 규슈(九州) 지방으로 일본 열도를 구성하는 4대 섬 중 가장 서남쪽에 있는 섬, 또는 그 섬을 중심으로 하는 지방.

146 규슈(九州)] 사가현(佐賀縣) 북서부에 있는 마을.

147 '겐카이나다'를 우리 한자음으로 읽은 이름으로 일본 규슈의 후쿠오카 현(福岡縣) 서북쪽에 있는 바다. 서쪽은 쓰시마 해협, 이끼 수도(水道)에 이어진 겨울에 풍파가 심한 바다.

148 모질고 사나운 귀신의 하나로 야차(夜叉)라고도 부른다.

149 加賀의 潛戶: 지금의 이시가와겐(石川縣)의 남쪽에 있는 동굴.

150 고대 씨족의 하나. 뒤에 조정의 제사를 관장함. 이즈모(出雲), 기이(紀伊)에 분로함.

151 天之御中主尊 또는 天御中主(아메노미나가누시).

152 왜국이 처음 생겨났을 때 신들이 태어나 살았다는 전설의 땅.

153 왜인들이 신들의 이름 뒤에 가미(神), 미고도(尊 또는 命)를 붙이는 것은 그들을 높이 받들어 모신다는 의미다.

154 혼슈와 규수 사이에 있는 4대 열도 중에서 가장 규모가 작고, 세도내해를 남쪽으로 둘러싼 섬.

155 4대 열도 중에서 가장 남쪽에 위치한 섬 또는 그 섬을 중심으로 하는 지방.

156 지금의 히로시마겐(廣島縣).

157 신들의 이름이 아마(天)로 시작되면 한반도의 변진(弁辰)에서 온 것을 뜻했고, 다게(建)로 시작되면 부여와 고구려 계열을 뜻했다.

158 무덤.

159 인류의 조상이라는 늙은 선녀.

160 맨 처음 생겨난 여자.

161 맨 처음 생겨난 남자.

162 아마데라스를 의미함.

163 구소(흉악하다는 의미의 옛 말)와 나기(구렁이를 의미하는 낱말)의 합성어.

164 '오호'는 크다를, '나'는 땅을, '무치'는 귀한 사람을 뜻하는 옛 말로, '오호나무치'는 큰 땅을 다스리는 왕이라는 뜻을 가졌다. 大穴车遲神, 大國主命이라고도 함.

165 많은 신을 의미함.

166 신비롭고 불가사의한 운기(雲氣) 또는 만물을 만들어 내는 원기(元氣).

167 역(易)을 구성하는 64괘의 기본이 되는 8개의 도형(圖形)으로 건(乾), 태(兌), 이(離), 진(震), 손(巽), 감(坎), 간(艮), 곤(坤) 등을 말한다.

168 역(易)에서 점괘(占卦)의 여섯 가지 획수를 말한다.

169 우주 만물을 이루는 다섯 가지 원소, 금(金), 수(水), 목(木), 화(火), 토(土) 등을 말한다. 또는 동, 서, 남, 북, 중앙 등 다섯 가지 방향을 말한다.

170 대략 12세에서 15세 사이의 여성이 처음으로 시작하는 월경.

171 중국 고대 전설상의 제왕으로 삼황오제의 우두머리이며, 팔괘를 처음으로 만들고 그물을 발명하여 고기잡이의 방법을 가르쳤다고 한다.

172 중국 북부를 서에서 동으로 흐르는 중국 제2의 강.

173 고대 중국에서 예언(豫言)이나 수리(數理)의 기본이 된 책.

174 복희씨(伏羲氏)가 팔괘(八卦)를 만들고 주나라 문왕(文王)이 64괘와 괘사(卦辭)를 만듦. 역은 태극(太極)이 변하여 음양(陰陽)으로 나뉘고 음양(陰陽)이 다시 건(乾), 태(兌), 이(離), 진(震), 손(巽), 감(坎), 간(艮), 곤(坤)의 팔괘로 나눈다. 팔괘(八卦)가 변하여 다시 육십사괘(六十四卦)로 나뉘었다. 육십사괘와 384효(爻)를 골라서 점(占)을 친다.

175 제천의례(祭天儀禮)의 하나로, 산제(山祭)와 더불어 한국 마을제의 기본형이며, 온 마을의 주민이 참가하고 천군(무당)이 주관한다.

176 단군(檀君) 신화(神話)에서 환웅(桓雄)이 처음 하늘에서 그 밑에 내려 왔다는 신령(神靈)한 나무.

177 서라벌의 다른 이름, 지금의 경주 지방.

178 경주지역에서 가장 큰 산.

179 표주박의 사나이라는 뜻.

180 옛토개 : 야즈까의 야는 '예 나라', '옛 것', '여덟'을 뜻했고, '즈까'는 '토개, 둔덕'을 뜻했다.

181 야즈까가 상륙할 적에 까치가 우짖었다고 해서 까치 작(鵲)에서 새 조(鳥)를 빼고 적었다는 말 도 전해진다.

182 하늘에 지내는 제사라는 뜻으로 나라의 안녕과 풍요를 기원하는 의식.

183 혁거세의 맏아들로 서라벌의 두 번째 임금이 됨, 석탈해를 사위로 삼았음.

184 남해차차웅의 태자이며, 노례이사금(弩禮尼師今)이라고도 한다.

185 우보(右輔)와 함께 임금을 보좌하는 최고 관리. 대보(大輔)라고도 함.

186 6촌 : 양산촌(楊山村) 급량부(及梁部) 이(李)씨, 고허촌(高墟村) 사량부(沙梁部) 정(鄭)씨, 대수촌(大樹村) 점량부(漸梁部) 손(孫)씨, 진지촌(珍支村) 본피부(本彼部) 최(崔)씨, 가리촌(加里村) 한기부(漢歧部) 배(裵)씨, 고야촌(高耶村) 습비부(習比部) 설(薛)씨.

187 지금의 중국 상하이시(上海市) 근처에 있는 항구도시.

188 지금의 중국 남경(南京).

189 중국의 중심부를 흐르는 아시아에서 제일 큰 강.

190 중국 삼국시대의 위나라, 촉나라와 더불어 서기 229년 손권이 황제로 즉위한 이후 280년 진에 항복하기까지 4대 52년에 걸친 왕조

191 중국 남서부 지역으로 귀주(貴州), 광서(廣西)의 서쪽, 베트남의 북쪽에 위치한 고원지대.

192 중국 삼국시대의 천하를 삼등분 했던 유비가 창업한 나라.

193 중국 남서부 양쯔강(揚子江) 상류에 있는 지역.

194 지금의 안예(安岳).

195 중국 호북성(湖北省) 남동부(南東部)에 있는 무한(武漢)의 한 지구(地區).

196 부처님(석가모니)이 출가하기 전, 태자 때의 이름.

197 중국 고대의 전설적 제왕으로 3황은 일반적으로 복희(伏羲), 신농(神農), 황제(黃帝)를 들며, 5제는 황제헌원(黃帝軒轅), 전욱고양(顓頊高陽), 제곡고신(帝嚳高辛), 제요방훈(帝堯放勳:陶唐氏), 제순중화(帝舜重華:有虞氏) 등을 말한다. 황제 대신 소호김천씨(少昊金天氏)를 넣기도 함.

198 우리 민족의 최초의 국가로 9환족(아홉 족속)과 64민(무리)으로 이루어진 12나라의 연방국이었으며, 3300년 동안 7명의 환인에 의해 통치가 지속되었다.

199 桓仁 또는 桓因 : 환국을 다스리던 통치자와 제사장을 겸직한 관직명.

200 카자흐스탄에 있는 호수.

201 九夷, 九黎

202 아버지.

203 서기 전 3,000년경부터 약 3,000년간 메소포타미아를 중심으로 고대 오리엔트에서 광범하게 사용된 선이 쐐기모양으로 된 문자로 점토 위에 갈대나 금속으로 만

든 펜으로 새겨 썼다.

204 장방형의 배. 창세기 6~8장에 나오는 노아의 방주.

205 중국 고대의 왕조(서기 전 1600~서기 전 1046)로서 '상(商)'이라고도 한다.

206 중국 전한(前漢)의 역사가(서기 전 145~서기 전 86)로 서기 전 104년에 공손경 (公孫卿)과 함께 태초력(太初曆)을 제정하여 후세 역법의 기초를 세웠으며, 역사 책 〈사기〉를 완성하였다.

207 중국 신화 전설상의 제왕(帝王)으로 천자 신농씨(神農氏)를 대신하여 염제(炎 帝), 치우(蚩尤) 등과 싸워 이겨 천자가 되었다고 한다.

208 치수(治水)에 공로가 있는 우(禹)가 순제(舜帝)로부터 왕위를 물려받아 세운 중 국 최초의 나라

209 중국 고대의 전설상의 제왕(帝王)으로 진(陳)에 도읍을 정하고 150년 동안 제왕 의 자리에 있었다고 한다. 몸은 뱀과 같고 머리는 사람의 머리를 하고 있었으며, 해와 달과 같은 큰 성덕을 베풀었다 하여 대호(大昊 : 끝이 없이 넓고 큰 하늘과 같다는 뜻), 또는 대공(大空)이라고도 한다.

210 비를 다스리는 신

211 크게 밝은 천제 환웅이라는 뜻

212 단군(檀君)조선의 건국신화에서 말하는 3가지 인수(印綬)를 말하며, 환웅(桓雄) 이 천제(天帝) 환인(桓因)으로부터 받아 가지고 내려왔다고 한다. 일설에는 풍백 (風伯), 우사(雨師), 운사(雲師)를 뜻하기도 하고, 청동칼, 청동방울, 청동거울이 라고도 한다.

213 신지는 벼슬이름이며, 혁덕은 사람이름이다.

214 사슴 발자국 모양의 문자.

215 배달국(倍達國)의 제14대 천왕(천황)인 자오지환웅이다. 흔히 군신(軍神), 병주 (兵主) 등 전쟁의 신으로 통한다. 치우천왕, 자오지천왕(慈烏支天王), 자오지환 웅(慈烏支桓雄) 등 여러 이름으로 불린다. 치우는 서기 전 2707년에 즉위하여 109년간 나라를 다스렸다. 병기 제작 능력이 뛰어나 활, 화살, 창, 갑옷, 투구 등 각종 무기를 만들어 신농(神農)을 무찔렀다. 또 12개의 제후국을 합병하였는데, 70여 회의 전쟁에서 한번도 패하지 않았고, 헌원(軒轅)을 황제로 임명하기도하 였다. 한(漢)의 고조 유방(劉邦)이 패공(沛公)으로 칭한 뒤, 곧바로 치우에게 제 사 지내고 피로 북과 깃발을 붉게 칠했다고 전한다.

216 한(漢)나라를 세운 황제로 생몰연대는 서기 전 256~서기 전 195, 또는 서기 전 247~서기 전 195이고, 한왕(漢王)으로 4년 재위하였고, 황제로 8년 재위하였다. 항우(項羽)와 천하를 다툰 것으로 유명하다.

217 중국 전국시대의 정치가이며 비극시인으로 초나라 회왕(懷王)때 좌도(左徒: 左相)의 중책을 맡아, 내정과 외교에서 활약하였으나 법령입안(法令立案)때 궁정의 정적(政敵)들과 충돌하여, 중상모략으로 국왕 곁에서 멀어졌다. 그의 대표작 〈이소(離騷)〉는 그 분함을 노래한 것이라고 〈사기〉에 적혀 있다.

218 擧世皆濁 我獨淸 衆人皆醉 我獨醒

219 중국 전국시대(戰國時代) 위(魏)나라의 모사(謀士)로 합종책(合從策)을 제창한 소진(蘇秦)과 더불어 연횡책(連衡策)을 주창한 걸로 유명하다. 위(魏)·조(趙)·한(韓)나라 등 동서(橫)로 잇닿은 6국을 설득하여, 진(秦)나라를 중심으로 하는 동맹관계를 맺게 하였다.

220 新沐者必彈冠 新浴者必振衣 安能以身之察察 受物之汶汶者乎 寧赴湘流 葬於江魚腹中 安能以皓皓之白 以蒙世俗之塵埃乎

221 중국 전국시대의 제후국가.

222 중국 춘추(春秋) 전국(戰國) 시대(時代)의 주(周)나라의 제후국(諸侯國)이었으나 뒤에 중국 최초의 통일왕조(서기 전 221~서기 전 207)를 이룬 국가이다.

223 쭝쯔 : 참쌀에 대추, 호두, 돼지고기, 팥 등을 다진 재료로 만들어 넣어 대나무 잎이나 갈대 잎에 싸서 쪄 먹는 음식으로 단옷날 굴원을 기념하는 의식을 행하고 먹는다.

224 중국 고대의 사상가이며, 유교를 창시한 시조(서기 전 552~서기 전 479) 최고의 덕을 인이라고 보고, 인은 '사람을 사랑하는 것'이라고 정의했다.

225 유교(儒敎) 경전(經典)인 4서5경 중에서도 가장 대표적(代表的)인 책으로서, 주로 공자(孔子)의 語錄(어록)이 담겨 있다.

226 중국 유교사상에서 가장 중심 덕목(德目)으로 공자(孔子)가 주장(主張)한 유교(儒敎)의 도덕(道德) 이념(理念)이자 정치(政治) 이념(理念).

227 중국 고대의 철학자이며 도가(道家)의 창시자. 주나라의 쇠퇴를 한탄하고 은퇴할 것을 결심한 후 서방(西方)으로 떠났다. 그가 남긴 2편의 책을 〈덕경(道德經)〉이라 하는데, 도가사상의 효시로 일컬어진다.

228 하나라 우왕 때 신하로 치수사업에 공이 컸다.

229 하나라 백익(伯益)이 저술한 책으로 원래는 23권이 있었으나 18편만 오늘에 전해지고 있다. 〈남산경(南山經)〉 이하의 〈오장산경(五藏山經)〉 5편, 〈해외사경(海外四經)〉 4편, 〈해내사경(海內四經)〉 4편, 〈대황사경(大荒四經)〉 4편, 〈해내경(海內經)〉 1편 등이 있다. 〈오장산경〉에서는 천하의 명산을 산맥을 따라 기술하고 산과 산의 거리, 산물(그 산에 사는 怪獸와 鳥類)등을 적었으며, 보옥(寶玉)·동철(銅鐵)·약초 등의 산물이 기술되어 있다. 〈해외경(海外經)〉 이하에서는 먼 나라의 주민과 그에 관한 신화·전설을 많이 실었다.

²³⁰ 내몽고의 적봉(赤峰, 우란하드)의 아오한지 부근에 있는 산.

²³¹ 구리로 만들어진 머리와 철로 만들어진 이마, 즉 구리로 만든 투구에 철판으로 이마를 보호한 것.

²³² 중국의 귀주(貴州), 호남(湖南), 운남(雲南) 등지에 사는 토족.

²³³ 중국의 산동성 왼쪽 하남성 북쪽에 있는 개봉시(開封市) 진류(陳留).

²³⁴ 중국 산동성에 있는 산.

²³⁵ 신농씨의 성은 강(姜)이며, 화덕(火德)을 가지고 있었기 때문에 염제(炎帝)라 하였는데, 농기구를 만들어 백성에게 농경을 가르쳤으며, 백초(百草)를 맛보아 약초를 찾아내 치병(治病)하였다. 그리고 오현금(五絃琴)을 만들었으며, 팔괘(八卦)를 겹쳐 육십사효(六十四爻)의 점(占)을 보는 점술을 고안해냈다. 또한 저자(시장)를 세워 백성들에게 교역을 가르쳤다.

²³⁶ 우가(牛加), 마가(馬加), 구가(狗加), 저가(猪加), 양가(羊加) 또는 계가(鷄加)

²³⁷ 사람의 몸에 소의 머리.

²³⁸ 돌의 전면 또는 필요한 부분을 갈아 만든 석기로 생활도구나 무기 등에 사용된 것으로 주로 신석기시대와 청동기시대에 사용되었다.

²³⁹ 浙江의 永康

²⁴⁰ 자석(磁石)을 이용하여 남북을 가리키게 만든 수레.

²⁴¹ 桓因 大中天, 桓雄 大雄天

²⁴² 전국시대(戰國時代)와 진대(秦代)에 만들어진 여섯 가지 역법으로 황제력(皇帝曆), 전욱력(顓頊曆), 하력(夏曆), 은력(殷曆), 주력(周曆), 노력(魯曆) 등을 말한다.

²⁴³ 중국 전국시대의 유교 사상가(서기 전 372~서기 전 289). 전국시대에 배출된 제자백가(諸子百家)의 한 사람이다. 공자의 유교사상을 공자의 손자인 자사(子思)의 문하생에게서 배웠으며, 도덕정치인 왕도(王道)를 주장하였다.

²⁴⁴ 天時不如地利 地利不如人和

²⁴⁵ 중국 전한(前漢) 제7대 황제(재위 서기 전 141~서기 전 87)로 오경박사(五經博士)를 두어 유학에 중점을 두고, 제후왕국을 왕의 여러 아들에게 분봉(分封)하여 중앙집권화 하였다. 또 운하를 굴착하여 농지의 관개와 운송을 도왔으며, 대외적으로는 장건(張騫)을 대월지국(大月氏國)으로 파견하고, 장군 위청(衛靑), 곽거병(霍去病), 이광(李廣) 등에게 흉노를 토벌시켰다. 중앙아시아와의 교통로를 확보하고, 서역 제국과 교역을 하였다. 동으로는 조선을 공격, 왕검성을 함락시키고 서기 전 108년 낙랑·진번·임둔·현도 4군을 두어 군현제를 실시했다.

²⁴⁶ 곤사왕(渾邪王), 휴도왕(休屠王).

247 중국 전한(前漢) 무제(武帝) 때의 명장(서기 전 140~서기 전 117)으로 18세 때 시중(侍中)이 되었고, 곧 위청(衛靑)을 따라 흉노토벌에 나서 공을 세워 관군후(冠軍侯)로 봉해졌다. 3년 후에는 표기장군(驃騎將軍)이 되었다.

248 순(舜)임금 시대의 현자로 순이 어질고 현명하다 하여 등용하려 했으나 거절하고 기산에 은둔한다.

249 요(堯)를 이은 순(舜)과 더불어 '요순의 치(治)'라 하여, 예로부터 중국에서는 가장 이상적인 천자상(天子像)으로 알려져 왔다. 요는 오제(五帝)의 하나인 제곡(帝嚳)의 손자로 태어나면서부터 총명하여 제위에 오르자 회화(羲和) 등에게 명하여 역법(曆法)을 정하고, 효행으로 이름이 높았던 순을 등용하여 자기의 두 딸을 아내로 삼게 하고 천하의 정치를 섭정(攝政)하게하였다. 요가 죽은 뒤, 순은 요의 아들 단주(丹朱)에게 제위를 잇게 하려하였으나, 제후들이 순을 추대하므로 순이 천자에 올랐다고 한다.

250 중국(中國) 하남성(河南省) 등봉현 남동쪽에 있는 산.

251 不敢請 이언정 固所願 : 감히 청하지는 못할 일이나 본래부터 바라던 바다.

252 孫子兵法과 吳子兵法

253 대학(大學), 중용(中庸), 논어(論語), 맹자(孟子) 등의 사서와 악(樂), 역(易), 서(書), 시(詩), 예(禮), 춘추(春秋) 등의 육경을 말함.

254 덩이쇠로 불리는 철정은 철기의 중간소재이면서 교역시 화폐로 사용됐다.

255 선루를 함께 갖춘 배를 말하며 3행루선은 3층으로 된 선루를 갖춘 배를 말한다.

256 항구 안에서 사람이나 짐을 실어 나르는 그다지 크지 않은 중국식(中國式) 배.

257 수조기.

258 Kshatriya : 인도의 신분제도인 카스트의 제2계급으로 무사(武士) 또는 '영토의 지배자'라 번역되며 군사 및 정치에 종사하는 왕족 등의 지배층을 말한다. 최상급 신분인 브라만(사제)과 함께 인도사회를 지배하는 계층이다.

259 Sakro Devanam Indrah(帝釋天) : 고대 인도의 무용신(武勇神)이자 영웅신으로 제신(諸神)의 우두머리이자 천계(天界)에 군림하고, 많은 악인(樂人)과 미녀에 둘러싸여 있다. 불교에서는 석제환인(釋提桓因 : 강력한 신들의 우두머리) 또는 제석천(帝釋天)이라고도 불리어 호법(護法)의 선신(善神)으로 여겨지고 있다.

260 Brahma(梵天) : 모든 중생의 아버지, 힌두교 최고의 신이며 우주창조신을 의미함.

261 호세천부(護世天部)의 12하늘로 상·하의 천(天), 팔방천과 일(日)과 월(月)로 되어 있다. 상방의 범천(梵天), 하방의 지천(地天), 흰 코끼리를 타고 금빛을 띤 동방의 제석천(帝釋天), 물소를 탄 남방의 염마천(閻魔天), 갑옷에 투구를 쓰고

이귀(二鬼) 위에 앉아 있는 북방의 비시문천(毘沙門天), 물속에 살며 거북을 타고 있는 사방의 수천(水天), 푸른 양을 타고 화염을 두른 남동방의 화천(火天), 흰 사자를 타고 왼손에 칼을 쥔 남서방의 나찰천(羅刹天), 구름 속에 갑옷을 입고 투구를 쓴 북서방의 풍천(風天), 황소를 타고 오른손에 칼을 쥔 북동방의 이사나천(伊舍那天), 일천(日天), 월천(月天)을 말한다.

262 산과 물을 다스려 재해(災害)를 막고 이롭게 만드는 일.

263 공자(孔子)와 맹자(孟子).

264 지금으로부터 14,000년 전에 막고야산(마고산-삼신산)에서 인류 최초로 문명을 시작한 사람으로 세상에 존재하는 모든 사람들의 어버이이자 조상이다.

265 서기 전 259~서기 전 210 : 중국 최초의 중앙집권적 통일제국인 진(秦)나라를 건설한 전제군주(재위 서기 전 246~서기 전 210).

266 소의 생가죽을 등에 덮어 보강하고, 양편에 노 젓는 구멍을 내었으며, 전후좌우에는 활과 창을 사용할 구멍을 내어서 적이 가까이 올 수 없게 한 고대 중국의 맹렬한 돌격선의 형태를 한 배를 말한다.

267 노를 저어 동력을 얻는 배를 말한다.

268 Sumeru : 고대 인도의 우주관에서 세계의 중심에 있다는 상상의 산으로 묘고산(妙高山)이나 묘광산(妙光山)이라 부르기도 한다. 수미산은 황금·백은(白銀)·유리(瑠璃)·파리(玻璃) 등 4보(寶)로 이루어졌고, 중허리의 사방에 사천왕(四天王)이 살고 있으며, 정상에는 제석천(帝釋天)이 주인인 33천(天)의 궁전이 있고, 해와 달은 수미산의 허리를 돈다고 한다.

269 Yojana : 1유순은 약 10킬로미터.

270 수미산의 중턱에 있는 사왕천(四王天)의 주신(主神). 사대천왕(四大天王), 호세사천왕(護世四天王)이라고도 한다. 욕계육천(欲界六天)의 최하위를 차지한다. 수미산 정상의 중앙부에 있는 제석천(帝釋天)을 섬기며, 불법(佛法)뿐 아니라, 불법에 귀의하는 사람들을 수호하는 호법신이다. 동쪽의 지국천왕(持國天王), 남쪽의 증장천왕(增長天王), 서쪽의 광목천왕(廣目天王), 북쪽의 다문천왕(多聞天王:毘沙門天王)을 말한다.

271 수미산의 정상에 있으며, 제석천(帝釋天 : Indra)의 천궁(天宮)이 있다.

272 제석천이 머물고 있다는 궁성(宮城).

273 인도 신화에서 선신(善神)들의 적(敵)에 대한 총칭.

274 원래 악귀로서, 통력(通力)에 의해 사람을 매료시켜 잡아먹는 것으로 알려졌다. 나중에는 불교의 수호신이 되어 십이천(十二天)의 하나로 꼽혀 남서방(南西方)을 지킨다고 하며, 갑옷을 걸치고 백사자(白獅子)에 올라탄 모습으로 표현된다.

275 부처님, 석가모니의 전생.

276 불교의 수호신으로 고대 인도의 신 인드라(Indra)를 수용한 것이다.

277 석존(釋尊)의 입멸(入滅)에 관하여 설명(說明)한 경전으로 소승(小乘)과 대승(大乘)의 두 경전이 있으며, 소승은 석존 입멸 전후를 주요 내용으로 하며, 대승은 석존이 입멸 직전에 설(說)한 교의를 그 내용으로 함. 전자(前者)는 36권. 후자(後者)는 40권임.

278 결가부좌(結跏趺坐)라고도 하며 인도의 앉는 법의 한 가지. 먼저 오른 발의 발바닥을 위로 하여 왼편 넓적다리 위에 얹고, 왼발을 오른 편 넓적다리 위에 얹는 앉음새.

279 諸行無相 是生滅法

280 부처의 공덕을 찬미하는 노래. 외기 쉽도록 다섯 글자나 일곱 글자로 쓴 구 넷을 한 게(偈)로 하여 한시처럼 만든 노래.

281 生滅滅已 寂滅爲樂

282 불교에서 수행에 의해 진리를 체득하여 미혹(迷惑)과 집착(執着)을 끊고, 일체의 속박에서 해탈(解脫)한 최고의 경지.

283 고대 인도에서 불교보다 먼저 브라만 계급을 위주로 〈베다〉를 근거로 하여 생성된 종교.

284 석가불(釋迦佛)이라고도 한다. 그 뜻은 능인(能仁), 능적(能寂) 등으로서 불타(佛陀), 즉 석존(釋尊)을 가리킨다. 불타는 깨달은 사람, 아는 사람이라는 뜻에서 짐작할 수 있는 것처럼, 불타 즉 부처는 석존에게만 국한된 절대적인 명칭은 아니다. 다시 말해서 불타는 일체법(一切法), 즉 우주 만법의 참모습을 있는 그대로 보고 알아서 더할 수 없는 진리를 체득한 대성자(大聖者)를 의미한다.

285 아름다운 인연. 부부 관계나 연인 관계를 맺게 된 연분.

286 왕궁내의 창고.

287 현재 경남 진해시 앞 바다에 있는 작은 섬.

288 천막 등을 이용하여 임시로 머물 수 있도록 만든 처소.

289 하늘 위의 우레가 소리를 내며 움직여 천동하고, 천동하는 것보다 강한 힘이 없으니 대장(大壯)이다.

290 고구려의 시조로 동명성왕(東明聖王)이라고도 함.(재위 서기 전 37년~서기 전 19년).

291 부여출신으로 주몽이 부여에서 탈출할 때 마리와 합부와 함께 탈출한 인물.

292 오이, 마리와 함께 부여를 탈출, 주몽이 고구려를 세울 때 건국공신이 된 인물.

293 동부여의 마지막 왕으로 금와왕(金蛙王)의 맏아들이었다. 6명의 동생들과 함께

주몽(朱蒙)의 재주를 시기하여 몰아내고 아버지를 이어 왕위를 계승하였다.

294 전설상의 인물로 고구려의 시조 동명왕(東明王:朱蒙)의 외조부이다. 본래 중국 수신(水神)의 이름이다.

295 부여의 일족이 졸본에 도읍하여 세운 나라로 고구려의 다섯 부족 가운데 계루부가 있던 곳이다. 나중에 고구려를 세운 동명성왕이 졸본에 도읍을 정한다.

296 중국(中國) 길림성, 송화강 상류(上流)에 있는 하항 도시.

297 중국(中國) 길림성에 있는 송화강.

298 주몽과 함께 부여를 탈출하고, 고구려를 세울 때 건국공신이 된 인물.

299 천제(天帝)의 아들이며, 북부여(北扶餘)의 시조.

300 지금의 함흥 일대를 중심으로 한 부여(扶餘)계열 예맥족(濊貊族)의 부족사회

301 동부여(東扶餘)의 시조이며 북부여의 해모수를 피하여 도읍을 동해에 가까운 가섭원(迦葉原)으로 옮기고 국호를 동부여라 하였다.

302 동부여의 임금인 해부루(解夫婁)의 아들로 늙도록 자식이 없어 산천에 기도하며 정성을 들이던 부여왕 해부루가 어느 날 곤연(鯤淵) 못가의 큰 돌 밑에서 금빛으로 빛나는 개구리 모양의 아이를 발견하여 이렇게 이름 지었다. 자라서 태자(太子)가 되고, 해부루를 이어 부여의 왕이 되었다.

303 소와 말.

304 왕궁의 말을 기르고 보살피는 마구간의 책임자.

305 하백(河伯)의 딸이자 고구려 시조 동명 성왕의 어머니로 동부여 왕 금와의 궁정에서 갇혀 있다가 큰 알을 낳았는데 이 알에서 주몽이 태어났다는 전설이 전한다.

306 소서노는 동명왕 고두막 한의 손자인 졸본부여 왕 고모서의 둘째 딸로 부스노라고 불리기도 했다. '부'는 '불', '스'는 '무쇠', '노'는 '들판'으로, 부스노는 쇠부리터를 뜻한다. 따라서 소서노는 제철을 업으로 삼는 사람이라는 뜻이다.

307 간첩, 스파이.

308 중국 춘추전국시대의 오(吳)나라의 전략가로 손무(孫武)라고 한다. 병법(兵法)의 대가로 원래는 제(齊)나라 사람이었으나, 서기 전 6세기 경 오나라의 왕 합려(闔閭)를 섬겼다.

309 동부여의 수도로 중국 혜이룽 강과 송화강이 갈리는 지점에 있다.

310 중국 만주에 있는 강으로 요하(遼河)의 한 지류인 혼하(渾河) 유역의 골짜기.

311 수조(水藻)라고 하며, 물속에서 자라는 마름과의 한해살이풀.

312 물고기를 잡는 바구니 모양을 한 도구로 가는 댓살이나 싸리 등으로 엮어서 통같이 만들었다. 아가리에 작은 발을 달아 그 날카로운 끝이 가운데로 몰리게 하여

일단 들어간 고기가 거슬러 나오지 못하게 하고, 뒤쪽 끝은 마음대로 묶었다 풀었다 하게 되어 있어서 안에 든 고기를 꺼내게 되어 있다.

313 쇠로 만든 갈고리. 굴 조개 따위를 따는 데 쓴다.

314 후일의 혼강(渾江).

315 고구려가 영유한 중국 랴오둥(遼東) 지방의 강.

316 태양 안에서 산다는 세 발 달린 상상의 까마귀.

317 1리 4방(1리는 400 m)의 토지를 '정(井)'자 모양으로 9등분하여, 주위의 8구획은 8호(戶)의 집에서 각기 사전(私田)으로서 경작하고, 중심의 1구획은 공전(公田)으로서 8호가 공동으로 경작하여 정부에 바치는 조세로 할당하였다. 맹자는 인의정치(仁義政治)에 입각하여 이 경지 외에도 택지를 백성에게 재산으로 주어 애국심을 함양하도록 하였다.

318 하늘이 지배하는 구려의 나라.

319 여러 개의 화살이 연달아 발사되는 활로 쇠뇌라고도 한다. 보통 활보다 멀리 쏠 수 있는 장거리 공격용 무기인 쇠뇌의 촉은 아주 크고 청동으로 만들어져 살상력이 강했다.

320 서기 전 1세기 경 압록강 지류인 동가강 유역에 있던 소국(小國).

321 만주 북동부에서 한반도 북부에 거주한 퉁구스계 민족.

322 백두산 남동쪽에 있던 고대국가로 고구려 장수 오이(烏伊)와 부분노(扶芬奴)의 침공을 받아 멸망하고 고구려의 성읍(城邑)이 되었다.

323 중국의 요동(遼東) 반도와 산동(山東) 반도에 둘러싸인, 황해(黃海)의 한 만.

324 倭, 上 : 요서(遼西)지방에 있던 기마민족.

325 중국의 동북지역으로 한반도와 중국간의 정치, 경제, 문화 교류의 중간지대.

326 남만주에서 몽골지방에 걸쳐 산 유목민족의 부족국가.

327 중국 춘추전국시대의 전략가로 제(齊)나라 사람이었으나 서기 전 6세기 경 오(吳)나라의 왕 합려(闔閭)를 섬겨 절제·규율 있는 육군을 조직하게 하였다고 하며, 초(楚)·제(齊)·진(晋) 등의 나라를 굴복시켜 합려로 하여금 패자(覇者)가 되게 하였다. 그가 저술한 병서(兵書) 〈손자(孫子)〉는 단순한 국지적인 전투의 작전서가 아니라 국가경영의 요지(要旨), 승패의 기미(機微), 인사의 성패(成敗) 등에 이르는 내용을 다룬 책이다.

328 현재의 인천광역시 일대.

329 중국 은나라 말기에 기자(箕子)가 조선에 와서 단군 조선에 이어 건국하였다고 전하는 나라.

330 고조선의 한 국가인 위만 조선의 창건자로 기자조선의 준왕을 쳐서 왕위를 빼앗

고 도읍을 왕검성(王儉城)에 정했으며, 준왕 때의 통치체제를 그대로 이어받았다.

331 현재의 충남 직산(稷山)에 있던 마한의 소국으로 우두머리를 진왕(辰王)이라고 했는데, 이것은 진국(辰國)의 왕이라는 뜻이다. 진왕은 여러 부족국가 중 세력이 가장 큰 자로서 부족국가 연맹의 맹주(盟主)의 위치에 있었다.

332 가까운 길을 곧게만 가는 것이 아니라 돌아갈 줄도 알아야 한다는 병법의 지혜로 병법의 핵심은 상대의 허점을 알아내고 교란시켜서 적을 오판에 빠뜨리는 것이라는 의미를 말한다.

333 손자병법에 있는 군세의 행동 지침.

334 소노(消奴), 관노(灌奴), 절로(絶奴), 순노(順奴), 계루(桂樓) 등 다섯 개 지역의 장.

335 고구려 때 주요 국사를 논의하고 심의·의결하던 귀족회의. 5부족 연맹체인 나부체제(那部體制)에 의해 행해졌는데, 이들 나부가 고구려 연맹체의 지배층을 이루었다. 국가의 중요한 일을 논의할 때는 여러 부족의 장(長 : 大加·小加)들이 모여 중대사를 결정함. 회의의 의장은 초기에는 제가들의 입장을 대변하는 상가(相加)가 맡았고, 후대로 가면서 국상(國相 : 고구려 초기의 최고 관직)이 상가를 대신하였다.

336 한 집단의 지배층 계급에 속하는 사람이 죽었을 때 그 사람의 뒤를 따라 강제로 혹은 자진하여 산 사람을 함께 묻던 일. 또는 그런 장례법. 왕이나 귀족 등이 죽으면 첩, 신하, 종 등을 함께 묻었다.

337 현재의 충청남도 공주(公州) 지역.

338 현재의 북한산 인수봉으로 추정하고 있음.

339 현재의 한강.

340 현재의 경기도 광주(廣州) 지역.

341 현재의 충청남도 예천(醴泉) 지역.

342 현재의 전라북도 정읍시 일대.

343 현재의 황해도 지역으로 중국 후한(後漢) 헌제(獻帝) 때에, 요동 태수 공손강이 옛 진번 땅에 설치한 군. 고구려 미천왕 14년(313)에 낙랑이 멸망한 뒤 고구려에 병합되었다.

344 위만 조선 당시 남쪽지역을 다스리던 제후.

345 翩翩黃鳥 雌雄相依 念我之獨 誰其與歸

346 怜佳江流域

347 중국의 동북 지방.

348 단군 조선 개국 때의 나라의 수도.

349 totem : 부족국가사회에서, 부족 또는 씨족과 특별한 혈연관계가 있다고 믿어 신성하게 여기는 특정한 동식물 또는 자연물. 각 부족 및 씨족 사회 집단의 상징물.

350 요를 이은 순(舜)과 더불어 '요순의 치(治)'로 알려진 가장 이상적인 천자(天子).

351 Akkadians : 서기 전 2350년경 메소포타미아 지방에 통일왕국을 세웠던 셈 족.

352 '널리 인간세계를 이롭게 한다'는 뜻으로, 국조(國祖) 단군(檀君)의 건국이념.

353 서기 전 221년에 중국 최초로 통일국가를 이룬 황제.

354 현재의 전북 익산 지역.

■ 참고자료 및 문헌

저자/편자 (가나다, ABC순), 문헌 제목, 출판사, 출판년도 순

加地伸行, 論語, 講談社學術文庫, 2004년

강진원, 알기 쉬운 역의 원리, 정신세계사, 2003년

鎌田正 외, 漢詩名句辭典, 大修館書店, 1992년

關和彦, 新, 古代出雲史, 藤原書店, 2001년

권병탁, 한국 산업사 연구, 영남대학교출판부, 2004년

金谷 治, 老子, 講談社學術文庫, 1997년

今井修平 외, 兵庫縣의 歷史, 山川出版社, 2004년

吉田敦彦, 日本神話의 原流, 講談社現代新書, 1976년

김병모, 금관의 비밀, 푸른역사, 1998년

金富軾, 三國史記, 明文堂, 1993년

金思燁, 古代朝鮮語와 日本語, 明石書店, 1998년

김세택, 일본말 속의 한국말, 기파랑, 2005년

김신, 장자, 임금을 베다, 마음의 고향, 2003년

김연수, 사라져가는 한국의 야생동물을 찾아서, 당대, 2003년

金廷鶴 외, 加耶史論, 고려대학교 한국학연구소, 1993년

김진일 외, 곤충도감, 보리, 2002년

김태식, 미완의 문명 7백년, 가야사, 푸른역사, 2002년

나춘호 외, 우리민속도감, 예림당, 2003년

魯成煥, 일본 속의 한국, UUP, 1997년

魯成煥, 젓가락 사이로 본 일본문화, 교보문고, 1999년

魯成煥, 古事記, 예전, 1990년

다할 편집실, 한국사 연표 (북한, 세계사 포함), 다할 미디어, 2003년

丹羽準兵, 中國古典의 戰略術, 自由國民社, 1984년

大江恒雄, 淡路地方史, 文藝社, 2003년

도토리 주머니 도감, 무슨 나무야?, 보리, 2002년

도토리 주머니 도감, 무슨 꽃이야?, 보리, 2002년

렁청진, 지전(춘추전국시대편), 김영사, 2003년

鹿島 昇, 倭와 日本建國史, 新國民社, 1997년

留目和美, 騎馬民族의 온 길, 刀水書房, 1996년

武光誠, 古事記, 日本書紀를 아는 事典, 東京堂出版, 2003년

武光誠, 魏志倭人傳과 邪馬台國, 讀賣新聞調査研究本部, 2003년

朴炳植, 말은 어떻게 태어났나?, 조선일보사, 2002년

朴炳植, 야마도 渡來王朝의 秘密, 三一書房, 1998년

朴炳植, 日本語의 成立證明, 情報센터出版局, 1987년

박영원, 양재찬, 한국 속담, 성어 백과사전(속담편), 푸른사상, 2002년

박영원, 양재찬, 한국 속담, 성어 백과사전(성어편), 푸른사상, 2002년

박홍식, 최성준, 韓國海洋生物寫眞圖鑑, 豊登出版社, 2001년

베르너 티키 퀴스텐마허/매리온 퀴스텐마허, 세상이 살만한 곳이라는 100가지 이야기, ICI, 2004년

부산대학교 한국민족 문화연구소, 한국 고대사 속의 가야, 혜안, 2001년

부산일보, 日王家의 뿌리는 伽倻王族, 새學說로 再照明하는 韓日 古代史, (부산일보 연재, 崔性圭, 東京支社長), 1991년2월20일~12월27일

司馬遼太郎, 沖繩,先島로 가는道, 朝日新聞社, 2005년

司馬遼太郎, 壹岐, 對馬의 道, 朝日新聞社, 2005년

司馬遼太郎 외, 朝鮮과 古代日本文化, 中公文庫, 1992년

司馬遷, 史記 1,2,3, 서해문집, 2004년

寺尾善雄, 中國, 名言의 知惠, 三笠書房, 1990년

杉山正明, 遊牧民이 본 世界史, 日本經濟新聞, 1997년

森三樹三郎, 老子, 莊子, 講談社學術文庫, 2004년

三浦佑之, 古事記를 여행하다 (1~16), 문예춘추, 2005~2006년

上田正昭 , 日本神話論, 角川書店, 1999년

上田正昭 외, 古事記와 日本書紀의 謎, 學生社, 1998년

尙學圖書, 言語硏究所, 中國 名言名句의 辭典, 小學館, 1989년

石井謙治, 日本의 배를 復元하다, 學習硏究社, 2002년

섭서헌, 노자와 신화, 문학동네, 1993년

小林惠子, 廣開土王과 倭의 五王, 文藝春秋, 1996년

손제하, 조선이 일본에 전해준 하이테크 이기기, 일빛, 2005년

松枝正根, 古代日本의 軍事航海史 上, 中, 下, 가야書房, 1994년

水上勉, 般若心經을 읽다, PHP硏究所, 1983년

守屋洋, 孫子兵法, 三笠書房, 1991년

수잔 와이즈 바우어, 세계역사 이야기1, 꼬마이실, 2004년

阿比留 敏雄, 對馬의 自然과 文化, 昭和堂, 2001년

兒玉幸多, 標準 日本史年表, 吉川弘文館, 1989년

역사와 여행, (기마민족 왕조 대특집), 秋田書店, 1982년 11월

奧野正男, 鐵의 古代史 1,2,3, 白水社, 2000년

오현리, CEO 고사성어, 月刊朝鮮社, 2004년

瀧音能之, 古代出雲의 風土記世界, 河出書房新社, 1998년

宇治谷 孟, 續日本紀 (上, 中, 下), 講談社學術文庫, 1994년

李基白, 韓國史新論, 一潮閣, 1989년

李丙燾, 三國遺事, 明文堂, 1992년

李相玉, 六韜三略, 明文堂, 2000년

李瑄根, 大韓國史1,11, 新太陽社, 1973년

이일봉, 실증 환단고기, 정신세계사, 2003년

李鍾旭, 新羅骨品制硏究, 一潮閣, 1999년

李重宰, 上古史의 새 發見, 明文堂, 1994년

이희순, 방언사전 [여수편], 어드북스, 2004년

인류태고사학회, 黃金帝王國, 삼희출판, 1997년

一海知義, 漢詩一日一首, 平凡社, 1980년

笠原一男, 地圖, 圖錄, 年表 日本史, 山川出版社, 1989년

장경희, 명주 짜기, 화산문화, 2002년

前田富祺, 日本語源大辭典, 小學館, 2005년

全浩天, 朝鮮에서 본 古代日本 , 未來社, 1997년

諸橋轍次, 孔子, 老子, 釋迦 [三聖會談], 講談社學術文庫, 1996년

조흥윤, 한국의 샤머니즘, 서울대학교출반부, 2002년

佐伯有淸, 魏志倭人傳을 읽다 上, 下, 吉川弘文館, 2001년

中上史行, 壹岐의 風土와 歷史, 昭和堂, 2002년

中村元, 佛敎經典散策, 東京書籍株式會社, 1981년

中村元, 續佛敎語源散策, 東京書籍株式會社, 1981년

中村元, 佛敎語源散策, 東京書籍株式會社, 1981년

止善會, 金海金氏三賢派大同譜(券首), 기종족보사, 1992년

止善會, 金海金氏三賢派大同譜(總編), 기종족보사, 1992년

津江篤郎, 觀光가이드북 '쓰시마', 昭和堂, 2000년

眞弓常忠, 古代의 鐵과 神들, 學生社, 1997년

진시황전시기획단, 秦始皇, 문성인쇄, 2003년

倉野憲司, 古事記, 岩波書店, 1998년

村上重良, 世界宗敎事典, 講談社, 2001년

崔在錫, 百濟의 大和倭와 日本化過程, 一志社, 1997년

카렌 암스트롱, 스스로 깨어난 자, 붓다, 푸른숲, 2001년

타무라엔쵸, 고대 한국과 일본불교, 울산대학교 출판부, 1996년

桶口淸之, 女王卑彌呼 99가지 謎, 産報저널, 1977년

坂本太郎 외, 日本書紀 (1~5), 岩波文庫, 1997년

坪井淸足, 卑彌呼의 時代를 復元하다, 學習硏究社, 2002년

河內國平외, 日本刀의 魅力, 里文出版, 2004년

하일직, 한국사, 일빛, 1998년

鶴丸英雄, 日本建國史의 謎를 풀다, 文藝社, 2002년

한재규, 만화 환단고기 1,2,3, 북캠프, 2003년

洪自誠, 菜根譚, 德間書店, 1989년

荒木博之, 百濟王族傳說의 謎, 三一書房, 1998년

荒榮誠, 神武天皇發祥의 本貫, 아세아고대연구회 한국부산본부, 1990년

히로사치야, 般若心經 人生을 이렇게 살아보지 않으려나, 日本實業出版社, 1986년

Andrew C. Nahm, A history of the Korean People, Hollym International, 1996년

B.S. 라즈니쉬/釋智賢 역, 般若心經, 一志社, 1987년

Derik Mercer, Chronicle of the world, Ecam publications, 1989년

Geoffrey Barraclough, Atlas of world history, Times Book, 1989년

George W. Braswell, Jr, Understanding world religions, Broadman & Holman Publishers, 1994년

Glenn G. Strickland/井坂清역, 人類는 언제 어디서 태어났나, 講談社, 1981년

Madhu Bazaz Wangu, Hinduism, 靑土社, 1998년

P.R Hartz, 道敎, 靑土社, 1996년

the National Geographic Society, People and places of the Past, the National Geographic Society, 1983년

2004 남북공동기획 고구려 문화전, 동광문화인쇄사, 2004년

堺市博物館 總合案內, 堺市博物館, 1997년

奈良, 藤田藤影堂, 1994년

霧島國際호텔 안내 팸프렛트, 1995년

宮崎縣總合博物館 西都原資料館안내, 1995년

島根縣立八雲立風土記 資料館안내, 1997년

隼人町立 歷史民俗資料館안내 팸프렛트, 1997년

吉備路鄕土館 안내 팸프렛트, 1997년

Discovering Miyazaki (A travel guide), 1997년

鹿兒島縣 지도, 集景堂, 1995년

일본의 남쪽 현관구 가고시마, 1995년

宮崎縣總合博物館 안내 팸프렛트, 1995년

天然휴게지 霧島안내 팸프렛트, 1995년

The People's Republic of China 지도, China Cartographic Publishing House, 1989년

2004 남북공동기획 고구려 문화전, 2004년

대륙의 꿈, 고구려, 서울역사박물관, 2005년

淡路文化史料館안내 팸프렛트, 2005년

대마도 안내 팸프렛트, 대마관광 물산협회, 2005년

對馬歷史民俗資料館안내 팸프렛트 , 2005년

壹岐風土記의 언덕안내 팸프렛트, 長崎縣壹岐郡勝本町布氣觸, 2005년

壹岐 長崎縣壹岐對馬國定公園안내 , 2005년

대마도 미네마치의 문화재, 미네마치교육 위원회, 2005년

이자나기神宮 幽宮안내 팸프렛트, 2005년

壹岐 , 하루노쯔지 유적 안내 팸프렛트, 長崎縣敎育委員會, 2005년

검색엔진/web-page/블로그, 주소 순

廣辭苑/硏究社新英和/新和英中辭典, 세이코 전자공업주식회사, 1996년

엘리트영한, 한영, 새국어사전, 옥편, 카시오 EX-K2500, 2003년

동아메트로일한/한일사전, 샤프Electronic Dictionary RD-6200, 2000년

야후코리아, http://kr.yahoo.com

Yahoo, http://www.yahoo.com

YahooJapan, http://yahoo.co.jp

네이버, http://www.naver.com

우리 역사의 비밀 , http://www.coo2.net

한국사 홈 페이지 , http://user.chol.com

한민족의 저력 (한힘연구소), http://www.hanhim.org

Cyber museum Daegaya, http://www.daegaya.net

서울 역사 박물관 , http://www.museum.seoul.kr

이야기한자여행, (간지활용해결), http://www.hanja.pe.kr

가야 고도 김해, http://gimhae.go.kr

Kyudo.com, http://www.kyudo.com

대한궁도협회, http://kungdo.sports.or.kr

대한씨름협회, http://ssireum.sports.or.kr

佛教即是, http://www.avis.ne.jp

이영희교수가 쓴 무쇠의 역사, http://news.posco.co.kr, 2003.07.02~2004.06.24
1~50회

택견코리아, http://www.taekkyonkorea.com

효암미술관, http://www.hyoammuseum.org

삼성리움미술관, http://www.leeum.org

국립경주박물관, http://gyeongju.museum.go.kr

야마다이고구, http://www.ne.jp/asahi/wacoku/tikushi/yamatai.htm

스사노오노미고도, http://www.geocities.jp/

니기하야히의 야마도 강림, http://www1.kcn.ne.jp

오호나무치, 오호미와노가미, http://www1.kcn.ne.jp

환단의 후예 1

초판 1쇄 발행일 • 2006년 11월 5일
초판 1쇄 인쇄일 • 2006년 11월 10일
지은이 　• 김영태
펴낸이 　• 박영희
교정교열 • 좋은기획(유승달)
표　지 　• Nice Communications(이근산)
삽　화 　• 김진수
편　집 　• 정지영
펴낸곳 　• 도서출판 어문학사
　　　　　132-891 서울특별시 도봉구 쌍문동 525-13
　　　　　전화: 02-998-0094 / 팩스: 02-998-2268
　　　　　홈페이지: www.amhbook.com
　　　　　e-mail: am@amhbook.com
　　　　　URL: 어문학사
　　　　　등록: 2004년 4월 6일 제7-276호

인지는
저자와의
합의하에
생략함

ISBN 89-91956-22-X 04900
정　가 　• 13,000